U0899593

碧水，从一个问号开始，
它问：“哪儿？”
蔚蓝的影像在我的浅眠和你的梦幻之间，
华光反射又静水流深，
依然是这个骚动不安世界的治愈之泉。

梦想的微语，呼吸的潮汐，
诗是愁苦、欢愉和惊奇词汇的一场相遇。
水中往事亦是。

就这样，
聆听词语的蹄音与涛声，
袒露那些喜悦、神秘以及隐秘而尖利的疼痛。

让历史、传说与悠远之水，
重新浮现在漫游者记忆的洪流中，
成为永恒的“此时此刻”。

——程　萌

Nine Odes to the Waterways

水岸九歌

程萌 / 著

Photographs and Essays by Cheng Meng

沈阳出版发行集团
沈阳出版社

程 萌

作家　摄影家　文化学者

多年来，程萌成功地横跨国际时尚和人文地理两大领域，具有广泛的影响。他曾是最早拍摄伦敦时装周（London Fashion Week）和巴黎时装周（Prêt-à-Porter）等时尚盛会的华裔摄影师之一，现场拍摄下那个时尚鼎盛时代的魅影，记录下 Karl Lagerfeld 和 John Galliano 等设计大师的精彩瞬间。同时，作为高端出境游的先行者和地理探险家，他常年深入地中海、非洲、北极和南极等地区，持续关注全球的环境现状。

程萌获得过国内外多项重大奖项，其中两度荣获中国新闻奖。出版有《西欧时装之旅》《华丽巅峰》《心灵居所》《橱窗里的彼岸》《水恋欧洲》《时尚候鸟》等一系列专著。

程萌一直在追寻着陌生而辽阔的世界。一位作家在评论中，曾写下了这样的句子："他向生活要美感。于是他看见。"

Cheng Meng:

He is a distinguished and award-winning photographer and writer. He was the special invited fashion writer and photographer of London Fashion Week and Prêt-à-Porter. His writings are poetic, smooth yet thought provoking, brimming with humanitarian sentiment; his photographic works have won *China News Awards* twice and *Prix de La Fédération Internationale de L'Art Photographique (FIAP)* .

He specializes in documenting adventure lifestyles, landscapes and cultures abroad, he has photographed on all seven continents, and has shot a variety of assignments in the Antarctic, the Arctic and beyond, and his work spans nature and fashion, culture and the environment, expresses an unwavering passion, respect and awe for the natural world, communicating his enthusiasm for the natural world through his writings, lectures and workshops, to showcase the beauty of the natural wonders in a creative way.

He is the author of photographic story series: *Visit to Child World-A New Survey of Chinese Children* (1999), a collection of nine years labor, and winning immediate acclaim after publication. In 2001, he published fashion series *Beautiful New Century: Fashion Tour through Western Europe*. He published the *Natural Photography Guide* series and *Digital Fashion Photographing* in 2003, *Perfect Journey from Iceland to Greece* and *Window Shopping* in 2005, *Vacations on European Waterways* and *Flying for Fashion* in 2006.

The author also writes column articles for not a few fashion and natural geography magazines. He has been interviewed and reported by media at home and abroad.

E-mail:792957768@qq.com

Contents | 目录

Prelude

Where the River of Images Starts

引子

影像之河开始的地方

水墨清晨

Lake Como

2002

科莫湖。这幅照片像中国的水墨画，虬枝、山影，水面还有几只飞过的小鸟。氛围幽静，耳边可以听到鸟鸣的声音。

PARADISO

渡口

Lake Lugano

2017

清晨，一位乘客在卢加诺湖畔的轮渡码头等待。晨雾轻荡，半湖微波，在这样的安静之地，感受时间与水。

展览会上的图画

Düsseldorf

1999

在展厅内遇到一位周身彩绘的女子。在她的配合下，定格了一个青春的瞬间。多少年之后，这成为胶片时代的绝响。使用 EF17–35mm/f2.8 镜头和 Kodak Ektachrome E100S 拍摄。

追忆奢华年代

Düsseldorf

1999

莱茵河畔，一场华丽的展演，将一些造型各异、创意不凡的帽子穿插在整个表演中，不时赢得阵阵喝彩。这些帽子采用羽毛、绢花和雪纺等材料制作而成，搭配上高级订制的女装和复杂的颈饰，并特邀一些青春已逝、风韵犹存的超龄女模特来演绎。奢华犹在，唯有追忆不断。采用EF300mm/f 2.8 镜头和 Kodak Ektachrome 160T 胶卷拍摄。这种灯光型的反转片当时是全球时装摄影师们的至爱。

静静的黄昏

The Rhine

2018

我们在曼海姆，回到了河轮上。晚上七点，在船上的酒吧里举行餐前酒会（Gala Apéritif），大家举着香槟，共同庆贺这一段的旅程接近尾声。霞光溢彩，端起香槟走到船头，此刻，清澈的莱茵河柔美如诗。

伯格曼的外景地

Vättern

2018

河轮正在穿越韦特恩湖（Vättern）。英格玛·伯格曼（Ingmar Bergman，1919—2007）在拍摄《野草莓》（*Smultronstället*）时，曾在韦特恩湖的一间餐厅露台上取景。时光远逝，唯有记忆的波光留存。

Chapter I

Lakeside Sonatas: From Lake Orta to Lake Garda

湖畔奏鸣曲

我在瑞士与意大利之间，寻找一些湖泊和湖畔的故事。由于记忆，由于遥想。

从西向东，从奥尔塔湖、马焦雷湖、科莫湖、伊塞奥湖，直到意大利面积最大的加尔达湖。

在许多时候，湖畔是相遇与奇迹发生之地。这些湖区留下了诸多名流的踪迹，见证了无数大师的创作激情。近 200 年来，湖区发生着变化，也在竭力保持着自己的宁静。一些湖区尚未受到旅游大潮波及，隐秘如初，风物犹存，宛如停驻在时光中的故人。

1999年8月，我在莱茵河畔的杜塞尔多夫，启动“记忆之水”私人长期摄影和写作项目。这是文化之旅与作家地理之旅项目。2006年，我出版《水恋欧洲》。在睽别15年之后，我又以新书《水岸九歌》来系统呈现这个项目的最新成果。

Lake Orta

Thus Spoke Zarathustra and Film Location of *La Corrispondenza*

奥尔塔湖：

尼采的写作之处与《爱情天文学》外景地

奥尔塔湖，是意大利北部湖区的一处隐秘湖泊。

湖中的圣朱利奥岛是一个奇迹之地。相传，圣尤利乌斯和他的弟弟朱利亚奥驱走蟒蛇，让小岛终归人间。湖畔高地的萨库蒙特圣山，作为“皮埃蒙特和伦巴第圣山”的一个组成部分，已被列入《世界文化遗产名录》。

德国哲学家弗里德里希·尼采，曾与俄罗斯女作家娄·安德烈·莎乐美结伴同游到此，在湖区小居，暗生情愫，他的《查拉图斯特拉如是说》就是在这里起笔的；拜伦、巴尔扎克等诗人与作家则沉醉于奥尔塔湖的宁静之美当中。在新近，这里是朱塞佩·托纳多雷《爱情天文学》的外景地。

湖畔的摩尔式建筑

站在 Villa Crespi 的庭院中，一座摩尔式的城堡建筑，会让不少初到此地的人大为惊讶：在这奥尔塔湖的东岸，竟会出现这样一座充满异国情调的建筑！

走进建筑物侧面的回廊，马蹄形拱门高耸，服务生迎候我走进中庭，这里是典

型的摩尔风格，四周的“Muqarnas”拱顶上布满了丰富的几何花纹与图案，这种绝妙的图案，像是一个蜂窝，容易让人联想到钟乳石，所以有时也被称为“钟乳石穹顶”，这是摩尔式建筑的精华所在。

搭乘电梯，来到三楼尽头我的房间 Najaa，它以一位公主的名字来命名。宽大的空间中，靠左侧是沙发和书桌，形成一个休闲区，右侧则是抬高一级的拼花地板上

的睡眠区，一张 King Size 的古典木制床，宽大的茶柜上摆放着全套咖啡器皿。浴室里面是大理石装饰，配置了一个按摩浴缸，配备的是 Etro 洗浴用品。

拉开一扇落地门，我来到阳台。透过墙边的垛口，可以眺望到不远处的奥尔塔湖。这种带阳台的套房在整个酒店中，也只有几套。在沙发上落座，抬头就可以近距离地看到建筑物的尖塔，一角还装上了卫星电视的圆形天线，这在地面上都不容易发现。

来到一楼的酒吧，高高的一面墙设置成玻璃酒柜，除了各种葡萄酒、威士忌、干邑等之外，还有格拉帕酒（Grappa）。格拉帕酒是一种以葡萄果渣酿制的意大利白兰地，酒精含量在 35%—60%，每瓶价格不菲，一般从 40—100 欧元不等，一些特定年份的在 250—550 欧元之间。

这种酒必须具备 3 个条件：一是产于意大利，或在瑞士的意大利区，包括在圣马力诺；二是从果渣中酿制；三是未添加水分的果渣必须进行发酵和蒸馏。只有这样生产出来的酒才能叫格拉帕酒。这种酒香气醇厚，可以配上开心果和帕马森干酪片（Parmigiano-Reggiano）享用。

而专产于西西里岛的马尔萨拉葡萄酒（Marsala），在市场上的价格也居高不下，一些古董马尔萨拉酒每支已高达 700—1750 欧元不等，被不少品尝行家视为“被忽视的酒中之宝”。而喜欢香槟之人，见到了这里的 1998 年古董款 Dom Pérignon 香槟酒，估计也会走不动路了。这款酒是以一位本笃会僧侣当·贝里昂（Dom Pérignon）的名字来命名的，他是酿造这款酒的先驱，后来被尊称为“香槟之父”。

在酒吧，调酒师尼科洛用人头马干邑、金巴利、巴罗洛加香葡萄酒（Barolo Chinato Cocchi，萃取了金鸡纳树皮、大黄、龙胆草、豆蔻种子的活性成分）和苦艾酒等成分，调制了一杯鸡尾酒，前调有一点点苦涩，但并不过分浓烈，是那种初恋的感觉。我问他，我们试着来取一个名字，他想了一下，说可以叫“Aroma”（芳香），这该是从草莓中提取的一种香味。

这个湖区出产各种经典的奥尔塔香肠，值得品尝；典型的本地菜则包括 Tapulon，这是湖区南侧的博尔戈马内罗（Borgomanero）的特产。相传，当时一队人马拉着驴车，长途跋涉在经过该地时，由于有一只车轮坏了，他们只好停歇下来，安营扎寨，其中有女人建议，将其中一头驴子杀了吃掉。女人们很小心地把驴肉切

碎，添入了洋葱、大蒜、卷心菜和橄榄油，再加一些当地村民们留下的酒，从而烹饪出了历史上第一顿 Tapulon。当地的主菜通常还包括香肠炖肝。

该湖区宝贵的资源，当然是湖中无数种类的鱼，包括鲈鱼（Perch）、白鲑鱼（Whitefish）、鳟鱼（Trout）、红点鲑鱼（Char）、鲤鱼（Carp）、鲩鱼（Tench）和梭子鱼（Pike）等，长期以来，规定禁捕的时间每年约为 130 天。早在 1439 年就规定了捕鱼需交什一税。尽管现在湖鱼面临着海鱼的市场竞争，但因为价格便宜，捕捞量仍然比较大。

我查阅着这座建筑物的资料。1879 年，富有的意大利实业家克里斯托福罗 · 贝尼尼奥·克雷斯皮（Cristoforo Benigno Crespi，1833—1920），在米兰北部的一个叫“阿达的克雷斯皮”（Crespi d'Adda）的村子里，利用阿达河水（River Adda）来提供水电能源来织布，建立起了棉纺织企业。后来，他准备在奥尔塔湖边修建一所私宅，想在这里营造出摩尔式的繁华风格，于是聘请了住在马焦雷湖的前卫设计师安吉洛 · 科拉（Angelo Colla，1827—1892），建造出了这座外形修长，有着尖塔的建筑物。

直到 1929 年，遇到经济萧条，该家族破产，但仍维持着有限的生产，至 2004 年该企业最终关闭。那些纺织工人的后代仍住在村里。1995 年，它成为联合国教科文组织的世界文化遗产。“阿达的克雷斯皮”是意大利伦巴第大区的 19 和 20 世纪早期所建立的“公司城镇”（Company Towns），也是欧洲和北美洲的开明企业家为尊重员工、满足工人的生活需要而出现的一个典型例子。该城镇仍然保存完好，部分用于工业目的，也由于不断变化的经济和社会条件威胁着其生存。

他的长子西尔维奥 · 贝尼尼奥 · 克雷斯皮（Silvio Benigno Crespi，1868— 1944），也是一位企业家和政治家，继承了他父亲在运行的阿达小镇。作为当时意大利上最有权势的人士之一，在第一次世界大战结束后，西尔维奥代表意大利签署了《凡尔赛条约》。后来，这座建筑物被改建成为一座精品酒店。

酒吧里放置着一套专业级的带电子管功放的音响。我用平板电脑搜索“John Barry”，那些影片《走出非洲》中的主题音乐，便在这摩尔式的建筑中回响起来。

在意大利北部一处静僻的湖畔。那么多相隔遥远而美妙的瞬间重合在一起，让人有一些失重感。那是在时间旅程中的失重感。

时光背后，空灵之湖

次日早晨，从酒店出发，沿着湖边的公路走向圣朱利奥半岛（Orta San Giulio）。晨光中的奥尔塔湖水波不兴，一派宁静。

奥尔塔湖（意大利语为 Lago d'Orta），是意大利北部湖区中最西侧的一个湖泊，长 13.4 公里，最宽处 2.5 公里，面积为 18.2 平方公里，湖水平均深度 71.6 米，最深处为 143 米。有科学家分析，该湖原先有一片更大的水域，从诺瓦拉（Novara）流出。随着冰川后退，水域沉降，这片水域逐渐转移到了东侧的马焦雷湖区。

在 Piazza Motta 广场，搭乘渡轮，只花了不到 10 分钟的时间，就来到湖中的圣朱利奥岛（Isola di San Giulio）。这里是一个奇迹之地。

依据传说，圣朱利奥岛原来被一条大蟒蛇霸占着（这是异教的标志），摧毁了其他的一切生命，圣尤利乌斯（St. Julius）和他的弟弟朱利亚奥（Giulio），是希腊埃伊纳岛（Aegina）人士，晚年在奥尔塔湖周边地区传播福音。圣尤利乌斯有着驾驭海

浪、风暴、野生动物和人类的超凡能力，他来到湖边，不断挥舞着双手，发散能量驱赶着蟒蛇。他披着斗篷，在弟弟的引导下，渡湖来到小岛上，终于将这危险的怪物赶走了。最终，圣尤利乌斯精疲力竭，不久之后就去世了。

我们步入圣朱利奥教堂（Basilica di San Giulio），这是意大利皮埃蒙特地区一座重要的罗曼式教堂。相传这是圣尤利乌斯兄弟俩建立的第100座也是最后一座教堂，最初创建于390年，奉献给十二圣使徒，起初教堂的规模很小。在奥托一世（Otto I）围城期间即956—962年间，教堂遭到严重破坏，只有中央壁龛保存下来了。962年后奥托大帝（Otto the Great）签署了的新教规，开始致力于重建教堂。在11—12世纪时增加了塔楼。

教堂内的湿壁画在很早就绘制了，并不断地增加，目前教堂内部保存着15—16世纪珍贵的湿壁画，其中最早的湿壁画是1421年的。教堂中最具历史意义的是建于12世纪早期的罗曼式讲经坛（Romanesque Ambo），由从附近的采石场提取的灰绿色蛇纹石雕刻而成，在与空气接触后，颜色变得类似于青铜。讲坛呈方形，有四柱支撑栏杆，建立在一个基础装饰的叶板上。上面的雕塑对应着4本福音书的描述，即卢克的牛、马修的天使、马克的狮子和约翰的鹰，还有一个狮鹫（Griffin）咬住鳄鱼尾巴的画面，这对应着中世纪的动物寓言：象征善与恶的搏斗。据考，这些雕刻作品可能是古列尔莫·达·沃尔皮亚诺（Guglielmo da Volpiano，962—1031，意大利僧侣改革家和建筑师）的作品。

我在讲经坛旁边的长椅上静坐，安详地感受片刻。然后，走出教堂去不远处的小巷内寻找 Ristorante San Giulio 餐厅。

这家餐厅因为是电影《爱情天文学》（*La Corrispondenza*）的外景地而渐渐有了一些名声。门口贴着几张电影剧照，32开书本的大小，不经意就会错过。老板娘艾德里安娜（Adriana）指着里间靠窗的一个台子说，朱塞佩·托纳多雷的剧组当时就是在这里拍摄了两个月，整个房间的背景，根据电影的需要做了调整。

窗外是午后略有微浪的湖面。我在这里喝着咖啡，回想着这部影片的剧情：一位天体物理学教授埃德·费瑞姆（Ed Phoerum）和他的博士生恋人艾米·莱安（Amy Ryan）的故事。艾米平时兼职替身演员，每次在危险的场景中出演，才会化解她内心的隐痛。他们两情缱绻6年后，教授溘然去世，但艾米依然能收到他的电子邮件，

似乎埃德才是化解她心魔的最后良方……全片洋溢着浪漫和奇幻的情调。

朱塞佩·托纳多雷的《天堂电影院》(*Nuovo Cinema Paradiso*，1988)、《海上钢琴师》(*The Legend of 1900*，1998)与《西西里的美丽传说》(*Malèna*，2000)，组成了他的“时空三部曲”。这部《爱情天文学》自然也引起了影迷们的关注。

在我看来，天文学是一种使人更加谦卑和重新塑造人格的科学。无垠宇宙中的

地球只是一个微小的光点，人类完全没有过分自傲的本钱。

在这家咖啡馆拍摄的镜头，成为影片中的经典场景。事实上，在奥尔塔湖畔，到处都弥漫着这种风轻云淡的味道。街市上，世俗的享乐如餐厅和咖啡馆一样不少，但骨子里是散淡的，正如这部影片中所展现的场景，在阴阳两个世界离别后各自安好。这也是上佳的境界。

眼前的奥尔塔湖，是意大利北部最小、也是最不知名的湖泊之一。德国哲学家弗里德里希·尼采(Friedrich Nietzsche, 1844—1900)在1882年5月曾在湖区小居，在他的《查拉图斯特拉如是说》(*Thus Spake Zarathustra*)的序言落款上写着“从奥尔塔起笔”(von Orta an)。

1882年5月，年轻的女子娄·安德烈·莎乐美(Lou Andreas Salomé，1861—1937，出生于俄罗斯的作家和精神分析学家)，在她妈妈的陪伴下，与尼采等4个人结伴旅行。在尼采的建议下，他们来到奥尔塔湖区。在多年之后的回忆录中，她写道，她与尼采花了几个下午，单独在湖区的萨库蒙特圣山交流，浑然不知时间的流逝。由于他们离开的时间太久，回去时她母亲流露出失望的神色。

尼采当时情绪亢奋。在那几天之后，莎乐美自己也无法回忆起当时是否真的吻过尼采，但 38 岁的尼采在接下来的几个月时间里，似乎一直悬浮于遭遇爱情的状态中。这次的湖畔小居，成为这位德国哲学家思想发展的一个转折点。后来，据说是尼采向莎乐美求婚被拒后，自己躲到意大利的拉帕洛小镇（Rapallo），只用了 10 天的时间，就写出了《查拉图斯特拉如是说》的第一部分。

后来，莎乐美与诗人里尔克关系亲密。莎乐美比里尔克年长 14 岁，1897 年他们初次相遇时，里尔克才 22 岁，他们的姐弟恋持续了 3 年的时间，但即使分离后，莎乐美一直是里尔克的红颜知己，直到 1926 年里尔克去世。

莎乐美是一位作家，写过一些鲜为人知的小说、戏剧和散文。她的《生命赞歌》（*Hymn to Life*）曾影响到尼采。她的故事多次被拍成电影。

19 世纪的其他作家则沉醉于它的宁静之美中，包括诗人拜伦（Lord Byron，1788—1824）、英国作家塞缪尔·巴特勒［Samuel Butler，1835—1902，著有《众生之路》（*The Way of All Flesh*）］。

法国作家巴尔扎克（Honoré de Balzac，1799—1850）曾描绘这个湖是“绿色珠宝盒中的灰色珍珠”（Grey pearl in a green jewel-box），而英国诗人罗伯特·勃朗宁（Robert Browning，1812—1889）在他的《炉边》（*By the Fireside*）中，曾写到“阿尔卑斯在雪中与天堂融汇”（Alp meets heaven in snow），描述了湖滨的佩拉（Pella）村落的美景——“白色闪耀的斑点……映衬在晚霞中”（Speck of white...in the evening-glow）。在当代，这里则受到英国桂冠诗人卡罗尔·安·达菲（Carol Ann Duffy，1955—）的赞美。

半岛徒步和萨库蒙特圣山

乘坐渡轮离开小岛，然后沿着圣朱利奥半岛湖岸边 5 公里长的步道前行。一些挂满着意大利腊肠（意大利语 Salame，英语 Salami）的肉食店和陈列着亚麻长裙的服装店慢慢在身后远离。小镇的步道不宽，是一种比较特殊的结构——中间是鹅卵石，两侧是平整的石板，这样兼顾了行人的步行和车辆的通行。沿着这样的步道走

了 10 多分钟，来到一个临湖的庭院——Villa Motta，里面有一株巨大的树被修剪成半圆形，铁门紧闭，旁边有指示牌显示这是私家宅院，不得入内。这样不得不回转，走了几步想起当地朋友的推荐，应该还有前进的路。沿着庭院的墙边，我发现湖岸边有一条非常狭窄的步道，继续前行。水面上漂浮着一些芦苇，湖水就在这芦苇间，不停地滚动而来，煞是好看。

走过半岛北侧的端点 Punta Movero 之后，就来到了"9 月 11 日小径"（Via 11 Settembre）。沿着步道慢行，旁边是一些人家的院落，门口栅栏上有不少挂着"Attenti Al Cane"的警示牌，让行人当心有狗类蹿出。步行大约 2 公里后，便到了半岛的西侧，湖面上溅起了白头浪，阳光强烈地照射着，除了步道上偶尔从对面走过来几个徒步者，彼此打下招呼之外，四周一片空寂。

30 多分钟后，前面出现了一个向右的弯道，沿着山坡而上，这样，5 公里多的步行便悄然结束。沿着山路登上一段台阶，来到一个高处，转身回望整个湖湾，波光点点，巨大的湖浪将岸边的游艇掀起掀落，显现出湖水的威力。

湖畔的房子有不少都是教会建筑，在 1763 年之后基本定型。每年的 6 月，在塔洛别墅（Villa Tallone）内会举行古典音乐节，现在已是其第十五版的曲目了。而在 9 月的数个星期六，则举办"圣朱利奥钢琴音乐会"。在湖区有一些钓鱼俱乐部，还有一些马厩，提供骑马的各级课程。

沿着一条上山路，步行大约 10 分钟，就来到 401 米高的萨库蒙特圣山（Sacro Monte di Orta，意为"神圣的奥尔塔山"）。碧林之间，散布着 20 座教堂和礼拜堂，蔚为壮观。这里隆起的山岬形成于第四纪冰川时期，密布着一些苏格兰冷杉、紫杉和蓝莓树，面湖挺立。

由于这里地处欧洲朝圣线路上的一个站点，从 1583 年开始，嘉布遣（Capuchin）修道士设计了 36 座礼拜堂，但最终只有其中的 20 座进行了施工。至 1630 年，这些建筑大多是比较矫饰的风格，到了 17 世纪中期，则以巴洛克风格占主导地位，1788 年全部竣工。在这漫长的时间中，多有画家和雕塑家来进行创作。

2003 年，这里作为"皮埃蒙特和伦巴第圣山"（Sacri Monti of Piedmont and Lombardy）的一个组成部分，被列入《世界文化遗产名录》。入选理由是："意大利北部的 9 座圣山，由一系列的教堂和其他建筑构成，创建于 16 世纪末到 17 世纪，

致力于表达基督教信仰的不同方面。除了象征性的精神意义之外，这些圣山还凭借它们融入群山、森林和湖泊周围自然景观的技巧而变得异常美丽，建筑物内部饰以壁画和雕塑。”

我穿行在各个礼拜堂之间，欣赏着其中的湿壁画，然后便站在教堂前的平台上俯瞰，夕阳中的圣朱利奥岛在湖波之中傲立。由于风很大，湖中的渡轮已停摆，唯有波光涌动，别无杂物，凸显小岛的孤傲与秀美。

我想起了一种说法：“几乎所有来过奥尔塔湖的人，都倾向于对这个湖保持沉默，不太愿意告诉别人它的美丽。”因为大都担心突然增加更多的游客而打破这里的空灵与神秘。

当地的一些朋友视它为“灰姑娘”——美而不自知的少女，谦卑地待在家中，而她漂亮且有些招摇的姐姐却频频出席舞会，这如同旁边那游客蜂拥而至的知名度更高的其他湖区，以及豪华的餐厅和酒店，而奥尔塔湖依然独自享受着隐秘的快乐。

直面全球化的语境，对于跨越*15*个国家“欧洲水岸”的持续凝视，构成了我的私人地理和文学坐标。

Lake Maggiore

The Relic of Utopia and the Hideaway of Surviving La Belle Époque

马焦雷湖：

乌托邦远去，“美好年代”犹存

马焦雷湖为瑞士与意大利所共有。从瑞士的意大利语区一直延伸到意大利的皮埃蒙特（Piedmont）和伦巴第（Lombardy），是瑞士南部最大的湖泊，也是意大利第二大湖泊。

马焦雷湖畔收藏着20世纪初的许多风云往事。这里有一处不太为人所知的历史遗迹——“真理之山”（Monte Verità），20世纪初，它曾汇集了无数理想主义人士，成为乌托邦的故乡。此处，还可以感受到“美好年代”的艺术风情。

“真理之山”：风云时代中的华丽冒险

高挑的瑞士姑娘西蒙娜（Simona），在洛迦诺（Locarno）火车站等我，然后开车带我前往“真理之山”。这是一座海拔350米的小山，被称为“思想、运动、实验和历史人物汇合的磁石”。山顶有一个酒店，几位旅客正在躺椅上晒太阳。旁边的草坪上，一些小学生围坐在一起，听老师讲述这里的往事。

1900年，25岁的亨利·欧登科文（Henry Oedenkoven，来自安特卫普的一个商人家庭）和他的女伴艾达·霍夫曼（Ida Hofmann，一位来自上流社会的钢琴家和女权主义者），作为“生命改革”运动的参与者，渴望摆脱既定生活的轨迹，开始了一场华丽的冒险，于是寻找到这座“莫内斯舍山”（Monte Monescia）。当时整个阿斯科纳是一个渔村，莫内斯舍山是村民们放羊的地方。

当时他们能够买下这座小山，还要感谢阿尔弗雷多·皮奥达（Alfredo Pioda），他是提契诺州委员会的一个成员，也是神智学新教派的成员，他也想在这座小山上为教友建立一个修道院。在他的联系下，莫内斯舍山的业主以 4 万瑞郎的价格卖给了他们。

他们将这座山改名为“真理之山”（Monte Verità），成立了“素食者社区”，将这里称作疗养院（Sanatorium）。这个社区远离当时的消费观念，最开始时实行原始的社会主义原则，后期则倡导个人素食主义，并建立了一系列太阳浴设施。当时，所有参与者需遵守的信条是“放弃私有财产，遵守严格的道德准则，实行素食主义和裸体主义，拒绝婚姻，远离政治和教条”。

来自德国的古斯特·格雷赛（Gusto Gräser）和卡尔·格雷赛（Karl Gräser）兄弟也是这个社区的创立者之一。古斯特·格雷赛是艺术家和诗人，也是激进的另类生活方式的倡导者。为了帮助社区发展，他经常到不同的城镇讲学，同时推销自己的诗集，但常常因为外表而受到嘲笑。

1911 年，社区出现财政问题，古斯特·格雷赛和家人离开此地，一度住在瑞士阿克格诺（Arcegno）的一处山洞中，后来搬到了柏林郊区，成为自由德国青年运动的领军人物。数年间，他历经被捕、驱逐，曾被判处死刑，后来又被送进精神病院，获得释放后，他回到真理之山，积极投身于反对第一次世界大战的活动。

1919 年，他被驱逐出巴伐利亚州，开始与同伴一起东游，这是在黑塞小说中的一个主题——东游记。他也是黑塞书中人物的原型。1927 年，古斯特·格雷赛在柏林抗战博物馆发表演说，并在青年社区 Grunhurst 落户。1933 年，纳粹党上台后，该社区被查封，1936 年，社区的许多居民，其中包括古斯特的家人，被杀害或送进集中营，古斯特设法逃到了慕尼黑，隐居在朋友的阁楼中，此时他写出了最知名的一些诗作。第二次世界大战结束后，他继续在德国旅行。1958 年在慕尼黑去世。

沿着小路，来到一座木屋“Casa Selma”，走上一个小平台，里面有两个房间，外面一间有湖蓝色的木板墙，靠窗放着一张窄窄的铁架子床和一只洗脸盆；里面一间的墙面涂成褐黄色，摆了 3 张木椅子，也有一个洗脸水斗。这座看起来不起眼的木屋，正是这个乌托邦社区的发轫之处，当时被称为“空气小屋”（Air Hut）。

1904 年，因为血液感染，德国医生拉斐尔·弗里德伯格（Raphael Friedeberg，

1863—1940）第一次来到真理之山疗养，1911—1931 年，每年冬天他都在这里担任医生。他出生在东普鲁士的泰尔西特（Tilsit），1895 到 1911 年间在柏林担任肺科医生。他早年信奉民主社会主义，一直致力于为柏林工人阶级建立医疗保险制度，并传播社会主义思想，但此后，他对自由工会专注于议会而非革命行动而感到沮丧，他发表演讲，主张介入大规模罢工。

他逐渐成为一名无政府主义者：1907 年 8 月，他参加了阿姆斯特丹国际无政府主义大会。1909 年，在德国举行的无政府主义联合会上，他公开演讲，开始把有组织的无政府主义，转向更个人化的无政府主义。由于身体欠安，他对社会主义革命成功的可能性持怀疑态度。此后，尽管他不再参与革命行动，但仍担任德国社会主

义政治家奥古斯特·倍倍尔（August Bebel，1840—1913）的主治医师。

1911—1931 年，他每年夏天在西里西亚（Silesia，现在的波兰境内）的巴德·库杜瓦（Bad Kudowa）温泉小镇工作，冬天则在这里担任医生，他把这里称为“一个无家可归者、逃离者和赤贫者的王国”，他提出了“新鲜空气和自然疗法”，并建立了“空中小屋”，为病人提供消遣。

这里混合着素食主义和无政府主义的色彩，与俄罗斯无政府主义者米哈伊尔·巴枯宁（Mikhail Bakunin，1814—1876）、俄罗斯社会活动家彼得·克鲁泡特金（Peter Kropotkin，1842—1921）等众多人士有关联。早在 1869—1874 年，巴枯宁就住在离此不远的洛迦诺，提出了乌托邦的理念，也就是一个理想国的模型，所以可以毫不夸张地说，这里曾是 20 世纪初孕育新思想的故乡，而弗里德伯格则成为众多欧洲激进分子的导师。

从 1931 年起，拉斐尔·弗里德伯格定居在这里。1933 年纳粹夺取政权后，普鲁士总理奥托·布劳恩（Otto Braun，1872—1955）流亡于此，就住在弗里德伯格家。1940 年，弗里德伯格在阿斯科纳去世。

移居者的天堂

1909 年，弗朗西斯卡·祖雷·文特洛伯爵夫人（Franziska Countess zu Reventlow，1871—1918）因为财务破产，被迫离开慕尼黑“波希米亚的黄金社交圈”来到此地。作为一位作家，她出版了禁忌话题如女性情欲、单身母亲等题材的作品，当时，公众的注意力主要集中在她对传统道德的蔑视和排斥上，她的作品也吸引了第一次世界大战前紧张局势的读者，活跃了关于妇女解放的辩论。

第一次世界大战期间，瑞士成为许多艺术家的避难所，有一批欧洲艺术家聚居在阿斯科纳，他们的作品中有许多是反战主题。匈牙利舞蹈艺术家鲁道夫·冯·拉邦（Rudolf von Laban，1879—1958）是欧洲现代舞的先驱之一，1913—1918 年在阿斯科纳成立了艺术学校，德国舞蹈家玛丽·魏格曼（Mary Wigman，1886—1973）就是他的学生之一。玛丽·魏格曼以表现主义舞蹈而著称，也是舞蹈治疗法的先驱，被认为是现代舞历史上的重要人物之一。美国舞蹈家伊莎多拉·邓肯（Isadora Duncan，1877—1927）也曾慕名到此参观。

1914 年第一次世界大战爆发后，俄—德—瑞表现主义画家玛丽安·冯·维尔夫斯基（Marianne von Werefkin，1860—1938）、俄罗斯画家艾莱克斯·冯·罗伦斯基（Alexej von Jawlensky，1864—1941）、罗马尼亚艺术家亚瑟·西格尔（Arthur Segal，1875—1944）、德—法雕塑家汉斯·阿尔普（Hans Arp，1886—1966）、德国画家汉斯·里希特（Hans Ritchter，1888—1976）等一批艺术家纷纷聚居在此，战争期间，瑞士成为许多艺术家的避难所，他们的不少作品中许多是反战主题，到 1918 年，这里已成为艺术家村落。这些艺术家有的前后移民多个国家，也因此有了多国的国籍。

从 1914 年到 1918 年，阿斯科纳成为"移居者"（Émigré）的天堂。这里所说的移居者，主要是指那些因为政治或社会原因而自我放逐，将流亡作为一种权宜之计的人，他们大量聚集在苏黎世的都会区与阿斯科纳的自然山野之间。

1917 年，英德共济会的神秘学者特奥多尔·罗伊斯（Theodor Reuss,1855—1923）组织了一次大会，就跨民族社会、现代教育、妇女权利、新社会结构、作为宗教仪式的舞蹈艺术等议题进行了讨论，大会最后一天由鲁道夫·冯·拉邦舞蹈学校的学员表演《太阳之歌》（*Song to the Sun*），他们从日出一直跳到日落。这场不停歇的舞蹈就像真理之山鼎盛期的一幕缩影。

作为一个乌托邦社区，真理之山本身并没有可持续发展的动力，经济上长期依靠亨利·欧登科文家族的资助。1920 年，真理之山接近破产。亨利·欧登科文和艾达·霍夫曼移居西班牙，然后又去了巴西。从 1923 到1926 年，这里被沃纳·阿克曼（Werner Ackermann）、马克斯·贝斯科（Max Bethke）和雨果·威尔肯斯（Hugo Wilkens）3 位艺术家作为一个旅馆来经营。

1926 年，由一位银行家爱德华·冯·德尔·海特男爵（Baron Eduard von der Heydt）来接管。一年之后，包豪斯学校的艺术家们发现这里可以作为一个休假之地，于是，由埃米尔·法伦坎普（Emil Fahrenkamp）将旅馆改为包豪斯风格的建筑。1964 年爱德华男爵去世后，真理之山成为提契诺州的共有财产。

沿着山径，我来到一个露天沐浴的水箱前，这个木质水箱离地面约 3 米，应该是当年的裸浴之处。然后便到了一座宽大的木屋前，足有 30 多米宽，西蒙娜用钥匙

开锁，我们一起拉开移门，推上电闸，只见里面是一个环形展厅，展示着一幅环形画《被赐福的清晰世界》(意大利文 *Il Chiaro mondo dei beati*，英文 *The Clear World of the Blessed*)，画中有 30 多个裸体美少年，在树间、花丛相依相携，还有一个少年水平飘浮在空中，神情怡然。这幅画笔调轻快，有着装饰画的风格，表现了一个隐秘的世界。这座建筑建于 1926 年，取名为“The Sanctuarium Artis Elisarion”。

环形画的作者是德国艺术家埃利萨·冯·库普夫(Elisar von Kupffer，1872—1942)，他曾在圣彼得堡和柏林学习，以“Elisarion”的笔名发表了不少作品。这幅画作表达出这个隐秘世界的迷惑与清晰。从1902到1915年，他在意大利生活，之后，以画家的身份生活在洛迦诺。

1900年，他在柏林出版了一部耽美文学诗歌选集《世界文学中的至爱》（*Lieblingminne und Freundesliebe in der Weltliteratur*），这个书名中，“Lieblingminne”意为“爱中最爱”；“Freundesliebe”意为“朋友之爱”，其中“Minne”一词是德国中世纪时代的词汇，通常表示一种异性间的柏拉图式爱情，互相唱颂心爱的人，但没有提出任何的性暗示。

这本选集收录了从古代到当时的同性恋文学作品，作品来自古希腊、古罗马、阿拉伯世界、日本、文艺复兴时期的意大利、伊丽莎白时代的英国等，出版该书的部分原因，是为了抗议当时奥斯卡·王尔德因为一件同性伤害事件而在英国遭到监禁。经过两次世界大战，这个版本已经难觅踪影。1995年，柏林的一家出版社依据该孤本推出了影印本。

来到一座松柏高耸、繁花盛开的花园，在建于1904年的小型博物馆Casa Anatta中可以看到一些历史照片。博物馆的名称来源于佛教中的“Anatta”，意为“无我”——在众生的灵魂中，没有不变的、永恒的自我。

顺着山路，走到山上旅馆最高层的平台，俯瞰着蔚蓝的马焦雷湖，那是一种深沉的蔚蓝，有一种神秘感。在120年后，走近隐藏在历史深处的真理之山，才发现它曾经是如此群星闪耀，波澜壮阔。

我查阅着曾经活跃于真理之山的人士名单，结果让我大吃一惊。在历史上，被吸引到此的艺术家、哲学家和社会学家等举不胜举：

有瑞士—德国作家黑塞（Hermann Hesse，1877—1962）、瑞士心理学家卡尔·荣格（Carl Jung，1875—1961），以及德国小说家埃里希·马里亚·雷马克（Erich Maria Remarque，1889—1970），埃里希·马里亚·雷马克最知名的小说是《西线无战事》（*All Quiet on the Western Front*），1930年，据此改编的同名电影获得第三届奥斯卡最佳影片奖。

还包括德国达达主义派作家雨果·鲍尔（Hugo Ball，1886—1927）、女诗人艾尔斯·拉斯克—斯库勒（Else Lasker-Schüler，1869—1945，犹太裔德国人，以表现柏林的波希米亚生活方式而闻名）、德国诗人斯特凡·乔治（Stefan George，1868—

1933）、瑞士—德国艺术家保罗·克利（Paul Klee，1879—1940，他极具个人风格的艺术作品，影响了表现主义、立体主义和超现实主义思潮的发展）。

也包括奥地利哲学家鲁道夫·斯坦纳（Rudolf Steiner，1861—1925）、瑞士画家卡尔·欧根·基尔（Carl Eugen Keel，1885—1961）、德国剧作家厄恩斯特·托勒（Ernst Toller，1893—1939）、比利时画家和建筑师亨利·凡·德·威尔德（Henry van de Velde，1863—1957）、弗里达·劳伦斯（Frieda Lawrence，1879—1956，她后来因嫁给英国小说家 D. H. 劳伦斯而出名）。

此外，还有奥托·格罗斯（Otto Gross，1877—1920，奥地利精神分析学家，早期是弗洛伊德的弟子，后来成为一个无政府主义者并加入了这个乌托邦社区）、埃里希·慕萨姆（Erich Mühsam，生于 1878 年，犹太裔德国人，无政府主义散文家、诗人和剧作家，谴责纳粹，于 1934 年在奥拉宁堡集中营被杀害）。

还包括卡尔·威廉·迪芬巴赫（Karl Wilhelm Diefenbach，1851—1913，德国画家和社会改革家）、沃尔特·西格尔（Walter Segal，1907—1985，德国建筑师，开发了一套自建住房系统，即西格尔自建法）、马克斯·韦伯（Max Weber，1864—1920，德国社会学家、经济学家，他的思想深刻地影响了当代的社会理论与研究）、古斯塔夫·施特雷泽曼（Gustav Stresemann，1878—1929，德国政治家和政治家，曾担任总理和外交部部长，并于 1926 年成为诺贝尔和平奖的联合获得者）。

在 19 世纪末，类似这样的青年运动在欧洲风起云涌。从 1896 年起，德国出现了“Wandervogel”（候鸟）运动，强调自我负责和冒险精神，表达出渴望摆脱社会约束、回归自然与自由的意愿，同时，以民族主义的态度，强调德国日耳曼人的根脉。

第一次世界大战后，该运动强调进行强度较大的文化远足和探险，出游到更远的地方。该运动自 1933 年纳粹上台后被禁止，“二战”后，在德国和一些周边国家重建，其中一些骨干成员对后来的社会运动，特别是美国 20 世纪 60 年代的嬉皮士运动有所影响。

而“生命改革”运动（Lebensreform）是 1880—1920 年间在德国、瑞士和奥地利出现的一场宣传回归自然生活方式的社会运动，强调健康有机食品、裸体、性解放和宗教改革，放弃酒精、烟草、药品和疫苗等。

德国的“生命改革”运动最早是一个政治运动，部分或全部与生命改革有关，包括有机农业和保护生态，素食主义，自然主义（裸体门派）。当时许多杂志和书籍都宣传这些主题，有些参与的团体是社会主义者，有些则是右翼和民族主义者。

当时，参与“生命改革”运动的画家卡尔·威廉·迪芬巴赫（Karl Wilhelm Diefenbach，1861—1913）是一位和平主义者和无政府主义者，在维也纳附近成立了 Himmelhof 社区。他的 3 位门徒中就包括古斯特·格雷赛。

德国裸体运动的两位先驱——李察·温格维特（Richard Ungewitter）和海因里希·普都尔（Heinrich Pudor）也主张“生命改革”运动，强调裸体主义，这背后是自然体验的喜悦，也就是裸体本身，与性没有直接的关系，成为“裸体文化运动”（Freikörperkultur），最终扩大到不分种族和信仰的运动，如社会主义者像阿道夫·科赫（Adolf Koch）曾组织工人去裸体远足。

当代的环境运动，强调有机食品，“回归自然”和“民歌运动”等，究其根源，与“生命改革”运动不无关联。避免过度工业化所带来的危害，平衡身体和心灵，仍然需要道法自然。

思绪回到真理之山。这个不太为人所知的乌托邦群体，其历史远远早于 20 世纪 60 年代的嬉皮士运动。回顾这段历史，不难发现，当今年轻一代内心的反抗，与这些生活在 20 世纪初的人有着惊人的相似。从迷茫的一代，到迷茫的另一代，人们总是在积极地寻找着灵魂和身体的出口与入口。

中午时分，Castello del Sole（意为“太阳城堡”）酒店的司机已在旅馆外迎候着。我们驶下真理之山。

沿着绿树成荫的甬道驶入酒店。一座砖红色与黄色相间的建筑物掩映其后。徜徉在酒店 11.5 公顷的庭院中，草坪柔软如毯，微风拂面，近 1000 株桃树、梨树、李子树和苹果树组成了果园，鸟鸣百啭千声。酒店内的客人可以享用到水果和新鲜的有机果汁。这里还有 4 个网球场，一些休闲的藤椅点缀其间。

正午，浮光跃金。穿过巴巴罗萨中庭（Cortile Barbarossa），在一棵具有 100 多年历史的橄榄树旁走过，进入利昂中庭（Cortile Leone），来到 Locanda Barbarossa 餐厅享用午餐。这家餐厅是米其林一星级餐厅，并获得了 Gault & Millau 评比的 18 个积分。从马焦雷湖的鳟鱼段，到瑞士的羊肉，外加这家酒店农庄自产的红葡萄酒，阳光下，我享受到一顿入味的午餐。

餐后在庭院中漫步。走到尽头是一条300米长的私家湖岸区，面对着马焦雷湖，还有一间酒吧提供着服务。在湖边的躺椅上，我阅读着相关的历史资料：1540年，从洛迦诺来的弗朗西斯科·欧雷利（Francesco Orelli）首次在这片临湖的土地上，建造了一座形似城堡的建筑物，为当时新教的追随者提供了良好的避难所。

后来，即使新教社区在洛迦诺遭到驱逐，这座建筑仍掌控在欧雷利家族手中。1800年，这座城堡被同是来自洛加诺的莫雷蒂（Moretti）家族接管。一个有着少量客房的简易酒馆开张了。在1945年的冬季，这座城堡变成了一家酒店。

这里无疑是一处隐居之所。在湖岸边可以驾驶摩托艇、滑行独木舟和玩耍脚踏船。这一方宁静的绿洲，也成了一处微型的鸟类保护中心。这样的庭院和湖岸会让如我这样的人只运动、品茗和阅读，此外哪儿也不想去。

窗外的美丽岛

从洛迦诺乘火车沿马焦雷湖西岸南下，大约2小时30分就抵达了意大利小镇斯特雷萨（Stresa），它位于马焦雷湖的中心位置，是一处疗养胜地。走出车站，来自Villa and Palazzo Aminta酒店的接站人员早已在此等候。

马焦雷湖（意大利语 Lago Maggiore，意为“更大的湖”），是瑞士和意大利的共有湖泊，长 64.37 公里，宽 10 公里，面积 212.5 平方公里，平均深度 177.4 米，最深处 372 米。马焦雷湖沿岸地区气候温和，有茂密的地中海式植被，腹地可以看到秀丽的山区景观。湖区文化气氛浓郁，无论瑞士境内还是意大利境内的城镇都经常举办多种艺术活动，其中包括洛迦诺国际电影节。

马焦雷湖区天气温和，有着地中海式的气候。该地区拥有2300小时的日照，年平均年温度为15.5°C。

沿着湖边的公路行驶，不到10分钟便抵达酒店，这是一座20世纪初“美好年代”（La Belle Époque）时期建造的宫殿式建筑。步入房间，一盏穆拉诺吊灯高悬，有一张古典风格的大床，床头上面从墙面垂落下高高的黄蓝相间的床幕，茶几上两个迎宾果盘里摆放了水果和各式小点心，连旁边的一张座椅的设计都十分别致，把手上有着精致的金属纹路雕刻，靠背上还雕了两只羊头。

浴室也比较宽大，配备了按摩浴缸。我住过不少酒店，知道安装按摩浴缸后，维护起来比较麻烦，需要服务生定期将喷头卸下来清理，十分耗时费力。推开落地玻璃门，我走到宽阔的阳台上，这里正对着安静的庭院，下午的阳光正纯。

在房间里休息片刻，有人轻轻敲门。一位厨师端着刚出炉的甜点站在门口。托盘中放着一只高约30厘米的巧克力兔子，煞是可爱。谢过之后，在房间里我端详着这只兔子，有点下不去手，最后一狠心掰断了兔子的耳朵，这只兔子是用黑巧克力制作的，味道相当纯正。

在酒店的各处参观。接待处前面是东方风格的庭院，以纤细的柱子和顶部的彩色玻璃营造出东方的神韵。酒廊中央，摆放着一架法国Pleyel三角钢琴，巨大的落地窗中，美丽岛成为画框中的绝美点缀。

坐在酒店的露天餐饮区，我欣赏着不远处的湖光山色，俯瞰马焦雷湖中的“三

珍岛”，即博洛梅安群岛（Borromean Islands）的 3 个小岛，右侧是美丽岛（Isola Bella），左侧是渔夫岛（Isola dei Pescatori），中央稍远处是母亲岛（Isola Madre）。

美丽岛位于斯特雷萨镇的博洛梅欧湾，是一个颇受欢迎的旅游胜地，斯特雷萨、帕兰扎（Pallanza）、雷维诺（Laveno）和因特拉（Intra）均有定期的渡轮往来。岛上的主要景观是博洛梅欧宫殿、意大利花园和一个小渔村，这里，每年都会举办斯特雷萨音乐节。

母亲岛长 330 米，宽 220 米。岛上有许多文艺复兴风格的建筑物，尤以花园闻名。岛上有一座教堂，9 世纪时，人们开始种植橄榄。岛民十分注重家庭住宅的建设，1501 年起，岛上栽种了从利古里亚带来的柑橘类水果树苗，至 1580 年，一直延续着文艺复兴风格。

渔夫岛是博洛梅欧群岛中靠北的一个小岛，常住人口 57 人。和美丽岛、母亲岛不同，该岛不属于博洛梅欧（Borromeo）家族。这个岛 375 米长，100 米宽，一条狭窄的鹅卵石小巷环绕着岛屿，房屋的长廊经常会被洪水淹没。旅游已经成为岛上的主业，这里有一些餐厅和礼品店。同时，仍有居民从事传统的捕鱼业，为当地餐馆

提供食材。岛上的 San Vittore 教堂建于 9 世纪中期。

圣乔凡尼环岛（Isolino di San Giovanni）位于帕兰扎海岸线以西 30 米，现存最早的相关记载始于 999 年。16 世纪后期，博洛梅欧家族想尽办法，终于将环岛纳入囊中。起初想建一所大学，后来建造了宅邸和花园。20 世纪 30 至 40 年代，意大利指挥家阿尔图罗·托斯卡尼尼（Arturo Toscanini，1867—1957）曾闲居于此。

考古发现，马焦雷湖的先人最早是游牧民族，生活在湖区，后来先后被凯尔特人和罗马人占据，在西罗马帝国灭亡后，湖区在中世纪形成定居点，被多个家族所分据，其中包括哈布斯堡家族。在 1776 到 1778 年间，意大利科学家阿莱桑德罗·伏特（Alessandro Volta，1745—1827）首次从马焦雷湖的沼气中分离出甲烷。

马焦雷湖也曾出现在小说中。美国作家海明威（Ernest Hemingway，1899—1961）于 1929 年出版了小说《战地春梦》(*A Farewell to Arms*，也被直译为《永别了，武器》)，男主人公弗利德利克·亨利（Frederic Henry）中尉和他的情人凯瑟琳·巴克利（Catherine Barkley），为了躲避逃离意大利宪兵的追捕，被迫乘着小船横跨意大利与瑞士边境的马焦雷湖。

坐在酒廊中，我读到了一则关于沉没名车的逸闻。1936 年，一位苏黎世的建筑师马可·舒密克勒斯基（Marco Schmucklerski），将一辆产于 1925 年的布加迪 22 型布雷西亚跑车（Bugatti Type 22 Brescia Roadster）沉没到马焦雷湖中，因为当时瑞士海关官员在调查他是否支付了汽车税。

当时他在布加迪车上附着铁链，希望在调查过后，能打捞起来并让它恢复使用。后来，链条锈蚀，汽车沉到了湖底，1967 年 8 月被一位当地潜水员重新发现，成为潜水员喜欢探索的一个水下目标。

2008 年 2 月，一位潜水员达米亚诺·塔马尼（Damiano Tamagn）在探索这辆沉车时丧生，他所在的阿斯科纳潜水俱乐部的朋友决定打捞和销售这辆沉车，并设立一个以牺牲者命名的基金。2009 年 7 月，这辆布加迪车被打捞上来，2010 年 1 月在巴黎的复古汽车展览会上展出，卖出了 26.05 万欧元的价格。

天色渐晚，霞光映现照在美丽岛上，一位银发钢琴家在弹唱法文歌曲，不少客人围坐在两旁喝香槟，细声交谈。旁边的意大利风格 I Mori 餐厅，好比一个圆形铁艺凉亭，布置了南亚风格的雕塑，具有浓郁异域情调我的晚餐被安排在Le Isole餐厅，这是酒店的主餐厅，大厅内吊灯高挂，墙面上装饰着油画作品，最多能够容纳180位客人就餐。一位侍者走过来，点上蜡烛，透过全景露台，我看着云霞一点点变暗。

头盘点的是传统木材烟熏白鱼片，配上小茴香果汁冰糕，被摆放在一块黑色的陶瓷板上面，像是一幅精美的食品画。白鱼片的鲜嫩与果汁冰糕的酸甜，搭配巧妙。Sambonet银质餐具拿在手里非常有质感。

第一道主菜，我从10多种意面中选了Tagliolini意面（来源于意大利单词“Tagliare”，意思是“切”），这是意大利的艾米利亚—罗马涅大区和马尔凯大区的一种传统面食，面条的通常宽约6毫米—10毫米，厚1毫米，制作时加入鸡蛋。这款意面加入了野生跳枝（Wild Hop Shoots，也被叫作野啤酒花芽，口味有点像芦笋）和Robiola羊奶酪（这种软奶酪产于伦巴第和皮埃蒙特地区，有着羊奶酪特有的香味和一点微酸味，保鲜期最长一个月），十分美味。侍酒师配上了2015年的Albino Rocca Langhe Chardonnay da Bertü，这款葡萄酒产于皮埃蒙特地区，香气浓郁，年产量只有1万瓶左右。

第二道主菜是梭鲈（Pike Perch）配坎内罗柑橘（Cannero Citrus）。坎内罗·里维

埃拉（Cannero Riviera）位于马焦雷湖的西岸，盛产柑橘。生鲜的梭鲈与酸甜的柑橘搭配，混合成一种酸鲜之味，十分奇特。

此时配的是 Vietti Rosro Arneis 2015 白葡萄酒，阿尼斯葡萄（Arneis）酿制出来的酒微酸，酒体呈淡黄色，带有柑橘、蜜瓜和杏仁的香味。“Arneis”这个名字的意思是“小淘气”，指这个品种比较难以栽培和伺候，但在意大利和一些新世界葡萄酒国家，葡萄酒商们坚持了下来。

最后，名字为“金色巧克力”（Oro e Cioccolato）的甜点端了上来，侍者将一大银勺的热巧克力汁浇到一个巧克力球上面，那个巧克力球被浇融后，露出了里面的杏仁。巧克力球是放在一个半圆形白色网状的特制框子里的，可以使巧克力球能够保持住基本形状。我用银调羹将半流质的热巧克力吃得一干二净，醇香留唇。

酒廊内，吃好了晚餐的客人围坐在一起，继续欣赏那位音乐家的演唱。

烛光摇曳，夜色温柔。

“漂浮在水上的巴洛克式胸部”

次日早晨，晨光清亮，用完早餐之后，从酒店的私人码头搭乘一艘快艇，5 分钟后即抵达美丽岛的码头。美丽岛位于斯特雷萨镇的博洛梅欧湾，整个小岛长 400 米，宽 320 米。

我回想起这座小岛的历史。起初，这里只是一个石峰环绕的小渔村。1632 年，博洛梅欧家族卡洛三世（Carlo III，1586—1652）开始建造一座宫殿，以献给他的妻子伊莎贝拉·阿达（Isabella D'Adda）。他委托米兰的建筑师安吉洛·克里维利（Angelo Crivelli）来设计宫殿和花园，整个项目形似一条船：码头代表着船头，主殿则是甲板上凸起的平台和桥梁。宫殿建于早期教堂的遗迹上，这其间，由于 17 世纪中期米兰公国发生了瘟疫而中断了一些时间。

待到宫殿恢复施工时，已到了卡洛三世的儿子这一代了。他的两个儿子，一个是红衣主教吉尔伯托三世（Giberto III Borromeo，1615—1672），一个是维塔利亚诺四世（Vitaliano VI Borromeo，1620—1690），在米兰建筑师卡洛·丰塔纳（Carlo Fontana，1638—1714）的设计下，将宫殿变成了一个欧洲贵族举办豪华派对和戏剧表演的地方。1671 年，花园也建成了，投入使用。

到了吉尔伯托五世（Giberto V Borromeo，1751—1837），岛上达到鼎盛时期。到访过的嘉宾中包括英国历史学家爱德华·吉本［Edward Gibbon，1737—1794，出版有重要著作《罗马帝国的衰亡史》（*The History of the Decline and Fall of the Roman Empire*），以对宗教组织的公开批评而闻名于世］、拿破仑一世和妻子约瑟芬、布伦瑞克的卡洛琳（Caroline of Brunswick，英国王后，乔治四世国王的妻子）。也正是这位卡洛琳王后，对此地一见钟情，竭力说服博洛梅欧家族将母亲岛卖给她，但她的请求被拒绝了，后来她自己在科莫湖西岸的切尔诺比奥（Cernobbio）小镇，购买下了埃斯特别墅（Villa d'Este）。意大利北部湖区的历史故事就这样被串联起来，且无缝衔接下去了。

1935 年 4 月，意大利、法国和英国在这个宫殿内的音乐厅举行了一个高级别的会议，法国总理皮埃尔·拉瓦尔（Pierre Laval，1883—1945）、英国首相拉姆齐·麦克唐纳（Ramsay MacDonald，1866—1937）和意大利总理贝尼托·墨索里尼（Benito Mussolini，1883—1945）达成协议，通过了《斯特雷萨阵线宣言》（*Stresa Front*，全称是 *The Final Declaration of the Stresa Conference*）。该阵线旨在反对希特勒违反《凡尔赛条约》，重新武装德国的意图。

1935 年 6 月，英国背着法国和意大利，签署英德海军协定后，斯特雷萨阵线开始破裂。1935 年 10 月，意大利入侵阿比西尼亚（Abyssinia，即埃塞俄比亚的旧称）后，联盟完全崩溃。这个宣言曾被认为是试探性地阻止军事崛起中的希特勒政权，并有可能阻止"二战"的最后一次机会。

岛上的博洛梅欧宫殿（Palazzo Borromeo）规定 9 点钟起开放，我在 8 点 50 分就持票提前进入了，以躲避白天汹涌的参观人潮。

博洛梅欧宫殿有着伦巴第巴洛克建筑风格，共有 4 层。登上楼梯，迎面的墙面上是两个由石雕做成的巨大徽记，走到一个房间，墙面上挂着盔甲和长矛。再走进荣誉大厅，穹顶气势宏伟，水晶吊灯垂泻而下。这里，每年都会举办新古典舞表演。然后又来到音乐厅，在"奖牌室"（Medals Room）内，以镀金木质饰品展示圣查尔斯·博罗梅奥（Saint Charles Borromeo）的一生，他从 1564 到 1584 年在米兰担任红衣主教，在天主教会中被尊为圣徒，曾是该家族中的一位显赫人物。

挂毯大厅里一整面墙上悬挂着 16 世纪的佛兰德挂毯，以丝绸和黄金纤维织就，其中好几幅反映了自然界的真实图景：两只狮子扑在一匹马上，前后夹击并咬食；另一幅织毯上，一匹白马在林间逡巡，而一只怪兽早已在树枝上等候着；还有一幅，画面上一只天鹅从水塘边飞过，地面上有一只怪兽大张着嘴，眼睛流露出贪婪的目光。这些挂毯与宫殿中的其他装饰画不同，不再只表达温情的或优雅的生活场景，同时也表现出自然界原始赤裸裸的掠食与争斗。

来到挂毯大厅的尽头，一扇铁栏杆门通过自动感应打开了，通往美丽岛花园（Giardini dell'Isola Bella）。在一层开阔的“Teatro Massimo”花园，一个圆形剧场铺展开来，年龄久远的樟树花傲然而立，几只白孔雀正在开屏。整个平层以花岗岩、凝灰岩和石灰岩建成，并用各种柱子、壁龛、栏杆、方尖碑和古希腊式的半圆形室外座椅来装饰。在剧院旁边，一排基座上矗立着 4 座雕像，分别代表自然界的四大元素：水、空气、土和火。

继续沿着台阶而上，就到了整个美丽岛的最高处，此处高于湖平面 37 米。从这里向四周眺望，南侧下方是整齐的植物珍品，抬起头来，则可以看到马焦雷湖的南侧盆地；向西是斯特雷萨到巴韦诺（Baveno）的湖岸线，包括莫塔罗纳山（Monte Mottarone）的山坡，该山是意大利西北的一座山脉，出产一种叫“Toma del Mottarone”的奶酪；向北是渔夫岛和托舍山谷（Toce Valley），向东则是母亲岛和帕兰扎的湖岸。

这里同样耸立着方尖碑和不少塑像，与“Teatro Massimo”上的一样，也是卡洛·西莫内塔（Carlo Simonetta）的作品。在南侧的栏杆山，两座丘比特的雕像坐落在上面，他们的手里握着这个家族的金属徽记。在这里，栏杆、雕像与方尖碑高低错落，几近完美地组合在一起，层层向上递进，暗示权力的结构，昭示随着时间的推移权力的延续。

从最高处下来，我沿着东侧行走，杜鹃花圃的旁边是由苦橙树组成的一条林荫大道，两侧栽种着黄杨木和柏树，往南走，是一座风亭（The Tower of Winds），用雪花石膏和红色大理石板镶嵌，以前，这里是家族成员在花园散步时的休息之处。南部的“方形花园”设计于 1634 年，还保留着最初的意大利花园的设计风格，4 个花圃用修剪成圆锥体的紫杉树来造型，中央是一个圆形水池，里面漂浮着睡莲。

4 座巨大的雕塑竖立在高处，其中一位手里拿着葡萄藤的男性塑像指代夏季，一位戴着帽子的男性塑像代表着冬季，一位捧着花束的女性雕塑预示着春天，而另一位扬起麦穗的女性就是秋天的代言人了。

走出花园，沿着 Via Superiore 小街前行，这里紧挨着意大利花园围墙，分布着一些餐厅和工艺品商店。在一家花店前，店主将一艘长约2米的小船布满鲜花，颇具艺术气息。

回到码头，私人小艇载着我绕着美丽岛转了一圈。小岛侧面优美起伏的建筑天际线，让人想起关于它的一个形象的比喻："漂浮在水上的巴洛克式胸部"。

这天恰好是复活节。酒店的总经理法比奥（Fabio）和妻子路易莎（Luisa）带着两个孩子，热情地请我在餐厅共进午餐。路易莎早年曾在台北留学并担任教师，对中华文化十分景仰，也有让他们的两个孩子来中国大陆留学的打算和安排。席间，在谈到当前的欧洲局势时，路易莎说起，现在右翼政治势力纷纷占据一些位置，经济衰退和非法难民潮更加剧了社会动荡，"现在有一些情况像极了'二战'前的样子。我们年纪比较大了，可以无所谓了，但我们的孩子呢？"

诚然，目前的欧洲态势还没有达到那么紧张的程度，但全球其他地区的地缘政治动荡、混乱和云波诡谲，已是不争事实。

什么是文学的力量?

她是书写的力量、行走的力量、逼近真相的力量和感动自我的力量。有往事的缺憾，有幻想的抚摩，并在缅怀与憧憬之间重新开始。

From Lake Como to Lake Iseo

The Nobles' Party and a Floating Piers to Memories

从科莫湖到伊塞奥湖：

贵族们的聚会和通向记忆的浮桥

早在古罗马时期，贵族们就开始沿科莫湖畔而居。当代，科莫湖已成为最受名流青睐的度假地之一，服装设计大师范思哲生前就十分钟爱他在科莫湖畔的别墅，去世后被安葬在湖畔的家族墓地。乔治·克鲁尼和布拉德·皮特等电影明星也在湖畔购买了别墅，常来此休憩。

伊塞奥湖区气候温和。2016 年夏季，艺术家克里斯托和珍妮·克劳德夫妇在这个湖岸与湖心岛之间，设计了一个巨型艺术装置“浮动码头”（The Floating Piers），成为他们包裹巴黎新桥与柏林国会大厦之后的又一动人之作。

埃斯特别墅的午后庭院

意大利的湖区，在地理学上称为“前阿尔卑斯山脉地区”（Pre-Alps，即阿尔卑斯山的外围区域，由高地、山谷和湖泊交替组成，在意大利部分，主要集中在伦巴第地区），科莫湖就坐落在阿尔卑斯山南麓的盆地中，除了灵秀的自然风光，散落在湖畔的历史文化遗产使其更加动人，大量精美的浪漫主义时期的别墅和庄园，使科莫湖有了“浪漫主义之湖”的美称。

科莫圣乔瓦尼（Como San Giovanni）车站地处米兰、苏黎世与巴塞尔之间的欧洲南北铁路快线上，乘坐城际列车（Intercity）和欧洲之星列车（Eurostar）很容易到达。曲折的湖畔公路，将湖边的许多小镇连接起来。

午后，来到科莫湖畔的切尔诺比奥小镇（Cernobbio），沿一条小径前往埃斯特别墅（Villa d'Este）。切尔诺比奥位于科莫湖畔，这是一个交

通中转站，有前往科莫湖最北端的科里科（Colico）的巴士和渡轮，同时也是环湖长途徒步线路 La Via dei Monti Lariani 的起点。

我来到别墅的一座主建筑物中。大堂为高阔结构，走出去就是湖畔的餐饮区。我坐在这里喝下午茶，回想着这座别墅的往事。

这座别墅原名叫伽洛弗别墅（Villa del Garovo）。1442 年，科莫的主教杰勒德·兰德安尼（Gerardo Landriani）在伽洛弗河口兴建了一个女修道院。1565—1570 年间，红衣主教托洛梅奥·加利奥（Tolomeo Gallio）拆除了修道院，委托设计师彼莱格里诺·蒂巴尔梯（Pellegrino Tibaldi）为自己设计住处，取名“伽洛弗别墅”，包括 25 英亩（约等于 0.1 平方公里）的繁茂花园，最开始时作为主教的夏季别墅，后来成为当时政客、文人和和神职人员的聚会场所。

洛梅奥·加利奥去世后，别墅传给他的家人，此后逐渐衰败。1784 年，别墅的新主人——米兰的卡德拉里（Calderari）家族实施了修复工程，增建了意大利花园和神庙，其中的雕塑是“大力士赫拉克勒斯将利卡斯投掷入海”。

在希腊神话中，利卡斯（Lichas）是赫拉克勒斯（Hercules）大力士的仆人，因为大力士的妻子迪亚妮拉（Deianira）害怕大力士将伊俄勒（Iole）纳为小妾，于是把一件有毒的衣服通过利卡斯带给了大力士，遂杀死了大力士。作为一种惩罚，大力士临终前，将利卡斯扔进了大海。

在卡德拉里家族的马奎斯·卡德拉里（Marquis Calderari）死后，他的妻子——一位米兰斯卡拉的前芭蕾舞演员，嫁给了拿破仑麾下的一位将军。

1815 年，当时还是威尔士王妃的卡洛琳（Caroline of Brunswick，1768—1821）看到了这座优美的别墅，尽管财务状况捉襟见肘，她还是将别墅买下来作为私宅。卡洛琳将别墅的名字改为“埃斯特别墅”。在花园内增加了一些英伦风格元素，同时依然留存了文艺复兴时期意大利园林的设计主线。她尤其喜欢这座花园，觉得它似乎悬浮在空气中，如同一个完整的魔法场景。1817 年 8 月，由于债务越来越多，她最终卖掉了这座别墅，搬到意大利南部的一个小镇去了。

1820 年 1 月，卡洛琳的丈夫正式即位，成为英国国王，即乔治四世。卡洛琳与丈夫长期失和，乔治四世试图支付她留在欧洲大陆的费用，但在当年 6 月，她回到了英国。因此，政府准备提出一项法案，解除其婚姻，剥夺她王后的头衔。经过从 8

月 17 日至 11 月 10 日长时间的听证后，上议院放弃了该法案。

1821 年 7 月 19 日，乔治四世的加冕典礼在威斯敏斯特教堂举行。卡罗琳试图进入教堂参加典礼时，大门被“砰”地一声关上，她顿感屈辱地回家了。在此之后，她的健康每况愈下，19 天之后，即 1821 年 8 月 7 日去世。

有传言，她与她的意大利信使巴托洛梅奥・佩尔加米（Bartolomeo Pergami）有染。这也给这座她曾小居的别墅带来一些逸闻。

1873 年，这座别墅被改造成为一家豪华酒店，成为那个年代热衷于“大旅行”（Grand Tour）的贵族们在意大利北部的居停之所。1873 年，它被改造成为一家豪华酒店，保留了“埃斯特别墅”的名称。1948 年，在这座别墅举办的一次晚宴中，一位富有的丝绸商卡洛・萨基（Carlo Sacchi），被他的情人派・倍兰塔尼（Pia Bellentani）伯爵夫人用她丈夫的手枪开枪谋杀了，酿成了一桩凶案。

往事令人叹息。阳光越来越倾斜，透过湖畔的树林照射过来。喝完下午茶，我在花园中漫步。有两个孩子在埃斯特别墅上的草坪上玩耍。繁花盛开，清香弥漫。

晚上，应约与当地朋友共进晚餐。从下午茶到晚餐，在不经意中感受埃斯特别墅释放的那种旧时代的格调。

抵达科莫湖的最深处

科莫湖（意大利语 Lago di Como）是意大利乃至欧洲最深的湖泊之一，最深处达 425 米。蔚蓝如海，深邃似梦，海一样的深度也造就了它海一般迷人的气质。科莫湖长 46 公里，宽 4.5 公里，面积 146 平方公里，位于加尔达湖和马焦雷湖之后，是意大利北部湖区中第三大的湖泊。

一般旅行者都会从米兰北上到达科莫市，然后乘船游览科莫湖。科莫市建于公元前 196 年，是科莫湖区的中心城市，也是欧洲最隐秘的“丝都”之一，遍布着纺织机械厂、面料加工厂、染色厂和丝绸学校，每两年还会举办一次很有名的丝绸博览会，目前有许多国际顶级大牌的丝巾在这里代工生产。我参观了当地的一家丝绸公司，它坐落在一个建于 1920 年的老建筑内，迈过一道雕花大门，幽深的庭院里有不少古旧雕塑，室内墙壁全部用精美的丝巾图案装饰。记得我与设计师说到意大利时尚源头就是丝绸时，他说，意大利人一生下来就有种特有的美感，在旁边的一位意大利语翻译补充道，意大利有句谚语：“意大利人从餐桌到床上，都充满了创意。”如此美妙的民族，生活自然绚丽多姿。

科莫湖周围有许多幽深的花园别墅，湖畔西侧的特雷梅佐小镇（Tremezzo）有建于1745年的卡洛塔别墅（Villa Carlotta），湖中部的贝拉吉奥镇（Bellagio）有建于1808—1810年间的梅尔齐别墅（Villa Melzi d'Eril）。

卡洛塔别墅是科莫湖上有名的古典别墅和植物园，别墅面向湖岸的花园占地约8公顷。每年春季，有150种不同的杜鹃花在山坡上盛开，姹紫嫣红，充满梦幻色彩。这里也是雪松、棕榈树、红杉、梧桐树和其他外来植物的家园，还设有一个3000平方米的竹园，可以欣赏到25个品种的竹子。

目前，卡洛塔别墅已成为一个对外开放的小型博物馆，藏品丰富，其中有名的包括意大利新古典主义雕塑名家安东尼奥·卡诺瓦（Antonio Canova）的作品。

梅尔齐别墅则是新古典风格，曾是法兰西梅尔齐·德·伊利公爵（Duke Francesco Melzi d'Eril，拿破仑时期在意大利的一个临时政权的副总统）的夏宫。别墅内有一座橘园和一座私人礼拜堂。19世纪时，法国作家司汤达和匈牙利作曲家李斯特等人曾经到访。

次日清晨，我从特雷梅佐小镇叫一辆的士，一路向北开去，沿途随意拍些照片，并准备换一个地方住宿。

沿着湖边的公路一路奔驰。路不太宽，车也不多。早晨不断有自行车运动员从车旁一闪而过。越往北

开，即越往湖的深处开，道路越曲折并狭窄，有时就相当于在古旧的建筑物群中穿行，常会看不清前面的道路，有一两次与迎面开来的送货卡车几乎撞上，所幸有惊无险，这时双方会十分礼貌地倒车、避让，在仅能通过一辆车的小路上倒也相安无事。抬头看看，天空在建筑物中间也只剩下了一线天，如同这地下的窄路。

车子驶过东格（Dongo）。这是一个湖畔小镇，独裁者和法西斯党魁墨索里尼就是在这里走向覆灭的。“二战”末期，1945 年 4 月 25 日，盟军部队向北推进，意大利北部的萨洛共和国（Salò Republic，这是从 1943 到 1945 年间墨索里尼建立的一个政权，宣布定都罗马，但事实上，政权都集中在加尔达湖畔的萨洛小镇）即将崩溃，墨索里尼和情妇克莱尔塔·贝塔西（Claretta Petacci）出发去瑞士，打算乘坐飞机逃往西班牙。27 日，他们在东格小镇被游击队抓获，次日被带到了朱利诺·迪·梅泽格拉（Giulino di Mezzegra）小村落，一同被用机关枪处决了。29 日，他们的尸体被送到位于米兰的洛雷托广场，倒挂在一个加油站的前面。贝塔西时年 33 岁。

墨索里尼比贝塔西年长 29 岁。贝塔西与墨索里尼维持着一个长期的情人关系，墨索里尼当时已有妻子雷切尔（Rachele Mussolini，1890—1979）。

贝塔西 1912 年出生在罗马。她的父亲是教皇皮乌斯十一世（Pope Pius XI）的主治医生。她在一个上层的天主教家庭中长大，幼年时师从小提琴家科拉多·阿奇布吉（Corrado Archibugi）学习音乐，科拉多是她父亲的朋友。她从 10 多岁时起，就经常给墨索里尼写诗，寄到他在威尼斯宫的办公室去。1926 年，在墨索里尼遇到一次未遂的暗杀后，她写信更加频繁了。

1932 年 4 月的一个星期天，20 岁的贝塔西和她的家人，包括她的未婚夫一起，从罗马前往海滨度假胜地奥斯蒂亚（Ostia），途中被一辆阿尔法罗密欧（Alfa Romeo）敞篷车超车，贝塔西发现了驾驶者是墨索里尼，她非常兴奋，喊道：“Il Duce，Il Duce！”（领袖，领袖！）并催促她的司机跟上墨索里尼的车。墨索里尼的车停了下来。这是两人的初次相遇。

当时，贝塔西已与空军中尉里卡多·费德里奇（Riccardo Federici）订婚。贝塔西给墨索里尼发出了情书，两人在初次见面后的几周内就发生了秘密的关系。据透露，墨索里尼还每天给她家打几十次电话，向她的母亲朱塞皮娜（Giuseppina）请求允许他追求贝塔西。她的家人显然支持她与墨索里尼的婚外情，以爬上更高的社会台阶。

贝塔西于 1934 年嫁给了费德里科，但不久后就分居了。他们直到 1941 年 4 月才离婚，因为在当时的意大利离婚相当困难。

贝塔西有一个名叫马塞洛（Marcello Petacci）的担任外科医生的哥哥，在她最后的日子陪着她，在遇到游击队时他试图逃跑，但最终被枪杀在科莫湖畔。

1949 年被意大利当局查获的贝塔西个人日记中，详细叙述了她与墨索里尼在一起时的生活细节。该日记直到 2009 年才公开供公众查阅。它现在被认为是墨索里尼私生活的重要记录，也为史学界提供了研究资料。

一个优美的湖就这样与一段历史紧紧地联系在一起。那天司机不知道是不是有其他的事情，他总问我要不要就在这里停下，我对司机说："No, Colico! Please! "

沿着湖边继续畅游，前方出现了一辆红色法拉利跑车，伴随着张扬的发动机噪音，在湖畔小屋旁的蜿蜒小路上时隐时现。碧蓝的天、翠绿的植物、灰白的房子，还有一个金发女子驾着辆红色跑车一闪而过，构成一幅动静相宜的画面。

湖区气候温和，适合各种植物和花卉生长，这里盛产葡萄、橄榄、石榴、无花果和板栗，各种植物的生命形态在眼前不时掠过，混合成湖畔植物缤纷的印象。

车子终于到达科里科（Colico）小镇——科莫湖的最深处。在小镇后面，耸立着 2609 米的莱格诺内山（Monte Legnone，科莫湖区的最高峰）。宁静的湖畔，苍劲有力

的虬枝烘托出一个刚刚到来的春天。露天餐厅上一片无人的桌椅，有一种图案美。一位头发花白、腰杆笔直的宾馆礼宾员已等候在此，他麻利地打开车的后备厢，帮我提取了行李，他的装扮很古典。经过这一个多小时的行程，我仿佛从当代回溯到 19 世纪的某个午后。

湖的最深处景色就是这样幽静、深远和凝重。1818 年，英国诗人雪莱在给友人托马斯·拉夫·皮科克（Thomas Love Peacock，1785—1866，英国小说家）的信中，曾以“这面湖超越了我见过的所有的美”（This lake exceeds anything I ever beheld in beauty）来赞美科莫湖。而美国小说家亨利·詹姆斯（Henry James，1843—1916）曾经说过：“One can't describe the beauty of the Italian lakes, nor would one try if one could.”（没有人能够描述出意大利的湖泊之美，即使有人有这个能力，他也不会尝试。）

所言极是。从空中俯瞰，科莫湖的形状像一个“人”字，又像一位舞者，仪态动人。我现在就抵达了“人”字这一撇的最上端，间歇湖畔，心若幽穹，不与离人遇。

通往记忆的浮桥

继续在湖区漫游。从科莫湖的 Como San Giovanni 车站，搭乘火车前往布雷西亚（Brescia）火车站，然后转乘一列地区列车，前往伊塞奥湖。火车上坐满了当地的高中生，这趟列车几乎每个小站都停，似乎成了学生放学和职工下班回家的通勤列车。我预订了一家紧靠着伊塞奥湖的四星级酒店，这也是湖畔最好的酒店了。

皮尔佐内（Pilzone）站是一个十分简易的小站，站台只在一侧有，且只有窄窄的一条，紧挨着民居。从一座小教堂边穿过。走了大约 800 米，这家酒店便矗立在湖边，我房间的窗外就是午后那蔚蓝的伊塞奥湖面，波澜不兴。在酒店稍事休息后，走回 Pilzone 小站，从这里坐火车前往伊塞奥小镇。我预先请酒店的工作人员在网上查好了往返列车的班次，这样可以精确地安排时间。

伊塞奥湖（意大利语 Lago d'Iseo），古罗马时名字为 Sebino，是意大利第四大湖泊。该湖的面积为 65.3 平方公里，南北向的长度为 25 公里，平均深度为 124 米，最

深处为 251 米。湖中的蒙特岛上拥有居民 1770 多人，是欧洲湖区中居住人口最多的湖心岛。湖岸北侧，冬季的雪山提供了丰富的水资源，降雨丰沛。夏季凉爽的微风消减了暑热。湖区生长着地中海系植物，其中包括很多橄榄树。

离伊塞奥湖最近的城市是布雷西亚和贝尔加莫（Bergamo），坐火车或自驾游都很方便。这里尚属一个小众度假地，每年从仲春到深秋，一些欧洲旅行者喜欢在此闲居几日。

下午 4 点多钟，我到了伊塞奥小镇，从车站走过一个栽种着雅致松树的交通转盘，有一条通向湖边的开阔道路。中间经过一个小广场，鹅卵石地面，拱廊高耸，光影迷离，临街有不少小众服装品牌的买手店，特色餐厅陈列着整条的西班牙云腿，摆满了各种葡萄酒，整个小镇洋溢着一种远离都市但自带时尚格调的逍遥氛围。这种意大利小镇风情，总会让人一次又一次迷醉。

下午 5 点 30 分，搭乘当天的最后一班渡轮前往伊塞奥湖中的蒙特岛（Monte Isola）。站在船头，看建筑物慢慢后退。随着年龄渐渐增长，我发现自己愈发喜欢意大利，喜欢那种古雅建筑的黄色外墙所蕴含着的炙热能量，它在经历岁月的打磨后显得更加醇厚。

渡轮在蒙特岛东南端的普雷奇拉（Peschiera）停靠后，继续向前。晚上 6 点，抵达蒙特岛东北端的卡扎诺（Carzano）。这里是岛上的中心地带。

我沿着湖岸边一条道路漫行。一排小船停泊在岸边，民居的墙面上贴着炭笔画，沿着小径来到了高处的一座建于 15 世纪的教堂前，里面有湿壁画、塑像和乡土艺术风格的祭坛。眺望着这座总面积为12.8平方公里小岛。事实上，这座蒙特岛不仅是意大利，同时也是南欧和中欧的最大的湖心岛。小岛的最高峰为600米，而伊塞奥湖的平均海拔为181米，高出湖面大约419米，这也使得蒙特岛成为欧洲海拔最高的湖心岛之一。

目前岛上禁止使用私人轿车，各个村落之间有公交车往来，当地居民也可以骑摩托车，游客则只能骑自行车，专用的自行车道和徒步道形成一个连接全岛的交通网络。

相传罗马时代就有人定居在这里，但有据可查的最早记载始于905年。从11至12世纪，伊塞奥湖区的统治者奥德波雷迪（Oldofredi）家族，在岛上建立了两个据点。1400年，强大的韦斯康蒂（Visconti）家族的成员来这里打猎。1497年，米兰公爵弗朗切斯科·斯福扎（Francesco Sforza），给岛上的居民以捕鱼权并减少税收。

在同一年，塞浦路斯皇后卡特琳娜·科纳罗（Caterina Cornaro），在岛上闲居了一段时间。在整个19世纪，岛上的主要产业是渔船制造业和渔网编织业。

在一家食品店选购了一袋店主自家烘焙的酥饼，口感酥脆，中间夹着果酱。我到湖边闲坐，岛上弥漫着浓郁的艺术气氛，湖岸的步道旁有不少装置与雕塑作品，民居墙上贴着炭笔画，还有几张“浮动码头”的巨幅照片，这个2016年6至7月在此展示的环境艺术作品，曾为这座小岛带来120万名参观者。

“浮动码头”是艺术家克里斯托·克劳德和珍妮·克劳德夫妇（Christo and Jeanne-Claude）设计、出资的巨型艺术装置，展览期间，人们可以通过浮桥自由行走在伊塞奥湖东侧的苏尔扎诺小镇（Sulzano）、蒙特岛和附近的圣保罗小岛（Isola di S. Paolo）之间。

克里斯托和珍妮出生在同一天：1935年6月13日，克里斯托生于保加利亚，珍妮·克劳德生于摩洛哥；1958年10月，他们在巴黎邂逅并相爱，开始共同创造艺术作品。他们曾在世界各地实施环境艺术作品，名噪一时，其中包括1985年包裹了巴黎的新桥，1995年包裹了柏林国会大厦。他们外出时总要乘坐不同的航班，这样万一遇到空难，总有一方可以幸存下来继续创作。2009年11月珍妮去世后，克里斯托依然以两个人的名义承制工程。

这对艺术家夫妇早在1970年就开始构思“浮动码头”计划，曾在阿根廷和乌拉

圭之间的普拉塔河上建立浮桥。伊塞奥湖的“浮动码头”是克里斯托在妻子去世后实施的第一个重大项目，为此，2013 年底，他在伊塞奥湖畔住了 22 个月。该项目耗资近 1700 万美元，保加利亚一家公司的 600 名工人花费了 3 个月，将 220 个重锚安放在湖底，然后安装了 22.6 万个高密度聚乙烯块与这些锚相连，最后覆盖上 7 万平方米的尼龙织物，建立起模块化的浮船坞系统，其中湖上的浮桥长度为 3 公里。

2016 年 6 月 18 日，藏红花色的浮桥向公众开放，5 天就涌来 27 万参观者，大批访客甚至给附近的火车站造成一些混乱。7 月 3 日，浮桥对公众关闭。7 月 4 日清晨，浮桥开始拆除。

克里斯托和珍妮的作品能给人带来深刻的视觉体验，有评论家认为他们是“通过遮蔽来启示”，即通过创造新的方式，让人们重新看待熟悉的风景。就像这湖面上曾短暂出现的浮桥，会长久地留在人们的记忆中。

我乘坐最后一班渡轮回到伊塞奥小镇。在小镇的一家餐厅用晚餐，之后乘坐晚 8 点 30 分的最后一班区间火车回到皮尔佐内小站。夜行列车的灯光照在民居上，有种穿越的错觉。

看得见葡萄园的房间

次日早晨 7 点 30 分，来自 L'Albereta 酒店的司机已在大堂等候我了。今天我要住到 L'Albereta 去，入住酒店前要先参观他们的两家酒庄。我们驱车向西南行驶，大约 15 分钟后，就来到了埃尔布斯科（Erbusco）小镇，它属于弗朗齐亚柯特（Franciacorta）地区，是意大利出产上佳气泡酒的地方。

弗朗齐亚柯特（Franciacorta）位于伊塞奥湖西南，受冰川作用而形成的丘陵地形，土壤排水性能好，加上湖区气候温和，是比较理想的葡萄种植和葡萄酒酿造之地。其中的埃尔布斯科小镇是一个比较隐秘的葡萄酒产区。

从旧石器时代这儿就有人类居住，高卢人、罗马人和伦巴第人先后占领此地。大约从 10 世纪开始，葡萄栽培盛行起来。“Franciacorta”这个名字始于 1277 年，被认为来自“Curtes Francae”，即 8 世纪建立的法兰克法院的名字。在中世纪时与教皇

的冲突中，这里成为保皇党的避难之所。伊塞奥湖区更是其中一个保皇党家族的前哨，这样更是保证了保皇党人在弗朗齐亚柯特中西部的安全。

从 15 世纪起，潘多尔福·马拉泰塔（Pandolfo Malatesta）贵族身份的出现，让此地葡萄酒的生产出现了转折点，进入稳定扩展时期，农业活动的恢复，新资本的投入，加上葡萄藤架新技术的运用，使得此地葡萄酒的品质有了较大的提升。15 世纪初，韦斯康蒂家族开始统治威尼斯，在 1426 年的春天，圭尔夫（Guelph）贵族把布雷西亚交给了威尼斯共和国，正是在这一时期，这里建立了第一座高方形的瞭望塔和城垛，成为此地建筑的一大特色。此后一直到 15 世纪末，这里的管理按区划分，每个区都有自己的资本，自治发展。

1797 年，在拿破仑取胜意大利之后，布雷西亚成为自由共和国。在弗朗齐亚柯特，农业技术持续发展，一个耶稣会研制出生产格拉帕酒的秘方。从 19 世纪开始，各种精英文化圈子在这平静的山谷之间形成，他们恢复了昔日的别墅，一些酒庄纷纷以传统加创新的技法来开创一个酿酒的新时代。从这一段历史中也不难看出，弗朗齐亚柯特的上乘酒类，其实就是为了满足贵族生活所需，其传统在精英文化的强化中得到延续。

抵达 Bellavista 酒庄。宽阔的铁门缓缓移开。沿着缓坡而上，平台上，一个高 8 米—9 米的放大版的橘红色秋千，构成一个装置艺术品。随着工作人员步入窖藏区，整齐排列的橡木桶在等待着静置中的蜕变，其他的酒瓶则在瓶内自然发酵。他靠近一个酒瓶，打开手机的灯，可以清晰地看到酒瓶里有一些酵母（Yeast），但深入到存放时间更久的酒瓶区时，再照上去，几乎看不到什么酵母了。

回到大堂休息区，工作人员捧出了放在冰桶里的一瓶 Bellavista Alma Gran Cuvée Brut，黑色的瓶身上贴着橘色的椭圆形标签，使得这款酒的辨识度很高。端起酒杯细品，果香浓郁，有着恰到好处的酣畅口感，后味儿也比较醇厚。

事实上，这个地区的气泡酒自 16 世纪就开始生产了，其他品种的葡萄酒则时间更早，但很长一段时间内，它们只供当地人消费。Bellavista 是卡门·莫罗蒂·德·罗萨家族（Carmen Moretti de Rosa）的第一个酒窖。在 1977 年，这家私人酒窖变为对外销售葡萄酒的公司。此后参与了不少艺术活动，包括作为米兰斯卡拉歌剧院盛典的合作伙伴。有一种形象的说法是："从 20 世纪 70 年代末起，这款酒就是寻找时尚泡沫之人的参考点。"

尔后，我前往这个家族的第二家酒窖 Contadi Castaldi 参观。这家以出产特色的黑皮诺（Pinot Noir）和灰皮诺（Pinot Gris）而著称，味醇且清冽。

中午时分，来到 L'Albereta 酒店。酒店掩映在一片树林之中，门口有一尊裸女塑像，树荫下摆放着长沙发，蓝色条纹的靠垫惹人喜爱。走到前庭，休息室以虬枝、古钟和壁炉，营造出令人舒适的氛围。

沿着走廊前行，两旁矗立着造型丰腴的裸女雕塑，飘溢着一种艺术氛围。据说，欧洲一些足球运动员在大赛前也喜欢到这里来休整一段时间。

走进 31 号 Superior 房间，有 30 多平方米，摆放着一张 King Size 大床。站在阳台上，可以看到整个房屋的外观被绿色的藤蔓覆盖了。推开浴室宽大的窗户，外面就是葡萄园，直线距离大约 30 米，不时能听到鸟鸣和教堂的钟声。

在酒店的 Vista Lago 餐厅享用午餐。头盘我点的是鲑鱼鱼脍（Tartare），生鱼肉被切成鱼丁，配上一点蔬菜，生鲜味美。主餐点的是 Pici 意面，这种意面是一种手擀粗面条，起源于托斯卡纳大区的锡耶纳，和面时会加入水和鸡蛋，将面团擀出厚片后，再切成条，不像 Spaghetti 或通心粉（Macaroni），这种面条粗细不太均匀，这样更加自然质朴一些。再配上科里诺羊乳干酪（Pecorino）和黑胡椒粉，入口十分过瘾。我每次在意大利都会选择不一样的意面来品尝，这里的意面品种太丰富，加上配料的不同，可以组合出相当多的吃法。

下午 2 点 30 分，在 Chenot 水疗中心享受按摩。半个多小时的时间很快就过去了，然后回到房间品茗阅读。不断有教堂的钟声和鸟鸣传来。黄昏时分从房间出来，沿着一个楼梯几步就到了后面的葡萄园。这片葡萄园是以园丁莱昂内（Leone）的名字来命名的，栽种着霞多丽葡萄，采用盖约特修剪法（Guyot Training System），该方法由法国 19 世纪后期的儒勒·盖约特（Jules Guyot）博士创立，被一些低到中

等活力的葡萄园采用，它容纳较少的葡萄芽并需定期修剪单长枝的葡萄藤。这个家族目前一共有 470 英亩（约等于 1.88 平方公里）的葡萄园。

晚上 7 点，酒店门口的 La Pizza 餐厅已座无虚席。这里只在晚上开放，供应大约 20 种正宗的那不勒斯比萨，是周边居民聚餐的一个场所。我请服务生选取了半份玛格丽特比萨（Pizza Margherita，这是典型的那不勒斯比萨，配有 San Marzano 番茄、莫泽雷勒干酪、罗勒叶和橄榄油）和海鲜比萨（Pizza Marinara，配料包括西红柿、大蒜、牛至和特级初榨橄榄油）。餐毕，厨师邀请我进入厨房参观。他用长约 2 米的专

用铲子，将比萨面饼送进黄铜外壳的烤炉中，在485℃的木材火焰的温度下，烤制1分多钟。厨师动作麻利地送进送出，需要时间掌握得十分精准。

夜色蔚蓝。酒店的酒吧中歌声悠扬。

次日清晨，我沿着从酒店门口开始的一条健行道漫步。在草坪与树林间穿行，不时可以看到一些雕塑作品和健身设施，这些健身设施采用木材制成，比如一组坡度不等的3块木板，旁边的指示牌提示，每个做多少次仰卧起坐会达到什么样的效果。靠近葡萄园的地面上，放置着一根长约8米的圆形树干，像一个跷跷板，旁边设计的动作包括慢慢走过、快速跑过和站在树干上保持平衡等。由于这根树干是圆形的且比较窄，以上这些动作的难度都比较大，需要有相当好的平衡能力才行。

漫步在晨间的葡萄园，阳光清澈明亮，布谷鸟的啼声传来。凝望着这片绿意盎然的土地，想象着这是怎样的一种历史渊源呢？这座已超过100年的庄园，与不远处星罗棋布的别墅、城堡、修道院以及稍远处的伊塞奥湖，构成了令人沉醉的世间一隅，静谧，又蓬勃。

生活是最伟大的讽刺大师。

Lake Garda

The Place of Guard

加尔达湖的蔚蓝湖岸：

守卫之地

加尔达湖是意大利最大的湖泊，尤其受到作家和诗人的钟爱，比如但丁、歌德、拜伦和司汤达。

加尔达湖的名字，在9世纪时，来自同名小镇，它由日耳曼词“Warda”演变而来，原意是“守卫之地”或“观察之所”。

与一顷碧波相伴的时光

Desenzano del Garda/Sirmione 火车站位于加尔达湖西南侧，是进入湖区的门户。出租车驶向西侧湖岸 20 公里外的加尔多内 · 利维埃拉（Gardone Riviera），经过一座

掩映在高耸松树之后的高塔，在一个有雕花铁栏杆的花园门口停下来，这里就是我预订的 Villa Fiordaliso 酒店。

走进门厅，威尼斯文艺复兴风格的内饰体现了一种明显的光感、清晰度和空间感，这种意大利文艺复兴风格的建筑，反映了人道主义的哲学，启蒙与拨亮心灵，而不再是中世纪的那种幽暗和灵性。纤秀的大理石立柱装饰着立面，天花板上绘着素雅的植物图案。

往里走到楼梯口，有一面宽大的镜子，镜框上的装饰纹路体现出威尼斯式的奢华与繁复，楼梯口的台子上摆放着一排 1998 年古董款的 Dom Pérignon 香槟酒，这款酒是公认的顶级香槟。香槟酒前面放着一把 40 多厘米长的拉吉约勒刀，它产自法国中央高原地区的拉吉约勒小镇（Laguiole），这个小镇被誉为“刀城”，法国大约有 70% 的传统刀具都产自那里。看到这把刀，让人第一瞬间想到的是菊花与剑，而现在这样的组合是香槟与刀，同样是世间舒缓与隐忍的象征。

前台经理带着我沿楼梯而上，我端详着楼梯大理石栏杆上细微的花纹。走进 3 楼的 Camelia 套房，房间内陈设着胡桃木的古董家具，一张宽大的床，茶几上放置着迎宾果盘和一些小食品。房间内有两扇大门，垂挂着天鹅绒窗帘，连接着外面的阳台，墙上挂着一幅椭圆形的仕女速写，仿佛是“二战”前妖冶时代的一个缩影。推门而出，走上 6 米多长的阳台，加尔达湖的一顷碧波扑面而来。这个套房也是 5 套房间中唯一带有阳台的房间。

下午，坐在阳台上品茶闲读，查阅着这座建筑物的历史。这片加尔多内·利维埃拉区域在历史上属于奥地利的领土。这座别墅在 20 世纪 30 年代时，整修为威尼斯文艺复兴风格（Venetian Renaissance）。在 1943 年 11 月到 1944 年 11 月间，墨索里尼的情妇克莱尔塔·贝塔西在此居住，目前的 Claretta 房间就曾是她的卧房。据称，房间内还保留着当时的家具，墙面上贴着大马士革壁纸，浴室内以黄色的锡耶纳大理石砌成。

在“二战”末期，盟军将这里提供给康复期的伤病员使用。战后，该别墅被充公，意大利政府将其卖给了私人，伯爵夫人波伦吉（Polenghi）在旧时代继承了一大笔财产，购买了这座物业。在1990年，马克斯家族接手了这片物业，改造为只有5个套房的精品酒店。

我不时抬头瞥一眼加尔达湖（意大利语 Lago di Garda）和湖中的加达岛（Isola del Garda），这是加尔达湖中最大的一座岛屿，岛长1.1公里，西侧最宽处只有70米，面积0.07平方公里，为一个卡瓦扎（Cavazza）家族私有，常住人口只有10人。小岛上由一座威尼斯新哥特式的别墅和一座花园组成。

在历史上，曾有不少名人到访于此，包括诗人但丁（Dante Alighieri，1265—1321）、阿西西的圣弗朗西斯（Saint Francis of Assisi，1181—1226，意大利罗马天主教神父）。圣弗朗西斯还是13世纪初福音派贫困运动的领袖。1979年，教皇约翰·保罗二世承认他为生态守护神。此外，还有帕多瓦的圣安东尼（St. Anthony of Padua，1195—1231，葡萄牙圣方济会修道士）。据传，有一次当异教徒不听从他传道福音时，圣安东尼走出去向池塘里的一群鱼口传福音。当那些异教徒看到鱼群开始聚拢时，他们立刻意识到应该听从安东尼的布道。圣安东尼还被全世界尊为丢失物品的守护圣徒，曾发生过一些奇迹，不仅仅可以找回丢失的物件，还包括失联的人，甚至可以是失落的精神和信念。

9世纪时，小岛上建立起修道院。1795年，威尼斯共和国政府镇压修道院，修道院被迫关闭了。在1800年出售小岛给私人业主。1860年，统一后的意大利征用了小岛，作为对付奥地利的防御工事，1866年，第三次意大利战争后，奥地利将他们大部分在北意大利的领地放弃了，只剩下在加尔达湖的一些北端小镇仍属于奥地利。1919年，湖的北端也被划归给意大利所有。

从1880到1900年间，岛上建造起了庭园，庭园的设计之初是英国风格，后来变成了一个意大利花园。这座威尼斯新哥特式的别墅构建于1890到1903年间，由意大利折中主义学派建筑师路易吉·罗维利（Luigi Rovelli，1850—1911）设计。目前该小岛已向游人开放。

加尔达湖是意大利最大的湖泊，又名贝纳科湖（Benaco），形成于冰河时代末期。贝纳科这个名称来源于古罗马诗人维吉尔（Virgil）、霍勒斯（Horace）和卡图勒斯（Catullus）的称呼，他们当时称这座湖为拉库斯·贝纳斯库斯（Lacus Benacus）。9世纪初，查理曼皇帝对此地区获得了统治权，并设立了一个加尔达的行政区域，这样，整个湖的名称也随之被更改为“加尔达湖”。

加尔达湖位于意大利北部的东侧，大约位置在布雷西亚和维罗纳之间。湖泊的3个端点分别是西南靠近布雷西亚，东南靠近维罗纳，北侧接近特伦蒂诺（Trentino）。加尔达湖南北长51.6公里，东西最宽处为16.7公里，面积370平方公里，湖岸线长125公里，湖面海拔65米，湖泊平均深度136米，最深处为346米。在阿尔卑斯地区，只有日内瓦湖和博登湖的面积超过了它。

温和的地中海气候营造了茂盛的植被，主要包括橄榄树、柠檬林、棕榈树、柏树和橘子树。遍布四周的历史文化遗迹，使得这个湖成为意大利的一个迷人之处。

加尔达湖区的低海拔和高海拔之间的温差形成了季风，每个季风都有自己的名字，其中不少是以意大利方言命名的。加尔达湖中有一种比较罕见的鲤形鳟鱼（Salmo Carpio，又名Carpione），约50厘米长，生活在100米—200米的深水区，鱼身平时是银色的，交配季节，雄性鳟鱼的身体会变为深色且斑驳。

在历史上，湖区曾多次爆发战争。268年，罗马军队打败在加尔达湖沿岸的阿勒曼尼人（Alamanni）。1797年1月14至15日，占领意大利的拿破仑军队在里沃利战役（Battle of Rivoli）中，在加尔达湖和阿迪格河（Adige River）之间的丘陵地带对阵奥地利军队，拿破仑第一次取得了决定性的胜利。

1859年6月24日的苏法利诺之役（Battle of Solferino）则是最为惨烈的一役。这是意大利独立第二次战争的最后一次交战，由奥地利军队和法比—皮埃蒙特（Franco-Piedmontese）军队在加尔达湖湖区南岸的苏法利诺及其周围地区交战，结果战况十分惨烈，仅一天的战争，就使得奥地利军队死伤14000人，失踪或被俘8000人，法比—皮埃蒙特方面死伤15000人，失踪或被俘2000人。这些重大伤亡事件促使拿破仑三世决定寻求与奥地利的停战协定，这实际上结束了意大利第二次独立战争。

瑞士人道主义者和社会活动家亨利·杜南（Henri Dunant，1828—1910）目击了令人恐怖的战况，深受触动，于是，在1863年创立了国际伤员救助委员会（即国际红十字会的前身），次年，《日内瓦第一公约》订立。他呼吁对战俘改善待遇、废除

奴隶制、裁军和建立犹太人家园。他因忽视商业事务而破产，并在 1867 年离开日内瓦，余生的大部分时间都在贫困中度过。1901 年，他与弗雷德里克·帕西（Frédéric Passy，1822—1912，法国政治家和经济学家）共同获得首届诺贝尔和平奖。

一些令人荡气回肠的历史，就这样与湖区紧密相连。

窗外的加尔达湖在暮色中变得更为深沉了。晚餐时分，我来到二楼的餐厅。餐厅内烛光摇曳。

侍者为我配置了双份的头盘，第一道头盘点的是阿拉吉他意面（Spaghetti alla chitarra，这是一种主产于意大利阿布鲁佐大区的含有鸡蛋的意面，每根面条是方形截面，2 毫米—3 毫米厚），装在一只玻璃器皿中，冒着热气，玻璃器皿雾气蒙蒙，侍者浇上了兔颊肉和羊肚菌汤汁，用叉子卷起来一尝，这种意面略硬，汤汁有点咸，吃起来十分筋道。侍酒师配上了 Costa D'Amalfi 的 Terre Saracena，产于意大利南部的坎帕尼亚葡萄酒产区，有着野花和热带水果的香味，口感温润。

第二道头盘是温红萝卜汤、牡蛎、酸奶油和鱼子酱，硕大肥厚的牡蛎已剥壳放在碟中，浇上了黏稠的红色萝卜汤，看上去有种艳情的意味，叉起一个入口，肥腴鲜美，加上奶油的微酸和鱼子酱的清鲜，再配上一杯 Cataldi Madonna Pecorino Giulia 2015 年的白葡萄酒，酒体呈亮绿黄色，口感清新，有着西番莲和葡萄柚的芳香，整个口腔瞬间获得了巨大的满足感。

主菜选的是红鲻鱼（Red Mullets）、配上扇贝、柠檬草和海藻粉。3 块红鲻鱼的中段像是 3 艘红色的船舶模型，线条流畅，鱼肉细嫩而紧实，有着一种别样的鲜味。

甜点端上来了。首先是一份新鲜的水果冰沙，然后是一份定制的玫瑰蛋糕、Vov

奶油和加尔达柠檬冰沙。Vov是一种产自西西里的利口酒，再加上鸡蛋和蔗糖，盛在一个小小的锅子中，左侧是一块刚烤出来的面包，撕下一块，蘸上Vov奶油，面包的甘甜和利口酒的辛辣刺激相碰撞，产生了一种奇妙的味觉反应。侍酒师捧来了Poderi Luigi Einaudi Moscato d'Asti 2015白葡萄酒，酒体呈明亮的稻草黄色，味道清新。这款酒年产量只有15000瓶，属于比较小众的酒。

次日清晨，阳光从阳台左侧边照射进来，湖面上一派宁静。走出房间，来到庭院中。霞光初醒，回望着这座4层的红色建筑物，然后沿着湖边的步道走近新哥特式风格的圣马可塔楼（Torre San Marco）。这座塔楼建于19世纪晚期。现在，这里的底层被辟为钢琴酒吧，在一楼则是一个葡萄酒吧。每隔五六天开放一次，从晚间8点营业直到凌晨3点，是当地的一个时尚聚会场所。

诗人的避世之所

从酒店出发，右拐，沿着湖畔的公路走一段，然后走到马路对面，再沿着缓坡而上，就靠近了一座巨大的庭院前面，这就是意大利的国家级博物馆——意大利胜利城堡（Il Vittoriale degli Italiani）。1921至1938年，备受争议的意大利诗人加布里埃尔·邓南遮（Gabriele D'Annunzio）在这里隐居了17年，直至离世。

这是一个占地7公顷的巨大建筑群落，依山而建，集军事博物馆、文学史料馆、战争纪念馆和陵墓于一体。此时入口处聚集着不少等待参观的中学生。

1863年3月12日，邓南遮出生在意大利阿布鲁佐大区的海滨小镇佩斯卡拉（Pescara）。他从小就表现出文学天赋，16岁就出版了第一本诗集。1881年，他进入罗马第一大学，成为各种文学团体的成员，他积极写文章批评当地报纸，并开始推动意大利的民族统一运动。1889年，邓南遮出版长篇小说《欢乐》（*Il Piacere*），反映罗马上流社会的高雅生活与风流韵事，这部小说与他随后发表的《无辜者》（*L'Innocente*，1892）和《死的胜利》（*Il Trionfo della Morte*，1894）构成“玫瑰三部曲”，确立了他独特的艺术风格，在当时的意大利文坛风靡一时，并驰名于欧洲的文化艺术界。作为作家和诗人，邓南遮的语言技巧和诗歌美学影响了一代意大利作

家，于是有了“先知”（Il Profeta）的绰号。

邓南遮是19世纪晚期“颓废主义艺术运动”（The Decadent Movement）的代表人物之一，该运动主要流行于欧洲，其特点是自我厌恶、普遍怀疑，以幽默的方式折射出一个病态的世界。邓南遮的作品在当时的华人圈也受到关注，徐志摩将他的名字翻译为“丹农雪乌”，发音和意境都十分贴切。

第一次世界大战爆发后，邓南遮先后在意大利皇家陆军和空军服役，在一次战斗中失去了一只眼睛。1918年8月，他与意大利的阿尔迪蒂风暴部队一起，组织了9架战机，飞行900英里（约1448公里），抵达当时属于敌对国的维也纳上空，投放宣传品。此次壮举被称为“飞越维也纳行动”，此后他获得了荣誉中校军衔，从诗人成功变身为战士。

这次战争经历，也使得邓南遮的民粹主义和极端民族主义情绪膨胀，他始终认为，意大利应当作为一流的欧洲成员而存在，所以，当巴黎和会决定要将费姆［Fiume，在今天克罗地亚的里耶卡（Rijeka）附近，当时居民主要是意大利侨民］移交出去时，他被激怒了。1919 年 9 月，邓南遮率领由 2000 名意大利民族主义者组成的非正规军攻占了费姆，迫使美、英、法盟军撤出。他最初的想法是以此促成意大利吞并费姆，不料反遭拒绝，意大利政府军封锁河道，要求邓南遮投降。邓南遮随后宣布费姆为一个独立国家——自由费姆国，自立为“领袖”（Il Duce）。1920 年 12 月，在遭到意大利海军炮击之后，他不得不放弃了费姆。

费姆事件之后，年近 60 岁的邓南遮回到加尔达湖闲居，度过他所言的“沉船事故后的余生”。

意大利胜利城堡中最重要的建筑物“Prioria”（意为“修道院”），原名叫卡尼亚科别墅（Villa Cargnacco），原本属于德国艺术史学家亨利·索德（Henry Thode，1857—1920）。他主要研究意大利文艺复兴时期尤其是米开朗琪罗的艺术。1896 年，索德成为海德堡大学的教授。1901 年，他拒绝了有关方面让他去柏林的要求。1910 年，他搬到了这座卡尼亚科别墅。那一年，他遇见了丹麦女小提琴家赫塔·特格娜（Hertha Tegner，1884—1946），坠入婚外恋。1911 年，索德退休，成为名誉教授。1914 年，索德与丹妮拉（Daniela）离婚，迎娶了特格娜。

1918 年“一战”结束后，意大利当局强迫他们放弃这座别墅，别墅以及别墅中的大量艺术品和藏书，包括李斯特曾用过的一架钢琴在内的家当均被没收，这严重影响了索德的健康。1919 年，这对夫妇移民到哥本哈根，1920 年，索德死于胃部手术并发症。

1921 年 2 月，邓南遮以 600 里拉（约合现在的 500 欧元）的价格租下这座建筑，后来又用 13 万里拉（约合 11.3 万欧元）将它买下，聘请建筑师吉安卡洛·马罗尼（Giancarlo Maroni，1893—1952）进行了为期一年的改建。1924 年，他将自己在“飞越维也纳行动”中驾驶的战机放置到这个庭院中；1925 年，又将“普里亚号”（*Puglia*）巡洋舰拖到半山腰的树林中，营造出一幅超现实的景象：巡洋舰的船头指向亚得里亚海方向，展示出邓南遮准备征服达尔马提亚（Dalmatian）海岸的野心。在那年，邓南遮还买下了圣马可塔楼，改造成为一个泊位，用来停泊 MAS 96 型鱼雷快艇——他将鱼雷快艇作为游艇巡湖游玩。

邓南遮早期是墨索里尼的支持者，后来他与当时的政府意见相左，政府想让他尽可能地远离罗马的政治生活，于是，投入巨大资金改建这座建筑物，丰富其中的艺术和文学收藏，让邓南遮能安于隐居。1926 年，政府拨款 1000 万里拉（大约相当于现在的 700 万欧元）收购了整个物业，别墅扩建出一个新翼，取名“Schifamondo”。1931 年又开始修筑一个名为“Parlaggio”环形剧场，建筑师马罗尼是在参观庞贝古城时获得了设计灵感。

“Prioria”的外墙上贴着一张邓南遮身穿军装的黑白照片，显示出这位诗人的另一种气质。

我们这组的 10 个人，在导游的带领下，步入“Prioria”，在沿着一条既定的线路参观时，还是有点拥挤。一位女导游用意大利语做着简单的解说，我用语音导览器听着英文解释。这里从会客厅到书房、浴室，一共有 18 个房间，里面窗帘全部垂挂，光线幽暗，陈列着从南亚到非洲的各种纪念品，各种物品相互挤压，感觉邓南遮的晚年生活空间十分局促，全无空灵之感。

在最后一个房间里，1938 年 3 月 1 日，邓南遮就在这里辞世。如今房间中央摆了一张床，被子盖着，枕头上象征性地放置着他的一座大理石头像。1963 年邓南遮 100 周年诞辰之际，他的遗体被搬迁过来，安葬在附近的小山最高处一个由白色大理石建成的陵墓中。

整个房间内均不允许摄影。走完了这一圈，脑子里被各种各样的工艺品填满，还有那灰暗的色调。

走出这座记录着诗人生活轨迹的建筑，黄昏醇厚的阳光照射在葱郁的山林之间，不远处就是蔚蓝的加尔达湖，湖面有几面白帆驶过。历史远去，而现实总是这样鲜亮而灵动。

Chapter Ⅱ

The Blue Oases:
The Unspoilt Retreats by the Lakes

深入深邃，骋于澄净

穿越瑞士，从莱蒙湖、博登湖、圣莫里茨湖、琉森湖一直到卢加诺湖，去聆听水边的传奇。这些湖区有纯净的空气和水源，有低调而丰富的生活方式，也有千百年沉淀的历史风云。

此间的人们在安怡的状态下生活和创新，看似波澜不惊，实则弥足珍贵。

那么，摄影是什么?

摄影是对时间的追思，是对被遗忘的往事的回眸，是对记忆的回放。

Lac Léman

The Retreats of Coco Chanel and Charlie Chaplin

莱蒙湖：

香奈儿的小屋和卓别林的隐居地

莱蒙湖是瑞士与法国共用的湖泊，也是瑞士第一大湖。湖区北岸的洛桑是奥林匹克运动会总部所在地，以及可可·香奈儿的心仪之地；沃韦小镇则是喜剧大师查理·卓别林生活了 25 年的地方。

当地人并不大提起他们的往事，曾经的种种时代风云，在这里都归于宁静。

香奈儿的居所和巴黎时装周的盛典

乘坐火车沿莱蒙湖岸西行，细雨纷飞中抵达洛桑（Lausanne）。

洛桑位于瑞士的法语区，是沃州（Vaud）的首府，也是瑞士莱蒙湖区第二大城市。从火车站搭地铁前往乌希（Ouchy），这里以前是一座渔村，现在成为洛桑临湖的时尚区。

洛桑位于莱蒙湖（Lac Léman）区，湖对面是法国出产知名矿泉水的小镇依云（Évian），西北部是茹拉山脉。莱蒙湖，也称日内瓦湖（Lake Geneva），位于瑞士西南部，是瑞士与法国的共用湖泊，也是瑞士的第一大湖。它长 72 公里，宽 13 公里，深 310 米，总面积为 582 平方公里，其中 348 平方公里属于瑞士。

莱蒙湖上，随处可见一群群天鹅在安静地游弋，旁边还有好多鸳鸯，它们喜欢一个猛子扎到水里寻找食物。水如此清澈，它们潜进水里，看上去仿佛只是隔了一层透明玻璃。

瑞士人有这样的一种说法：“欧洲任何国家都没有瑞士更有意思——它为热爱自然的人提供了绚丽的自然风光；为民族性格研究者提供了简单坚决的民族个性；为领导者树立了宗教、自由和财产安全方面的榜样；而对于文艺青年，则更能激发起他们的想象力。”虽有一点夸张，但似乎也不无道理，尤其在莱蒙湖畔。

当地朋友 Schumutz 陪我前往洛桑的一条名店街——Rue de Bourg 大街。Schumutz 年过四十，依然保持着上海女人的精致，移居瑞士前，她在上海一家医院工作了十几年，来到洛桑后更加看重健康生活，她指着街上那些绚丽的橱窗说：“我才不会去买某一个牌子的包包呢。我现在每年想的是冬天全家去滑雪，夏天有机会去林间徒步和宿营。”

我走过古老的双层铁桥，沿着缓坡继续深入老城。街上十分安静，只看到一些大学生——这里分布着几所大学。在小巷里，不少店铺挂着铁制招牌，可以一目了然地知道它是什么类型的商店。小街尽头浮现出圣母大教堂（Cathedrale Notre-Dame）的尖顶，这座大教堂建于 11 世纪，是瑞士屈指可数的哥特式建筑之一，大门上的一组雕塑栩栩如生，直径达 9 米的彩绘玻璃窗散发着神圣之光。这里，至今仍沿袭着守夜人报时的传统。

有不少名人曾住在洛桑。1938 年起，可可 · 香奈儿（Coco Chanel）开始频繁入住洛桑的美岸皇宫大酒店（Beau-Rivage Palace），如今，这家酒店的酒廊有一款鸡尾酒就是以香奈儿的名字命名的。“二战”爆发后，香奈儿移居洛桑，直到 1953 年。1954 年 2 月，71 岁的香奈儿重开她的时装店，在时装秀的采访中，她说洛桑是她最喜欢的地方之一。后来她在洛桑买了几处住宅，比如 1966 年买的“瑞士小屋”，房间里摆着漆器屏风，花园中种植着白玉兰。

香奈儿似乎对法籍俄裔男子有着特别的情愫，她和俄罗斯音乐家伊戈尔 · 斯特拉文斯基（Igor Stravinsky，1882—1971）的恋情，2009 年被拍成电影《香奈儿秘密情事》（*Coco & Igor*），作为当年戛纳电影节的闭幕影片，引人瞩目。这二位，一个革新了女性时尚，一个催生了现代音乐。两人初次相遇是在斯特拉文斯基《春之祭》的巴黎首演，前卫的带有强烈和弦冲突的曲子，引得现场一阵骚乱，却让香奈儿过耳倾心。

在洛桑的时候，香奈儿清晨常与密友、舞蹈家谢尔盖·里法尔（Serge Lifar）见面聊天。谢尔盖1904年诞生于当时沙俄的重镇基辅（现属乌克兰），1929年成为巴黎芭蕾舞团的编导，他被称为“20世纪最伟大的芭蕾舞大师之一”，创造了现代芭蕾技巧，推出了《火鸟》等名作，重整了一度衰败的巴黎芭蕾舞市场。作为法籍俄罗斯男子，谢尔盖兼有俄式的坚毅与法式的浪漫，他曾称香奈儿为“神秘的斯芬克斯”，两个人更多的秘情，可能都隐藏在那些中国屏风的后面。

1971年1月10日，香奈儿在巴黎丽兹饭店去世，后来被安葬在洛桑的Bios-de-Vaux墓地。按照她的意愿，墓碑上装饰了5个狮子头（香奈儿是狮子座）。现在，时常会有一片素洁的白花覆盖着她的安息之地。

1986年，谢尔盖在洛桑去世。2004年，乌克兰为谢尔盖发行了纪念邮票，画面上的他短发，神情坚定。

回想起在2001年9月下旬，“9·11”事件刚发生不久，我从香港飞往巴黎。从进入香港新机场开始，就感觉到与以往不同的紧张气氛。机场内有多名身着迷彩服、手持冲锋枪的警察，睁大着眼睛，在各个角落巡逻。我在法航柜台前办理登机手续，一位工作人员拿出一张告示，说我所有的金属制品，包括美工刀、水果刀和指甲钳等都不得放在随身的手提行李中，否则将一律没收。

经过重重安检，我好不容易登上了法航从香港飞往巴黎AF185航班的飞机，吃晚餐时我发现，以前的金属餐具都被换成了塑料餐具，安全防备落实到了每一个细节。

作为特邀摄影师，我从来没有在这样一种气氛中，去拍摄巴黎的时装盛会。

飞抵巴黎戴高乐机场，更是戒备森严。机场保安人员比往常增加了许多，有不少光头帅哥士兵在候机楼内和各个出入口巡查，此外，还有几位斜挎冲锋枪的女兵。

不仅如此，在巴黎的各大商场和影剧院的入口处，也都站着至少两名保安人员，所有的人必须开包待查。在时装表演现场也不例外。摄影师要经过重重检查，才能进入秀场。

巴黎卢浮宫，是巴黎时装周的主会场。安检机很敏感，检查人员更是严格，对我所携带的专业设备看得都很仔细。只因为我衣服的口袋里有一些法郎硬币，安

检机器不停地鸣叫着，安检人员则让我一遍又一遍地走过安检门。再往里，走到 Chanel 展演场地的入口处，我递上请柬，一个安保人员说："Your identity card."（你的身份证明。）

我觉得很奇怪，问他为什么还要看身份证明？

他说就是要看，并显出一点也不通融的样子。我只好把护照递上去，他很仔细地核对着请柬上的名字。

进入会场，遇到卡尔·拉格斐（Karl Lagerfeld），他正站在离我不到 2 米的 T 台上。此时，这位巴黎时装界最牛的设计师正走着台步，进行现场督导。

对于一个摄影师而言，亲临，意味着一切。我这次没有与其他摄影师一起去挤摄影师的专有席位，而是找到一个靠近台口的侧面机位。

在衣香鬓影的嘉宾后面，数百名摄影师组成了蔚为壮观的人墙。大家正翘首等待，端着"长枪短炮"对准了 T 台。在两幕顶光之下，他们像一群与时装作战的影子武士，平和又充满激情。表演开始了，霓裳衣影，流光溢彩。其中一幕是蓝色的追光在后，模特的眼睛凝望远方，观众席如同滑动的列车般远去。这是诗意的一瞬。

拍摄完毕，我在现场的新闻中心写就的时装稿，标题就是《荷枪实弹下的时装艳影》。从时装表演场地出来，再度走过安检门，站在巴黎的晴空下，回眸巴黎时装周的招贴，我忽然觉得，时装是美丽的，更是脆弱的。

2003年3月，伊拉克战争爆发前夕。在LV时装秀结束后，模特卸完妆，素面朝天走了出来，一个修长的背影，一件白T恤，上面印着这样一行字——“give peace a chance”（给和平一个机会），此时，美丽与渴望和平的愿望结合起来，意味深长。

时光静静流逝。我后来渐渐地较少去拍摄时装，但那段在国际时装最前沿的工作经历，塑造了我的时尚观。“奢侈的反义词不是贫穷，而是庸俗。”香奈儿的这句话，指出了时装的另一种含义。时装是政治，是阶层，是权力，是手段，是展现，是揭露，是阅读和被阅读。

时尚的至高境界，是无法一眼被看透、被归类，而是有着自己的哲学和言说方式，于是，名师大行其道。旅行和地理探索亦是。

2019年2月19日，卡尔·拉格斐离世，这在全球激起了缅怀的浪潮。我始终记得纪录片《时尚大帝》（*Lagerfeld Confidential*，2007）里的最后一句话：“人生如履薄冰，在它破裂之前跨过去。”他是一位智者。在全球“新冠”疫情之后，时尚、文化和经济的土地，最终会发生多大范围的破裂和塌陷，还不得而知，依然一眼望

不到边。

思绪回到洛桑。这里，总会有一些旅行者专程前来拜谒他们心中的时尚女王。而当地人却似乎已经将香奈儿的故事渐渐淡忘，街上背香奈儿 2.55 包包的当地女生也十分鲜见，她们喜欢更为小众或是手工的品牌。或许，当地人实在见过太多名人、名牌。在莱蒙湖畔，有时兴致来了，他们也会指着豪华酒店的一个红色飘窗告诉游客：喏，某某名人就住在里面。

黄昏时分，走在老城的高地上，夕阳洒在莱蒙湖畔一片民居的屋顶上，是那样的温暖。这座小城早在罗马时代就驻扎过军营，1915 年国际奥林匹克委员会从巴黎搬到洛桑，洛桑因此被称为“奥林匹克之都”。湖边的反光，仿佛正是这种祥和时光的写照。

博物馆与红玫瑰：表达纪念最好的语言

天下起了细雨，再回到乌希。我从这里搭乘渡轮，前往沃韦小镇（Vevey）。Vevey 一般被翻译成“沃韦”，但“韦威”其实是最为接近其法语发音的。

半个多小时后，结束了莱蒙湖上的航行，抵达沃韦。天空突然放晴了，阳光从厚重的云层中刺射出来，在远处的湖面上形成一条光带，水面上有一艘小船，构成了如诗如画的景象。

意大利路（Rue d'Italie）上，几株高耸的大树掩映着一座垂着白色窗帘的建筑物，这是一座建于 1842 年的酒店，大厅里遍布各处的油画、雕塑和两排白色的柱子，都展现着其悠长历史。

这天刚好有一个聚会，从日内瓦、洛桑等地来了不少贵宾，男人西装革履，女士戴着华丽别致的帽子，衣香鬓影中，清新与奢靡杂糅的气息袭来，令人迷醉。

酒店前面就是湖畔的散步道，天鹅在湖中悠闲地游弋，水上飞机不停地起降，充满水边生活特有的活力。沃韦属于瑞士法语区，早在公元前 2 世纪已有人在此定居，罗马帝国时代称为 Viviscus，中世纪时，是从法国到罗马的通衢大道 Via Francigena 上的一个站点。1798 年沃州革命后，沃韦进入繁荣期，1867 年，雀巢公司总部坐落于此。

水岸九歌

沃韦有14座建筑物被列入“瑞士重要遗产名录”，其中包括瑞士摄影博物馆（Musée Suisse de l'appareil Photographique）。博物馆共4层，第一层展示最古老的干版照相机，木质结构十分精美，每一部都异常庞大。展厅还介绍了早期的电影摄影机。第二、第三层展示了从胶片到数码的发展历程，陈列着各种有代表性的相机和镜头，还有40多种135胶卷，绝大部分早已停产。第四层是一个放映厅，展现各种皮影和幻灯艺术。博物馆出口处竖立着摄影之父路易·达盖尔（Louis Daguerre，1787—1851）的白色塑像，头顶被放置了一个红苹果。

广场上的Lionel Meylan钟表店是当地最大的一家，除了各种高端手表，还陈列着好些肖邦（Chopard）限量版坤包，动辄三四千瑞士法郎。看店的是老板的二公子，我礼貌地问了一些专业问题，他兴致大发，给我展示了许多镇店之宝，然后就将那些手表随意放在柜台上，之后还带我去旁边的一间店的工作室参观手表机芯拆卸并装配。瑞士生活环境富庶、纯净，当地人表现出的那种信任令我颇为感慨，当然，前提是，你要表达出对他们的尊重。人与环境的关系，也莫不如此。

湖岸有一座查理·卓别林（Charlie Chaplin）铜像，是他最著名的装束——礼帽、西服、宽大的皮鞋，拄着拐杖。铜像是按照卓别林的身高比例制作的，大约高165厘米。

作为电影大师，卓别林在他的影片中，往往以喜剧或闹剧的形式表现流浪汉的

形象，在一个充满敌意的世界中痛苦挣扎，体现出一种深刻的悲怆感。20 世纪 50 年代，卓别林一直是一个风云人物，特别是他获得了以反帝为宗旨的国际和平奖（International Peace Prize），以及在 1954 年与周恩来的会见，激起巨大反响。1957 年，他完成了第一部在欧洲制作的影片《一个国王在纽约》，对当时的流行文化进行讽刺。

1952 年 9 月，卓别林由于政治倾向而遭到美国驱逐，他买下了沃韦小镇的 Le Manoir de Ban 庄园，这是沃州最大的私家庄园，占地面积 14 公顷，有开阔的花园。次年 1 月，他的妻子乌娜（Oona）和 8 个孩子也搬了过来。庄园新古典主义风格的建筑分为 3 层，共 19 个房间，室内面积达到 1150 平方米，可以眺望莱蒙湖的秀丽景色。

人生的最后 20 年，卓别林主要致力于重新编辑和修复以前的影片。1966 年，他的踝关节损伤了，同时发生了几次轻度中风，从此逐渐告别了演艺生涯。1971 年，他获得戛纳电影节的特别奖，次年再获威尼斯电影节的褒奖。

1972 年，美国方面为了修复与卓别林的关系，决定授予他奥斯卡荣誉奖，卓别林在阔别 20 年后重返美国，受到极大欢迎。

20 世纪 70 年代中期起，卓别林的健康状况不断恶化，不得不依赖轮椅。1977 年 12 月 25 日早晨，他因中风在家里去世，享年 88 岁。按照他的遗嘱，葬礼十分简朴，他被安葬在沃韦的墓地，他在这个湖光山色的第二故乡生活了 25 年，宁静的莱蒙湖常带给他深深的慰藉。

2008 年，Le Manoir de Ban 庄园为卢森堡的一家投资公司拥有，开始筹建名为“卓别林世界”（Chaplin's World）的博物馆，2016 年 4 月落成开放，用 3000 平方米的面积展示卓别林的生平和相关电影作品。

关于卓别林，当地坊间并没有更多的故事流传，不仅因为他已离去 40 多年，更重要的是，当地人选择低调、谨慎地对待这位隐居的大师，这也显示了莱蒙湖畔巨大的包容力。当别人安静的时候，缄默是最好的尊重。唯一热闹的是湖边的卓别林铜像，总有不少人前来瞻仰。卓别林的手中，总会被放上一两支红玫瑰。

在影片《摩登时代》（*Modern Times*，1936）中，卓别林扮演的工人，与不断旋转着的巨大齿轮进行搏斗。这是一种深刻的喜剧。数十年过去，这种齿轮般的巨大压迫，依然无处不在。

去眺望那些时光的桅杆，去轻触那些即将干涸的岁月水痕。

Jura & Three-Lakes

The Happy Hours of Rousseau

茹拉及三湖泊区：

卢梭最幸福的6个星期

茹拉及三湖泊区位于瑞士西部，也就是在瑞士与法国接壤的地方。苍翠的山林里，深藏着无数的湖泊和小溪，呈现出美妙的水世界。

这里有瑞士最美的巴洛克小城索洛图恩（Solothurn），有着卢梭度过一生中最幸福的6个星期的圣皮埃尔岛（l'île Saint-Pierre），还有纳沙泰尔（Neuchâtel）的古典酒店旁的小溪。

往事澄净，而未来的视野正在山岚之中渐渐清晰……

索洛图恩，水边的巴洛克华彩

茹拉及三湖泊区（Jura & Three-Lakes）位于瑞士西部，包括索洛图恩、比尔和纳沙泰尔3个古城和Franches-Montagnes地区，是一般旅人较少抵达的瑞士秘境。湖光山色，十分诱人。

早晨，搭乘列车前往索洛图恩。出了车站，澄澈的阳光下，一座水边的巴洛克古城呈现在眼前。阿勒河（Aare，又名Aar）的河面上，一群天鹅在安静地游弋，突然之间，其中的两只天鹅踏水凌波，振翅飞行，在清澈的河面上留下了一长串水纹。

阿勒河全长291公里，是莱茵河的支流和瑞士境内最长的一条河流，流域面积为17779平方公里。这条河发源于伯尔尼州的阿尔卑斯山奥伯拉尔（Oberaar）冰川中，流经梅林根、伯尔尼和比尔湖，沿着汝拉山脉的南端，最终在科布伦茨汇入莱茵河。

在河边码头，我乘坐一种叫"Öufi Boat"的游船，开始沿河而行，聆听这条河流和这座古城的故事。在右岸不远处就是一座宽大的建筑物——Landhaus，在1955年曾遭火灾毁坏，后来进行了重修。房间内装饰了汉斯·居斯林（Hans Jauslin）绘制五彩拉毛陶瓷画（Sgraffito），上面绘制着索洛图恩的早期传说。这里面还有默瑞斯·巴罗德（Maurice Barraud）的《阿波罗与缪斯》，奥斯卡·威格利（Oscar Wiggli）的《三个淑女》等表现历史与神话的作品。

索洛图恩是瑞士索洛图恩州的首府。古城海拔430米，面积6.28平方公里，人口1.6万。早在旧石器时代，这里就

曾有过人类居住的痕迹。在罗马时代，在公元 15 年左右，作为一个驿站和通衢点建立起来。1481 年加入瑞士联邦，是第十一个州，十分有趣的是，11 也成为这里的幸运数字，也是神圣的数字，并无所不在——有 11 座博物馆、11 个喷泉、11 个礼拜堂和教堂，还有的钟盘上也只显示 11 个小时。从 1530 到 1792 年，这里是法国驻瑞士大使馆的所在地。

河面上，远远地可以眺望到圣乌尔斯大教堂（St. Ursenkathedrale）的尖顶，这座教堂是索洛图恩的地标。这座教堂体现出 11 个法则——从 1762 到 1773 年一共建了 11 年，外部的台阶分为 3 组，每组 11 级。甚至连当地人称他们的啤酒都叫"Öufi-Bier"，在德语中的意思是"11 啤酒"。

游船静静地行驶。碧绿的河面上，一些鸳鸯在安详地游动，在河边的树林中，依稀可以看到几个织巢鸟的小窝。古城与几座桥梁在不断地后退，我们已深入到河的另一段，远距离地欣赏着这座小城。

从游船上回到岸边。当地朋友指着一座背着酒桶的塑像说，曾有一个时期，这里出产葡萄酒，而给工人发的工资就是酒。

漫步在小城，来到了位于城东的巴塞尔城门（Baseltor），这是一座宏伟坚固的白色城门。建筑师汉斯 · 吉布兰（Hans Gibelin）在 1504 年，用茹拉石灰石代替原先的橡树木，重新修筑了城门，与圣乌尔萨斯塔一起，形成了古城完整的建筑风格和效应。

走在安静的小街上，高大的建筑投下巨大的影子，愈发显得神秘幽深，有一种超现实的意味。小街的中心，矗立着一座喷泉（St.Ursus-Brunnen），中央柱子上有一座带着双翼的头像，嘴中一根铜管流出汩汩清泉，体现出工艺的精湛。

抬头眺望，有一座高耸的钟楼（Zeitglockenturm），钟楼上有一把大型的锤子会定时敲响大钟。在一座小华盖下，有 3 个人物的塑像，分别是骑士、国王和骷髅，它们标示出每个小时。而那个庞大的钟是由罗伦兹（Lorenz Liechti）和乔基姆（Joachim Habrecht）设计的，建造于 1545 年，可以显示出年、月、日。在巨大的钟盘上，有 12 个星座的图案，每一个都十分逼真，透出岁月蚀刻后留下的那种凝重的色调，让我注视许久。

基督教堂（Jesuitenkirche）被誉为"瑞士最美丽的巴洛克教堂"。这座教堂建于

1680 到 1689 年间，当时是按照建筑师福拉尔贝格（Vorarlberg）的意愿建造的。进入教堂，看见灰白色的穹顶上布满精美的浮雕，教堂的廊柱上也刻满了繁复华丽的图案，在具体工艺上，采用了出色的意大利拉毛粉饰工艺，形成丰富的渐变效果。高高的圣坛上挂着圣母玛利亚的画像，这是最终在此地去世的德国画家弗朗茨·卡尔·施陶德尔（Franz Carl Stauder）绘制的。

中午在 Maison du Prussien 餐厅里享用午餐。这家古老的餐厅的内部采用木板装饰，墙上和空中有不少雕塑。饭店的中央有一些木柱子，柱子的外缘是一圈铁条，在柱子的下方也有相应的铁槽。一问朋友，才知道这是从前人们放伞用的。他指着靠墙的木板上一排圆形的洞说："这是插放报纸用的。"这种古老的风俗，即刻在这家灯光摇曳的酒店中弥漫开来。这座被称为"天使之城"的古城，便在这安静的午后，定格了其依然古雅的小城画卷。

圣皮埃尔岛，卢梭的甜蜜时光

我继续在茹拉山区追寻水的踪迹。驱车前往小城比尔（Biel/Bienne）。比尔是多家手表的总部所在地，同时也是钟表业的麦加。这是瑞士唯一一个同时使用德语和法语的城市。穿过中世纪风格的老城区，来到比尔湖（Lac de Bienne）畔，比尔湖是

瑞士第八大湖，湖长 15 公里，宽约 4 公里，海拔 429 米，面积为 39.3 平方公里。它位于伯尔尼州和纳沙泰尔州的三湖地带，纳沙泰尔位于西南湖岸的一个小尖端处。

我从这里坐船前往圣皮埃尔岛（法文名称是 l'île Saint-Pierre，德文名称是 St.Petersinsel）。

夕阳下，不时有孩子从湖边的跳台跃入水中，还有人在岸边的草地上晒日光浴。远处的堤岸上，一群孩子在奔跑，湖面波光粼粼，留下一串生动的剪影。

渡轮在青山绿水间，停靠了几个码头。一座码头上用厚厚的木板做成通道，一位白发的老者坐在木板上，脚悬在空中，他的身下是澄碧的湖水，身后的不远处是起伏的葡萄园，成熟的葡萄藤排列成整齐的线条。湖畔的村庄是知名的葡萄酒产区。

渡轮慢慢地靠近圣皮埃尔岛码头。我们沿着林间小道，来到岛上的一个高地。地上落满了黄叶，当地的导游拿出了卢梭（Jean-Jacques Rousseau，1712—1778）的名著《一个孤独漫步者的遐想》（*Reveries of Solitary Walker*），这部卢梭晚年未完成的散文集由 10 段漫步的篇章组成，写于 1776 年春到 1778 年初。同年 7 月 2 日，他溘然去世。

导游翻开第五篇散步随笔，念了起来："Of all the places I have lived(and I have lived in some charming ones),none has made me truly happy or left me such sweet regrets as the Île Saint-Pierre in the middle of the Lac de Bienne."［在我住过的所有地方中（我曾住过一些迷人之处），没有一个让我真正快乐，也没有人给我留下像比尔湖中的圣皮埃尔岛那样的甜蜜遗憾。］

1765 年，53 岁的卢梭在这座小岛上居住了 6 个星期。据说，这是他一生中最幸福的 6 个星期。当时他尽情地采集植物标本，观察美妙的自然风景，在大自然怀抱中沉思默想，心灵摆脱了昔日的苦难，对未来毫无牵挂，完全沉浸在此时此刻，领略"一种充分、完满、丰盈的幸福"，并"享受我们自己，享受我们自身的存在"。

走进 Klosterhotel，登上楼梯，向右转，就是卢梭曾经居住的房间。一张高高地挂着帷幔的床，床垫宽不到 1 米，中央向上拱起，会让人觉得很容易在床上滚落下来。在房间右侧的地面上，有一块可以掀动的木板，墙面上挂着一幅素描，描绘着卢梭拉开一块木板，躲进隔层中的有趣场景。当地朋友介绍说，因为卢梭天性十分害羞，他在岛上居住期间，经常有人要来拜会他，当他一听见有人过来，就迅速躲起来不见人了。

从卢梭的卧房出来，是一方开阔的客厅。我坐在宽阔的木制窗台上，眺望着暮色中的花园和岛上远处的树林，四周如此安详。

这座岛也因为有了卢梭的幸福，而给旅人带来遇见的快乐。

纳沙泰尔，十字小溪和峡谷中的独木舟

继续前行，寻找水的奇迹。我来到林中小镇西涅莱吉尔（Saignelégier），这是弗朗切斯－蒙塔涅斯区（Franches-Montagnes）首府。参观一家古老的奶酪作坊，采用一种特殊的装置做出了奶酪花。这里的奶酪种类很多，有好几种是适合东方人口味的淡奶酪。附近还有一个“格鲁埃里湖自然保护区”（Étang de la Gruère Nature Reserve），该湖位于汝拉州弗里堡高原洼地，湖长600米，最窄处60米宽，深5米，是一个堰塞湖，同时也是一片天然沼泽。这个湿地保护区占地约1平方公里，保存着一些珍稀的动植物种类。

我们驱车来到纳沙泰尔。在旧式法语中，“neu(f)”意为“新的”，“chattel”意为“château”，合起来就是“新城堡”的意思。这是瑞士纳沙泰尔州的首府，面积为18.1平方公里，人口3.3万，大多数人讲法语。

细雨中，到达了Maison du Prussien酒店：一座古雅的4层建筑掩映在峡谷旁边，它是由18世纪的一座啤酒厂改建的。酒店大堂里，沿着楼梯放置着一些书籍、老式电话和几块石头，看上去就像是充满韵味的雕塑，白墙上不规则地露出一些石头的纹理，充溢着大自然的气息。走进房间，十分宽敞，有壁炉，窗外是雨后的翠林，还有一座巨大的古老水车。

当地的导游蕾娜特（Renate）是一位学识颇深的女士，她在大堂内等我，带我去酒店后的峡谷参观。于是，我们穿过酒店在一层的户外餐厅，沿着铺着木板的通道，开始了一次小型而奇异的酒店峡谷之旅。一场大雨过后，峡谷中的水流变得十分湍急，在岩石间淙淙作响，形成了小小的瀑布。她介绍说，原先这条塞永河（Le

Seyon）水患十分严重，在经过大约 20 年的治理后平缓了许多，看起来它更像是一条湍急的小溪。后来，酒店建起了这些峡谷的参观步道，使得这座历史悠久的建筑增添了浪漫的气息。

这条步道在岩石间蜿蜒而去，我从各种角度观察塞永河的走势和能量，还有雨中翠绿的树叶，它们清新如洗。步道有一段是从岩石中劈开来的，人走在上面，需要小心避让，以免被碰到头部。

我想起了一部英国 1983 年摄制的影片《十字小溪》（*Cross Creek*）。影片讲述了玛乔里·金南·罗林斯（Marjorie Kinnan Rawlings，1896—1953，美国女作家）的真实故事。

她从小就崭露文学才华。11 岁时写下了童年的一个故事，发表在《华盛顿邮报》上。1918 年她于毕业于威斯康星大学。第二年，她嫁给了报人查尔斯·罗斯（Charles A. Rawlings），在《路易斯维尔信使报》（*Louisville Courier-Journal*）和《罗切斯特杂志》（*The Rochester Journal*）担任记者期间，她试图写作小说，但直到 1928 年她离开都市，来到佛罗里达北部边远林区中一个叫"Cross Creek"（十字小溪）的村落，买下了一块 16 公顷的橘子树林并定居后，她才开始找到她的文学声音。她独自体会幽静，最终在乡野和淳朴的当地人那里，重新找到了灵感。溪水潺潺，生机重现。

1938 年，她出版了《鹿苑长春》（*The Yearling*）。该书获得了普利策奖，书中讲述了在 19 世纪 70 年代的佛罗里达林区，埃兹拉和奥瑞夫妇的 3 个孩子中，有两个不幸夭折，让奥瑞始终哀愁莫解，只留下一个孩子朱迪（Jody），被母亲忽视和冷落。

父亲埃兹拉乐观开朗，常常陪伴着朱迪。一次，埃兹拉被毒蛇咬伤，情急之下杀死了一头鹿，取出鹿胆来解毒。朱迪意外地在草丛里发现一头幼鹿，孤独的乔迪说服他的父亲将小鹿带回家照料。乔迪与幼鹿慢慢产生了一种爱的纽带，但在小鹿开始吃这个家庭的庄稼后，使得本来就不怎么富裕的家庭雪上加霜，这时他必须在

家庭责任和对小鹿的宠爱之间做出抉择。

1946 年，该书被改编成电影，由格利高里・派克饰演父亲埃兹拉，随后几年，该片逐渐成为经典。

1942 年，玛乔里出版的小说《十字小溪》也被拍成了电影，展露出她那诗意散文传达出的对大自然的深厚感情，以及她对方言和地方幽默的敏锐听觉。在她见识了十字小溪生活后，有着这样一段独白：

“我不仅是一个作家，也是一个妻子，是人们的朋友，我已经和十字小溪分不开了。十字小溪属于谁呢？

大地可以耕耘，不可以收买；可以使用，不能据为己有。它奉献的是爱和温柔，是鲜花和丰盛的果实。十字小溪属于风和雨，属于太阳和季节，属于造化的秘密。归根结底，它属于时间。”

每个人心中，都渴望有那么一处像“十字小溪”的安详之处。如今，我无意中在瑞士的一处山林间把它找到了。

次日，漫步在山岗上的纳沙泰尔老城。这里随处可见喷泉，当地朋友介绍说，老城里共有 140 处喷泉，建于 16 世纪，2 座喷泉相距最多不超过 50 米，以方便当时的家庭主妇取水。这种便民的理念，显示出小城设计者的超前意识。Place des Halles 是典型的路易十四的建筑样式，而 Hôtel de Ville 则是由路易十六（Louis XVI，1754 —1793）的御用建筑师皮埃尔—阿德里安・巴黎斯（Pierre-Adrien Pâris，1745—1819）设计。

在老城山岗的最高处，矗立着司教会教堂（Collégiale Church）。这座教堂始建于 1185 年，1276 年启用。早期是优美的哥特式建筑样式，在教堂的东侧，有 3 座罗曼式的后殿。教堂主入口上方装饰着宽大的玫瑰花窗。在拱形的教堂里，十字形翼部被一盏灯照亮。

这座教堂最独特之处是里面的阵亡者纪念碑（Cenotaph of the Counts of Neuchâtel）。位于唱经楼北侧，矗立着几座色彩绚丽的纪念碑。在教堂的灯光下，发出夺目的色彩，其外形和色彩效果有点相似于埃及的木乃伊。这也是从 1372 年以来，在北阿尔卑斯地区仅存的此类艺术品。这座纪念碑由 15 座真人大小的彩绘雕塑组成，分别是纳沙泰尔武士和妇女的形象，放置在 15 世纪的一座拱门和山形墙内，形成一种奇异

的效果。

午餐在杜河（Doubs）深处一个峡谷边享用。杜河全长453公里，流域面积为7710平方公里，连接着瑞士西部和法国的东部，水质清澈。这家餐厅原先是一座磨坊，厨师施展了家庭式的厨艺，简朴而丰盛。主菜上的是杜河的鳟鱼，在幽静的河中，这种鱼生长十分缓慢，肉质自然也细嫩无比。

午后，来到圣于尔萨纳（St-Ursanne），这是杜河河畔的一座小城，常住人口约1000人。站在杜河大桥上端详，这座建于1728年的石桥共有4个桥拱，可以清晰地眺望杜河和这座河边小城的丰富层次。穿过城门，细雨之中，小街上没什么人，像是一处古典布景。

据传，这里由爱尔兰僧侣乌辛尼萨斯（Ursinicus）所建。小城保存着完好的中世纪风情。我进入一座罗马诺曼－哥特式的牧师会教堂（Collegiate Church）。教堂内昏黄的灯光下，一位修女在祈祷。教堂内有一圈回廊，清净的环境，可以让人细细地品味每一处建筑的精美。

尔后，我们深入到杜河的一处溪谷，划起独木舟。应该说，这种独木舟是皮划艇和独木舟的结合体，用黄色塑料制成，长度比一般的皮划艇短，宽度比我在非洲划的古老独木舟要宽，也就是说稳定性会更好。大家依次上船，我和一位同伴奋力划起来，很快超越了前面的船，直至杜河的幽深处。

在独木舟上稍事休息，只有从这样低的角度，才能近距离地观赏到杜河两岸的幽绿、苍翠和纯净，还有远处独木舟溅起的水花。那水中的黄色倒影，给这条小河带来了活力。尔后，又归于平静。

次日上午，我们来到拉坦诺考古学博物馆（Laténium Archaeology Museum and Park），继续寻找水的奇迹。这座博物馆展现了湖区在史前5万年遗址的出土文物。展厅中陈列了在湖区出土的大量文物，有些生活用品看起来十分精致，如展出的一组腰带扣，雕刻得十分细微，即使拿到今天，看起来依然那么有时尚感。博物馆中的镇馆之宝，是一座在一整块巨大的黑色岩石上雕刻出来的一张脸，有着巨大的体积感，整座雕塑充满张力，也让我对此人的身份产生了好奇——他是当时的奴隶主还是人们祭祀的对象？这座雕像的意义在哪里呢？

岁月温热。阳光冰凉。“奴隶制度是把某些人体内的阳光取出，为剥削者所用的

另一种方法”，这种制度可能已经更名，但实质上却并没有太多的改变。

在博物馆的尽头，浅水之处，放置着一艘木质船，长 20 多米，是根据出土的船体修复的，黝黑的船体述说着时间的沧桑。在几米之处，玻璃幕墙外是博物馆的一座水池，芦苇飘荡。这艘古船，仿佛在静静地等待冲破时间的钟，回到现实的水世界。

这辽阔的水世界，在时间与历史的交织中，仍顽强地保持着纯净。这种深邃的澄净，最终只属于时间。

在岁月的框架中，回望人的身份陨落和命运分野，许多未解之谜始终在记忆的空旷之处。

Bodensee

Picking up the Bead Chain of the History

博登湖：

拎起历史的珠链

博登湖在瑞士境内跨越图尔高州和圣加仑州，这一带充溢着浓郁的田园风格，湖畔有优美绝伦的拿破仑博物馆，还有历史文化名城沙夫豪森和欧洲最大的莱茵瀑布。贯穿旅途始终的，是迷人的岁月沉淀。

如果说历史是一串长长的珠链，在这里则能够集中欣赏到它那点点璀璨的光芒。

窥见法兰西帝国的短暂微光

中午时分，来到博登湖畔的恩格那克（Egnach）小镇。这是阿尔邦地区（Arbon）的一个小镇，穿过一片绿树繁花，走进 Restaurant Seelut 餐厅用餐。这一带有着众多的果园，包括在阿尔邦的 Moehl 苹果酒厂，盛产各种苹果酒（Cider）。

博登湖（Bodensee），也称康斯坦茨湖（Lake Constance），位于瑞士东北部，处于瑞士、奥地利和德国三国交界处，由三国共同管理。博登湖由上湖（Obersee）、下湖（Untersee）和连接段莱茵河（Seerhein）三部分组成，其在瑞士境内的湖岸线在高尔图和圣加仑州（Thurgau and St. Gallen），湖泊长 63 公里，宽 14 公里，面积 536 平方公里，最深处 254 米，是德语区最大的淡水湖，也是中欧和西欧第三大湖，仅

次于巴拉顿湖（Lake Balaton）和莱蒙湖（Lac Léman）。

从餐厅出来，沿着一条沙石路，走了大约10分钟，穿过一条铁道，就到了湖边。湖畔十分安静，一些小船停泊其间。有一座栈桥伸向湖中。桥下，有几只天鹅安详地栖息。四周似乎看不到游人，博登湖留下的是一片空旷之美。

在宁静的湖畔公路行驶，远远地看到一座白色的建筑矗立在高地上，这就是艾伦堡宫殿（Arenenberg Palace）。驶进花园，有碧树、喷泉，背景是空蒙的博登湖。

拿破仑博物馆所在的富丽堂皇的艾伦堡宫殿始建于15世纪中叶，沿着东西轴线，位于埃尔玛廷根（Ermatingen）、曼嫩巴赫（Mannenbach）和萨伦斯坦（Salenstein）3个岬角之间，气势恢宏。

法兰西第一帝国（1804—1815）终结时期，整个拿破仑家族四到处流亡，他们曾天真地认为，总有一天他们会重回法国。然而，随着时间的流逝，希望越来越渺茫，于是，他们希望找到一处类似巴黎的归隐地——有能谈论文学和哲学的沙龙、能举办晚宴的大厅，还有私密的小剧院，不时有些名流拜访，周边有适合短途旅行的地方……终于，他们在博登湖畔找到了艾伦堡宫殿。

1817年2月，拿破仑三世（Napoléon Ⅲ，Louis Napoléon Bonaparte，即路易·拿破仑·波拿巴，1808—1873）的母亲霍腾斯皇后（Hortense de Beauharnias，1783—1837）买下了艾伦堡宫殿。拿破仑三世是拿破仑一世的侄子，先后担任法兰西第二共和国总统（1850—1852）和法兰西第二帝国皇帝（1852—1870），其稳定而专制的统治，给法国带来了近20年的繁荣，但最终，在普法战争中（1870—1871）以投降而告终。

霍腾斯皇后去世后，1837年，路易·拿破仑将宫殿卖掉，1855年又回购了它，此后一直到1906年，艾伦堡宫殿都是拿破仑家族的财产。

最初，霍腾斯皇后买下这座哥特式的宫殿后，请来博登湖的建筑大师约翰·韦乐（John Baptist Wehrle）进行设计，包括壁纸、家具、雕塑、绘画等，全部体现了拿破仑一世时期的法式风范。她不仅带来了法国艺术宫殿的专属建筑装饰风格，还将她对园林艺术的趣味也融入花园，将其打造成一个有岩洞和水景的隐居地。各种蜿蜒的小径和修剪整齐的树木，构成了丰富多变的风景轴线。她对巴黎马尔迈松宫殿（Malmaison）一直情有独钟，并将其风格移植到她居住过的不少地方。如今，她的心血只在这里被保存下来，在其他地方已荡然无存。

走进宫殿的前厅，有一座红色新哥特式螺旋楼梯，里面是一个圆形画廊。这个房间最初是用来表演戏剧的，霍腾斯皇后将它改成阳光房，客人们可以在这里等待进入气势宏大的沙龙。沙龙的整个墙面和天花板以蓝白相间的条纹装饰，墙上挂着霍腾斯皇后和拿破仑三世的巨幅油画，即使是去过法国皇宫的人，依然会被这里的独特情致所吸引。

再往里走，是一楼湖景沙龙，湖上景色一览无余。这里原来是一个小温室，霍腾斯皇后将其扩大，加上全景飘窗，视野更好。旁边的图书馆摆放着红木书柜，有皇家收藏的 200 多部不同时期的珍贵书籍。

走进餐厅，巨大的餐桌上摆放着精美的瓷器，据说，其摆放方式从 1835 年就没有改变过，餐柜中陈列着剔透的水晶酒杯，在灯光的照射下，一切如梦如幻，仿佛皇室成员刚刚在这里用过晚餐。

回到前厅，接待人员指着墙上一排编号从 1 到 18 的呼唤系统解释说，宫殿共有 18 个房间，有了这个系统，就能迅速知道是哪个房间有人在呼唤，管家可以马上前往。

沿着精美的旋梯走上二楼，便进入霍腾斯皇后的卧室。洛可可风格的元素，与精致的帝国家具，在这里得到非常好的折中。她就是在这间卧室中辞世的，床具等陈设还保持着原貌。

又进入欧仁妮皇后（Empress Eugénie，1826—1920，拿破仑三世之妻）的沙龙，东边和西边墙壁上分别挂着拿破仑三世和欧仁妮皇后的油画像，向右转，是拿破仑一世挂着加冕徽章的画像，对面是拿破仑四世（Prince Napoléon IV，1856—1879）。法兰西第二帝国，似乎从这里展现出其短暂的微光。

二楼湖景沙龙里陈列着精美的艺术品，充满“游吟诗人的风格”（Troubadour Style），其中包括曾属于约瑟芬皇后（Empress Joséphine，1763—1814）的画作。再往里，是皇帝的卧室，拿破仑三世 1855 年回购这座宫殿时，把这个房间留给了自己。

转到皇家浴室。天花板上绘制着简洁精美的壁画，有台阶通往浴池，池壁上绘有金色的鹰徽，设有几个冷热水入口。这个浴室是 2010 年修复皇后寝宫时发现的，

此外还发现了一部分厨房。1830 年前后，这样的浴室算是极先进的卫生设施了，也让现代人得以窥见这个皇室家族的私密生活。

1906 年，欧仁妮皇后将她的这座宫殿捐献给图尔高州政府（Canton Thurgau），成立了图尔高州拿破仑博物馆，这也是瑞士德语区唯一记载拿破仑历史的博物馆。

黄昏时分，倚栏远眺，湖的对岸就是德国。夕阳散落在花园里，一部分明亮，一部分微暗，仿佛是历史与现实的明暗分界线，它在微妙地移动着。处在流放之中的法国皇族，曾经在这里找到了短暂的自由和安宁。在阳光与湖光的交相辉映中，世界一派祥和，才足以让人安静下来，慢慢疗伤，国恨家仇，最后随着湖水远去。

面对悠长的历史，人的生命总显得短暂。有一次，拿破仑博物馆的一位负责人在陪同客人时，拿起房间内一串长长的珍珠项链，用手比画着说，如果每一颗珍珠代表 10 年，人活到 80 岁，也不过是短短的一截，而更长的一段珠链，都在人的岁月之外。

500 多年岁月，为小城搭起巨大的布景

从博物馆往湖畔走，来到曼嫩巴赫（Mannenbach），搭火车到施泰克博恩（Steckborn）小镇，湖边的 See & Park Hotel Feldbach 酒店环境十分安静。

次日清晨，从施泰克博恩乘坐火车，15 分钟后就抵达中世纪的古城施泰因（Stein am Rhein），建于 1225 年的荷恩克林根城堡（Castle Hohenklingen）雄踞在小镇后的青山上。

施泰因位于博登湖畔、莱茵河边。1007 年前后，这里还是莱茵河上的一个小渔村，后来，神圣罗马帝国的皇帝亨利二世将圣乔治修道院（St George's Abbey）从德国的辛根特菲尔（Hohentwiel）搬迁到此，以加强处于水路交通交汇点的施泰因的防卫。他给修道院广泛的权利，让他们发展贸易和商业。到 15 世纪，施泰因迅速发展成为一个繁华的小城，皇家修道院也进行了重建，保留了晚期哥特式建筑的风格。施泰因也是约翰・黑林（Johann Heynlin，1425—1496）的出生地，他把第一台印刷机的技术传到了法国。

古城保留着城门、城墙、古老的街道和半木结构的房屋，街边的建筑物上绘满了精美的壁画，反映着中世纪的生活风貌，华丽的建筑也让人惊叹，它们仿佛构成了一幅巨大的古雅的布景，没有刚刚赶制出来的浮华气，有的是 500 多年岁月积淀的沉郁之美。

施泰因有不少建筑被列入“瑞士遗产建筑名录”，除了荷恩克林根城堡、建于 3 世纪的罗马要塞塔斯格提姆（Tasgetium），还包括 3 个教堂：圣格奥尔根修道院教堂（Monastery Church of St. Georg）、圣乔根修道院教堂（Benedictine Monastery Church of St. Georgen）和城堡教堂（Castle Church），圣格奥尔格修道院是当前保存最完善的中世纪建立的修道院之一。

此外，老城区还有 6 幢房屋受到严格保护。1972 年，施泰因因建筑遗产保护而获得首届威克奖（Wakker Prize，由瑞士遗产协会创建的年度项奖，旨在促进瑞士古镇的保护），获奖理由是：“在紧凑的空间内拥有知名建筑物的数量，在瑞士是十分

独特的，在整个欧洲也是罕见的。”由于这种精心保护，这个中世纪小镇的风貌被完整保存下来。

施泰因属于沙夫豪森州，除了保存完好的中世纪古镇中心，还有沙夫豪森州最早的礼拜教堂，位于罗马要塞塔斯格提姆的古迹中，供奉施洗者圣约翰。

离施泰因不远的赫米绍芬（Hemishofen）有一座农场，叫 Bolderhof Farm，可以体验挤牛奶、自制奶酪等农家乐活动，还可以参与全球少见的奶牛骑行（Cow-trekking Tour），分为 2 小时、4 小时两档，后者包括林间野餐。奶牛配的鞍与一般马背上用的不同，没有踏脚，人们左手抓住缰绳，纵身跳上牛背，感觉比马背要宽，行进的速度也要慢些。下来时，要先将左腿移动到右侧的牛背上，再跳下。

米诺要塞的晚钟，莱茵瀑布的夜色

从施泰因到沙夫豪森（Schaffhausen）之间的莱茵河河段，被认为是欧洲景色最

优美的区域之一，澄澈的阳光，翠绿的树林，岸边有人裸身晒着日光浴，一切都是最好的安排。

游船靠上沙夫豪森码头。沙夫豪森是瑞士东北部沙夫豪森州的首府，有35座建筑物被列入瑞士遗产的名录，包括沙夫豪森的整个古城和城墙，还有4间行会时期的房屋，Schweizersbild旧石器时代洞穴、Grüthalde新石器时代聚居地，以及前本笃会修道院和圣约翰教堂。位于Klosterstrasse大街的前本笃会修道院始建于1106年，混合12世纪罗马式和13世纪哥特式双重风格，有瑞士最大的修道院回廊，还有一座香草花园，芳香四溢。

这座古老的小城保存着许多精美的文艺复兴时期的建筑装饰壁画和雕塑，有许多巧妙绝伦的巴洛克建筑和170个凸窗，这些凸窗是富商地位的象征。Vordergasse大街65号，4层“骑士之家”的外墙上，是沙夫豪森画家托比·斯提穆（Tobias Stimmer）创作的壁画的复制品，有着丰富的历史故事。原作保存在沙夫豪森的万圣博物馆（Museum zu Allerheiligen）。

我要去的米诺要塞（Munot）是沙夫豪森的城市象征，高踞在小丘之上。穿着古典皮背心的导游打开路旁的一扇铁门，带领一行人走进一个绿意盈盈的院落，开始了这座古镇私密时光的走访。

沿着一条陡峭的长廊，我慢慢走近米诺要塞。路的坡度大约40°，鹅卵石路面走起来并不吃力。长廊外面是一片生机盎然的葡萄园。

早在中世纪，沙夫豪森就是一个城邦国家，1045年铸造过自己的硬币。1208年，这是一座帝国的自由城市。1330年，德国巴伐利亚皇帝路易斯承诺将该城交给哈布斯堡王朝。15世纪初，哈布斯堡王朝的权力逐渐衰退，1411年起，该城邦的公会统治了城市，1418年，沙夫豪森从哈布斯堡王朝手中购买回了自由权，1501年，成为旧瑞士联邦正式成员。沙夫豪森在“三十年战争”（Thirty Years' War）期间遭到严重破坏，当时新教的瑞典和罗马天主教的巴伐利亚交战，由于处在交通要道上，该城一些重要的桥梁被烧毁。

沙夫豪森的一面朝向瑞士，另外三面被德国境内的群山环绕。1944年4月1日，由于导航错误，美国陆军航空队的飞机偏离了德国空域，转向中立国瑞士，误炸了沙夫豪森，造成大约100名平民丧生，事后，美方迅速提供了100万美元作为赔偿。

1564 至 1589 年，为了防御德国、保护沙夫豪森这个瑞士联邦在莱茵河右岸的唯一地区，米诺要塞依照阿尔布雷特·丢勒（Albrecht Durer）的防御理论建造起来，呈环形，直径 49 米，里面架设着火炮。如今，要塞里飘扬着古典音乐，几个孩子在一个舞台上嬉闹。透过城垛，是夕阳下临河的古城，沐浴在一片暖光之中。

沿着塔楼的环形楼梯，我登上顶层，中央摆放着古老的兵器。导游走到一只大木箱前，拿出一把巨大的钥匙，先插进侧面的孔内，结果打不开；他拨开箱子上一个装饰用的铁片，这才露出真正的钥匙孔。箱子的内部结构也复杂精巧，导游从里面拿出一些“金币”发给大家，其实是巧克力。然后，他摇起一台古老的唱机，唱片是宽约 30 厘米、长数米的折叠木片，上面打着大小不等的圆孔，放在唱机中会发出悠扬悦耳的乐声。导游随乐声唱起古老的歌谣，声音在满是壁画的顶楼回荡……古时，每晚 9 点，居住在塔楼中的守夜人都会及时敲响大钟，提醒人们关闭城镇大门，还有小酒馆也该打烊了。

黄昏时分，驱车前往纽豪森（Neuhausen）。20多分钟后，车驶上一座小丘，左侧就是瑞士最壮观的自然景观之一——气势恢宏的莱茵瀑布（The Rhine Falls），水烟奔腾中，可以看到一艘小艇在靠近瀑布的地方行驶。

莱茵瀑布是欧洲最大的瀑布，形成于冰河时代末期，大约在1.4万到1.7万年前，岩石侵蚀河床，使其变窄。目前，这个瀑布宽150米，高为23米。在冬季，平均水流量为每秒250立方米；而在夏季，平均水流量为每秒700立方米。历史上的最高流量，曾经达到每秒1250立方米。由于瀑布太高，除了鳗鱼能在岩石间的水流钻过，其他鱼都爬不上来。游人可以乘坐小艇，随波起伏，直抵瀑布下方，感受自然的伟力。

我在瀑布对岸的沃尔特城堡餐厅（Schloss Wörth）找了个最佳位置，眺望暮色中的瀑布。天色渐暗，多彩的灯光照在瀑布上，如梦如幻。

由于莱茵瀑布巨大的水能资源，历史上曾有过多次在此建设电站的动议。1944年，瑞士曾批准了一个建设该电站的项目，计划1952年动工。1951年，15万名瑞

士公民签署了一份请愿书表示抗议，其中有 49 位名人，包括诗人赫尔曼 · 黑塞。最后，这份请愿书成功地阻止了该项目，并且至今仍有效避免了在莱茵河上游河段兴建电站。

优美的环境，从来都是来自这种悉心的保护。

几个世纪以来，人们对莱茵瀑布充满敬畏之情。19世纪，英国画家特纳（J. M. W. Turner，1775—1851）创作了大量关于莱茵瀑布的作品，德国诗人爱德华 · 弗里德里希·梅里克（Eduard Friedrich Mörike，1804—1875）也写了不少赞美这座瀑布的诗篇。

深夜，驱车20分钟来到贝森根（Büsingen）小镇，在莱茵河畔的Alte Rheinmühle酒店枕河而眠。

次日清晨，薄雾弥漫，一派朦胧景象，远远地可以看到一二艘皮划艇在河水中轻轻掠过，近处有 2 只天鹅静静地游动，轻若叹息。

冬季的圣莫里茨湖，被照亮的湖岸部分与它在水中的倒影，形似一只眼睛。那是清亮的自然之眼。

St.Morizersee

The Lake is as Clear as it was 100 Years ago

圣莫里茨湖：

湖泊还像 100 年前一样清澈

度假胜地圣莫里茨，阳光充足，是瑞士日照天数最多的城市之一 ——全年平均晴天 322 天。

这里是 1928 年第三届和 1948 年第六届冬奥会的举办地。

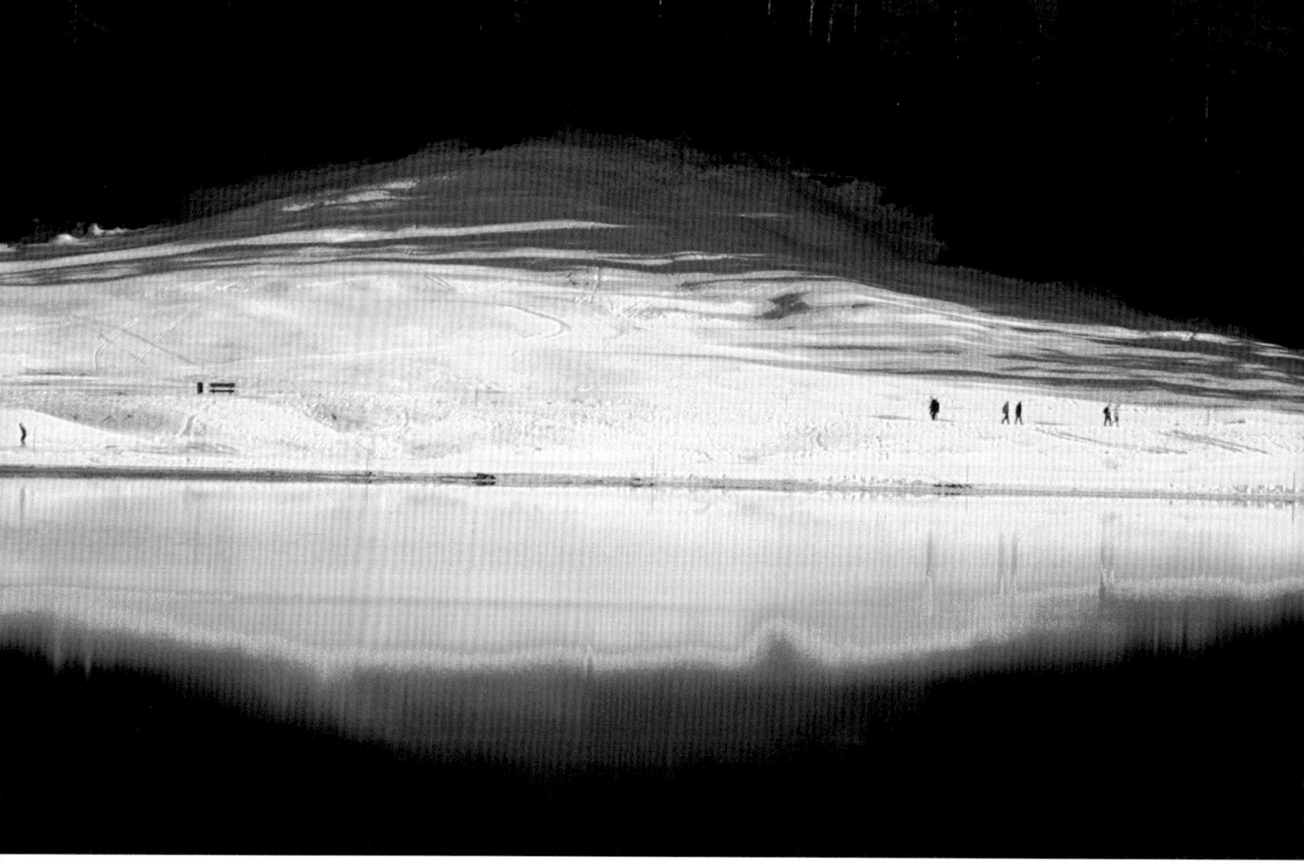

驶向圣莫里茨

中午时分，列车抵达海拔 585 米的库尔（Chur）。早在 5000 多年前这里就有人居住，是瑞士最古老的小城、格劳宾登州的首府。从罗马帝国时期开始，库尔就是北阿尔卑斯山的交通枢纽，至今还可看到罗马时期遗留下来的一些建筑。

我继续转乘冰川快线列车。这条快线从采尔马特到圣莫里茨，是瑞士山地铁路

线，全线需要行驶7个多小时，沿线要穿过291座桥梁和91个隧道，时速为35公里，被称为“瑞士最慢的观景快车”。

12点58分，火车启动，经过几个村庄后，大家都站在车窗前等待快线激动人心的一段——列车慢慢地驶出隧道，行驶在兰德瓦萨高架桥（Landwasser Viaduct）上，大家手中的手机都在咔咔作响，列车正在开过长130米、高65米的石拱桥——这是冰川快线的标志，这座大桥是以流经它的同名河流命名的，海拔高度为1032米，大桥本身的结构令人难忘——5根石柱桥墩从峡谷中挺拔而出，组成5个完整的半径为100米的圆拱和一个2/3的拱形，形状修长，极具美感，然后直接进入陡峭石壁中的隧道，人工与自然几乎天衣无缝地组合在了一起，这座大桥也因此成为世界上最为有名的铁路桥之一，是铁路建造史上的奇观。

只有不到10秒的时间，列车就驶过了大桥。时间在那一瞬间似乎特别的长，容我们慢慢地品味。

然后是博刚（Bergun）到裴瑞达（Preda）。进入阿尔布拉隧道（Albulalinie），火车在13公里的距离内，通过6个高架桥和5个螺旋状的隧道，爬升了

416 米的高度，这也是冰川快线上一个令人眼花缭乱的路段。

列车车厢是全景列车，设立了大型观景窗和天窗，仿佛是一列行进中的透明列车，人们可以与瑞士的山水做零距离的亲密接触。

坐在我对面的是一位老太太，着白色衬衣，丝巾围在衬衣领子外面，一条花色裤子。尽管脸上皱纹细密，仍无法掩饰其气质的优雅。

我们攀谈起来。她告诉我，她年轻时是模特。我们聊瑞士的自然、生活和时尚，最后说到了瑞士以前曾十分盛行的“假结婚”问题——由于瑞士的社会福利太优越了，为此一些人想办法以这样的形式来取得居留。她说，在瑞士许多人把这种现象称为“Shame Marriage”——羞耻婚姻，国家也出台了规定，将原来的 3 年时间延长为 5 年，以解决这个问题。她说，现在的一些人就是为了钱啊——“Money！Money！ Money！”

2007 年 1 月，我在苏黎世，那时瑞士还未签署申根协议，需要办理单独的瑞士签证。记得拿到签证时，即被签证纸的颜色搭配吸引住了：底色是上蓝下黄，最上面是一条蓝灰色的底纹，上面的金色 Visa 字样以紫色的色块来衬底，旁边签证编号的字体从小到大，十分醒目；左侧中部印着瑞士地图的激光图案，地图的上方还有一个精密的齿轮图案，代表着顶尖的制表工业。在一方小小的签证纸上，虽然错落有致地融入了如此多的设计元素，整体却十分和谐。

记得我当时遇到一位从国内去的年轻人 Jack，学计算机专业，在瑞士已待了 8 年时间，自己成立了一家咨询公司。他透露，由于瑞士是非移民国家，一些想留在瑞士的人只能通过结婚的方式来实现，假结婚生意也就应运而生。当时一般的行情是外国男人找瑞士女人，6 万瑞郎；外国女人找瑞士男人，5 万瑞郎，这还是第一年的开价。由于要结婚 3 年才能获得居留，这样，假结婚的非瑞士方在最后一年是最难受的，要接受对方不断提出的经济要求，或者说最后被狠狠地敲上一笔。当然，也有不少弄假成真的，最后真的成为一对的也不少。

他介绍说，这个买卖的价格有的是不断被抬起来的，最开始给瑞士方的价格只有 5000 瑞郎，其他的都给中间人吃掉了。这让人想起了法国的大鼻子明星杰拉德·德帕迪约（Gérard Depardieu，1948—）曾演过的一部关于假结婚的影片《绿卡》（*Green Card*，1990），其中的一个场景是在警察局里，假结婚的双方分别被询问对方生活的

细节时，被弄得焦头烂额。这样的浮世绘让人忍俊不禁。

在我看来，这些情节更像是生活中最坚硬的细节，让人有着吞咽不下的苦涩和不堪。这种滋味也许只有当事人才能完全体会到。人间悲剧恒生，但也有不少以喜剧来收场。

列车在行进。每列冰川快线列车都加挂着餐车，里面有一个酒吧。我坐在这样的流动酒吧内，一边品茗，一边欣赏沿途的景色。河谷、急流、村庄、教堂、瀑布、雪峰，每分每秒景色都在变化，对于拍摄者来说，必须眼疾手快，所有的美景稍纵即逝，仿若现实版的仙境影片……我在想，要不要像影片《两生花》(*La Double Vie de Véronique*，1991）里的那个姑娘一样，在车窗边举着一个水晶球，这样，所有的美景都被收纳进这个小小的水晶球之内，也被牢牢地收入了记忆的魔球之中。

质朴而超然的生活

车窗外一片翠绿。下午2点58分抵达圣莫里茨，它处于瑞士东部的恩嘎丁（Engadine）山谷之中，像一座精致的微型城市，四周被湖光山色环绕。从1864年起，这里成为阿尔卑斯冬季运动的摇篮，而此地的温泉可以追溯到3000年以前，是瑞士健康温泉中心。

它低调如一位隐士。游人如潮，来了又去，去了又来，这里始终是安静的。当地居民有19500人，其中圣莫里茨小镇的居民为5100人。

Via Maistra是当地一条小而美的商业街。在橱窗前，有几位穿着考究的贵妇人牵着狗，在悠闲地逛街。有一家羊绒制品店，陈列的男式绒衫色彩明丽，肘部和肩部镶皮，每件价格在1000瑞郎左右。试穿了一下，感觉还不错。于是迅速入手一件。

在一家食品店的橱窗里，摆放着用杏仁巧克力做的童话城堡，里面狮子、奶牛、公鸡等动物成双成对。在旁边的橱窗里，则摆着一排恩嘎丁胡桃馅饼（Engadine Walnut Cake），最小的6厘米到最大的30厘米不等，价格从8.5瑞郎到34瑞郎。这

种馅饼原产于一个叫富阿特沙（Fuatscha）的村落，是一种黄油馅饼，许多当地的人家在周末都会来享用这种馅饼。

恩嘎丁的一些糖果点心店对这种传统的馅饼进行了改良，加入奶油、果酱和核桃，吃起来更加美味，没有过分多的油，馅里添加了当地的一些植物，酸甜可口，比我在其他一些地方吃的馅饼要美味许多。

在圣莫里茨，夏季的旅人没有冬季的多，街上的许多商店包括名店街上那些一线品牌店，开放的时间也缩短了。在空静的街上行走，自然多了份不在旅游圣城的感觉，可以更多地体会到本地人的安静和闲适。在街心广场上，一位老者穿着件灰白色的毛衣，衬衣的立领含在毛衣领子里，可以看出他对于细节的重视。他悠闲地抽着烟斗，看着一群旅游团的人走过，然后街上又恢复了宁静。两个拿着冰球板的中学生，在夕阳光中凝重地站立着，脸上的老成感超越了他们的年龄。

晚上，享用在圣莫里茨的第一餐晚宴。Chesa Veglia 餐厅是建于 1658 年的恩嘎丁田园风格的餐厅。每年只在 12 月初到来年 4 月初及 6 月底至 9 月上旬这两个时段营业，主要提供瑞士、法国、意大利风味的佳肴，预订起来很不容易，这是当地高端的餐厅和社交场合之一。

我曾在里面多次享用晚餐，温暖摇曳的烛光映照着木饰围栏，头顶上是古老粗大的木梁，地面上精致的栏杆上雕刻着花纹，以此分割着餐厅的几个区域，富有地方特色的五彩拉毛陶瓷画镶嵌在白色的石灰墙上。

那天的头盘有三小碟：一碟芝士香草配风干牛肉；一碟 Capuns，这是一种用土豆、鸡蛋、牛奶、熏肉粒、香草搓成面团，用杏叶包裹，滚水煮透的一种食品，再混合煮烂的韭葱和洋葱一起吃；还有一杯圣莫里茨大麦汤，这种大麦汤是恩嘎丁地区的特产，选用蔬菜薄片，与风干的牛肉、腊肉一起以文火煮透而烧成的奶油汤，味道鲜美，有着特殊的奶香。

主菜是炖熟的牛肉，配上猪里脊肉和卷心菜馅的小方饺，这是格劳宾登州的特色美食。甜点是恩嘎丁酸奶油配大黄（Rhubarb）果盘，还有红葡萄酒浸泡过的香梨。

古典乐曲声从餐厅的钢琴吧里传来，几个孩子吃完了东西，独自跑到门口，把垂挂着厚重窗帘的窗台当成了他们的舞台，其中一个躲在窗帘后面，让另一个孩子

寻找。我刚好站在二楼的楼梯口歇息，看到了这有趣的一幕。一个愉悦的夜晚。

晚餐之后，沿着安静的街道随便看看橱窗，里面有着丰富的内容：一个橱窗里，将葡萄酒和火车铁轨的模型结合起来；另一面橱窗里，摆放着装有瞄准镜的猎枪、打猎的皮靴，旁边还放着一只鹿头；其他橱窗或是排列整齐的富有设计感的水杯，或是两盏造型奇特的室内灯具。在这样蓝色的夜晚。

湖面上的雪地高尔夫

第二天的清晨，还有着一些寒意。沿着圣莫里茨湖（St.Morizersee）堤岸漫步，等待太阳从湖面上升起。圣莫里茨湖的海拔为 1768 米，长 1.6 公里，宽 600 米，最大深度 44 米，它是上恩加丁地区的 4 个湖泊中最靠北的，另外 3 个湖分别是西尔瑟湖（Silsersee）、席尔瓦普拉纳湖（Silvaplanersee）和尚菲尔湖（Champfèrsee）。圣莫里茨的城镇中心位于湖的北岸。

多年之前的冬季，我曾在这湖面上专门砌成的雪地高尔夫赛场上练习和拍摄。记得模特和演员朱迪·基德（Jodie Kidd）在不远处开始挥杆，激起了一阵雪花，橘黄色的高尔夫在雪花中飞驰而起，让人有一种强烈的向前奔跑的愿望。

这不是专门为摄影师摆的造型，实际上她已是这项赛事的常客了。我曾在巴黎和伦敦时装周的T台上看到过她，只是在高尔夫球场的她，显得更加健康而有活力。

在海拔近1800米的球场观看雪地高尔夫时，不时地可以看到选手溅起的阵阵雪花，在阳光的照射下，晶莹剔透，与对面的雪峰交相辉映。

在比赛开始之前，我们在实地体验了雪地高尔夫的玩法。3位欧洲高尔夫教练站在我们面前，他们设计了一系列游戏和器械，以使大家实际感受雪地高尔夫的细微之处，比如，他们将一个红色交通塑料隔离墩（里面是空的）横置，让大家在5米之外打到这个直径只有30厘米的洞里；大家站在球场旁一条3米深的沟里，将球打到规定的球道上，不远也不能近；而难度最高的是将球隔着一块标志牌，打进后面10米处的一个铁桶里面……很难说此次参加训练的嘉宾中，将来没有一些人不会在雪地高尔夫领域大显身手。

雪地高尔夫究竟是一项运动、一项正式的比赛，还是一种游戏?

在赛场的餐厅里，雪地高尔夫锦标赛的一位创始人介绍说，雪地高尔夫从1978年开始尝试，在圣莫里茨打9个洞，但不是家庭聚会形式的，而是以公开赛的形式出现。1979年1月20日，首届雪地高尔夫公开赛举行。为节约成本，赛场沿用圣莫里茨湖畔的雪地马球道，只是设立了一些果岭。在1980年第二届时，这项赛事变得国际化起来了。

这届雪地高尔夫除了依照圣安德鲁斯皇家高尔夫俱乐部审定的高尔夫比赛规则之外，还有着自己独特的一些规定：雪地高尔夫一共打9个洞，球洞之间的长度在120米—200米之间，比正常草地短33%。与草地不同的是，这里的旗子始终是插在球洞的左边；男子公开赛不允许使用木制球杆；遍布整个球场的雪在比赛的前一天被紧紧地压实，以界定球道；果岭是白色的，它在每个晚上都会被重新冻结，以确保球的滚动能尽可能顺畅。

在谈到这里只打9个洞的原因时，他解释道："每年1月，这里气温都在零下15℃左右，在这么冷的环境里，很难让选手坚持打下18个洞。"所以，这里有一个形象的说法，叫作高尔夫中"最寒冷的赛事"。有趣的是，高尔夫赛场的设计也与一般的赛场有所区别：先挖好洞，再进行设计。9个洞位置每年可能略有变化，球洞直径也会大一些，但洞与洞之间的距离确保不变。

不少喜欢此地的人，都知道冬季休闲运动的典故。话说，在 1864 年夏末，一些来自英国的贵族结束消夏，准备回到英国去。库尔姆酒店（Kulm Hotel）的老板约翰・巴德鲁特（Johannes Badrutt）想让他们体会到冬季运动的乐趣，就与其中的 4 位英国客人打了一个赌，说，他想邀请他们在冬天再来圣莫里茨，在冬天里，他们也能穿着短袖阳台上享受日光浴，还能享受各种雪上运动的乐趣。如果这 4 位英国客人不满意的话，他将承担他们此次全部的旅行费用。那年的圣诞节，这 4 位英国人果然依诺，重返圣莫里茨。应接不暇的冬季活动和壮美的风景让他们流连忘返，直到次年的复活节后才返回英国。于是，冬季运动便在这里方兴未艾。

在 2486 米高的考尔维利亚峰（Corviglia），可以尽情眺望湖泊和城镇全貌。这里有距离圣莫里茨镇中心不远的眺望台。3303 米高的科瓦奇峰（Corvatsch），在冬季有漫长的雪道。2453 米高的慕奥塔斯・慕拉格峰（Muottas Muragl），这是欧洲有名的徒步旅行路线的始发点，也是品尝瑞士乡土料理的地方。

奶酪火锅（Fondue）是瑞士的一大特色美食，当地人会建议先用面包蘸一下当

地的樱桃酒（Kirsch），再去蘸奶酪，如此味道会更香一些，但由于奶酪特有的味道，一些东方人可能吃不了太多。

时光逝去，如水。

在湖岸边漫步，此刻，已是夏季。喷薄而出的光芒在云层之后闪现，圣莫里茨又迎来了它的晨光。

远远的，湖中央两艘小小的船掩映在如镜的湖面上，宁静，安详，仿佛还停留在遥远的昨日，这使我想起了当地朋友的一句话："这里的群山还像100年前一样壮丽，湖泊还像100年前一样清澈。"在这样安适的环境里，很自然会生发出天高云淡、自守为尊的意境了。

波光回旋，恰似眼波流转。

面对澄澈的湖水，我忆起了那慧澈而又坚定的目光，还有那羞涩而又勇敢的神色。

碧水，让我们成为力量的一部分。

From Lake Lucerne to Lake Lugano

Brilliant Glazes

从琉森湖到卢加诺湖：

灯火中的璀璨琉璃

圣哥达全景观快车，从琉森湖到卢加诺湖，连接起瑞士的中部与南部。琉森湖区是瑞士联邦的发祥地，贝多芬的《月光奏鸣曲》（*Moonlight Sonata, C-sharp Minor, Op.27*）问世后，19 世纪 30 年代德国浪漫主义诗人路德维希·雷尔斯塔布（Ludwig Rellstab，1799—1860）称颂其第一乐章“像是在琉森湖那月光辉映的湖面上的一叶小舟”。罗西尼的《威廉·退尔序曲》（*William Tell Overture*）中，也描绘了琉森湖的景色。

卢加诺湖位于瑞士南部和意大利北部之间。在卢加诺（Lugano），空气中弥漫着炎热的气息，敞篷汽车在街上呼啸而过……

拥抱“旧世界”的背影

在瑞士中部，浩瀚的琉森湖，又名四森林州湖（Vierwaldstättersee），面积为113.6平方公里，海拔高度为434米，最深处达214米，湖岸长度为150.9公里，

是瑞士的第四大湖。琉森湖区是瑞士联邦的发祥地。

奥黛丽·赫本（Audrey Hepburn，1929—1993）于1954年9月25日，与演员梅尔·费雷尔（Mel Ferrer，1917—2008），在湖畔的布尔根施托克（Bürgenstock）别墅附近的一座礼拜堂举行婚礼。当时，新娘赫本穿着皮埃尔·巴尔曼（Pierre Balmain）白色礼裙，高立领配上长肘手套，头戴白色玫瑰编成的花冠。新郎费雷尔献给赫本两枚结婚戒指，一枚白金的，一枚玫瑰金的。

那天，尽管这对伉俪宣布在婚礼仪式结束后要去意大利度蜜月，但他们却秘密地回到自己的别墅独自进行庆祝。婚后，这对夫妇被流产和不忠的传言所困扰，所幸，赫本于1960年7月生下了儿子肖恩·赫本·费雷尔（Sean Hepburn Ferrer）。赫本与梅尔·费雷尔最终在1968年离婚。

琉森，被誉为“瑞士之心”，依琉森湖而建。出了琉森火车站，不远处就是罗斯河（Reuss），跨过一座桥，就到了琉森施威霍夫酒店（Hotel Schweizerhof Luzern）。这家酒店创建于1845年，至今有170多年历史，作曲家理查·瓦格纳（Richard Wagner，1818—1883）、作家列夫·托尔斯泰（Leo Tolstoy，1828—1910）、巴伐利亚国王路德维希二世（Ludwig II，1864—1886）、“007”的扮演者罗杰·摩尔（Roger Moore，1927—2017）和流行乐女歌星安娜斯塔西亚（Anastacia，1968—）都曾在此下榻。

酒店的Zeugheer大厅1865年首次装修，当时的法国皇后欧仁妮下榻于此，称赞这个大厅比法国的更显辉煌，此后，酒店一直保持了新文艺复兴的建筑风格。酒店到处摆放有兰花和一些古董制品，还保留着一部小巧可爱的老式电梯，有一种令人着迷的旧世界的气息。

酒店新近重新翻修过，房间里处处能看到音乐的元素。我看到墙上有英国“纯红乐队”（Simply Red）主唱米克·纳尔（Mick Hucknall）的签名，他在 25 年的职业生涯中售出了超过 5000 万张唱片，被称为“一个真正的灵歌乐手”。我曾经很喜欢“纯红乐队”的歌，*You Make Me Feel Brand New*，*Sunrise*，*Stars*...米克·纳尔高亢的声音让人感觉安适。在这样的酒店回忆起他的歌声，仿佛以一种轻触灵魂的方式拥抱旧世界的背影。

这里还有英国摇滚“超级游民乐队”（Supertramp）创始人罗格·霍奇森（Roger Hodgson）住过的房间，以及美国摇滚 TOTO 乐队成员待过的房间，墙上有其亲笔签名。旧世界的装潢与新世纪的摇滚交汇，真是一种奇妙的相遇。

在酒店一侧的房间，可以俯瞰琉森湖和眺望到不远处的皮拉图斯山，还可以看

到一座古雅的廊桥斜跨在罗斯河上，这就是卡佩尔木桥（Kapellbruck），欧洲现存最古老的木结构廊桥，也是琉森的标志性建筑，不少人赶到琉森，首先就是要看一看它的风采。这座桥修建于13世纪，两边有木制围栏，围栏外面挂满了鲜花；廊桥的屋顶有一段瓦已变成黄绿色，呈现出经历漫长岁月之后的古旧模样。顶部每隔几米就有一幅彩绘，描绘着几个世纪前的小镇历史，包括战争的场面，其中有一部分不幸在1993年的一场大火中被烧毁，经过精心修复，一般人看不出与旧作的区别。

在酒店餐厅，用全套的Berndorf银质餐具，品尝夏多布里昂（Chateaubriand）厚牛排，据说其烹制技术是琉森最为上乘的，配上蘑菇切片，淋上黄油、龙蒿和青柠汁，再来一杯白葡萄酒，堪称完美。

晚上，在小酒吧里欣赏钢琴曲，尔后信步而出，回望晚间的酒店，灯光从彩色玻璃上流泻下来，每个窗户都呈现出不同的色彩，宛若“夜间的紫花苜蓿”，也像是精灵的外表。楼下经常会举办一些活动，如探戈舞会、1920年代音乐之夜等。拾级而上，回到房间，依然安静，喧嚣被隔在下方，如同被隔在时光的某一个断层之中。

清晨，阳光照射在窗外宁静如镜的湖面上。1857年7月，列夫·托尔斯泰入住这家酒店时，曾写下这样的文字：“当我走进房间，打开窗户时，湖水的反光、远山的黛影和澄碧的天空，在一个瞬间就淹没了我。我内心曾有一种不安，但这样的场景突然就使我有了灵魂满溢之感。我就突然很想去拥抱，有力地拥抱，去挠它，或者掐它，去做一些特别的举动。”在160多年之后，我似乎依然能体会到这位俄罗斯文学大师当时的心态：那种初见自然纯净之美时的惊喜和些微的狂放。

巴伐利亚国王路德维希二世，也曾入住过该酒店。他有时也被称为“天鹅国王”或“童话大王”（Der Märchenkönig）。1863年，他18岁时继承王位。两年后，巴伐利亚与奥地利打了一场战争，失去了普鲁士。1870年后，路德维希逐渐退出了国家日常事务，花费了他所有的皇室收入，将主要精力放在对奢华艺术和建筑项目的支持上，他委托修建新天鹅堡，还是瓦格纳的忠实赞助人。最终他被怀疑精神失常而接受治疗，1886年6月13日，路德维希在古登（Gudden）博士陪同下，在城堡的庭院散步，精神状态甚佳。晚餐后，路德维希要求古登博士陪他走更远的距离，前往施塔恩贝格湖（Starnberger See）岸边。这个湖面积为57平方公里，是德国的第五大湖，水深达127米，是位居德国第二深的湖泊。

直到晚上 8 点多钟他们也没有回来，工作人员在大雨大风中搜遍了整个城堡，一直到晚间 10 点多钟，卫士在湖边发现了他和古登博士的尸体。路德维希二世的手表停在了 6 点 54 分。他年仅 40 岁，死因一直成谜。

他的故事先后 8 次被拍成了影片，其中 1972 年由鲁奇诺 · 维斯康蒂执导的《诸神的黄昏》（*Ludwig*）是其中的经典作品，由赫尔穆特 · 贝格尔（Helmut Berger）饰演路德维希二世，罗密 · 施奈德（Romy Schneider）扮演伊丽莎白皇后（即茜茜公主）。茜茜公主是路德维希二世的表妹，路德维希二世对茜茜公主一直怀有“不可言说的情感”。

从酒店出来，步行 5 分钟就看到了狮子纪念碑。隔着一方碧绿的池塘，一只垂死的狮子塑像就在对面的岩壁下方。这座塑像是丹麦雕塑家巴特尔·托瓦尔森（Bertel Thorvaldsen）1820 至 1821 年间设计的，由卢卡斯 · 阿霍恩（Lukas Ahorn）凿制在山岩之间，以纪念在 1792 年法国大革命期间被杀害的瑞士士兵。美国作家马克 · 吐温曾称这座狮子雕塑是“世界上最悲伤的石头”。

17世纪初开始，一支瑞士卫队一直担任法国王室的警卫工作。1789年，路易十六国王被迫与家人从凡尔赛宫（Château de Versailles）搬到杜伊勒里宫（Tuileries Palace）。1792年8月，起义者冲进杜伊勒里宫，瑞士卫队中有600多人在战斗中丧生，只有350人幸存。

狮子纪念碑雕刻在一个旧采石场的悬崖上，长10米，高6米，表达出“Helvetiorum Fidei ac Virtuti”（忠诚、勇敢的瑞士人）的理念。垂死的狮子低垂着头，身上覆盖着代表法国君主制的鸢尾花，刺中它的长矛折断在肩部，他身边有一面盾牌，上面的图案是瑞士徽章。

这天恰逢周末，早晨的罗斯河两岸成为民间集市的天堂。许多人一早就出来，整理物品，搭起篷架，陈列品包括蔬菜和鲜花，其中一个摊子专门出售各种蘑菇和其他菌类食物，另一家卖的是泡在木桶里的腌制食品，其中光是各种不同的橄榄就超过10种。水果摊上，硕大的草莓500克5.9瑞郎，凤梨每公斤4.2瑞郎，比周围的超市都要便宜不少；鲜花摊上，紫色的牡丹（Pfingstrosen）含苞欲放，价格是每支

5 瑞郎，5 支 20 瑞郎，10 支 35 瑞郎。

河面上，七八只天鹅在游弋，它们在游动时玉颈直立，白色的身体几乎不动，只有两只黑色的鹅蹼在水里轻轻摆动。

中午时分，来到古城区的 Burgerstube 餐厅，这是琉森历史悠久的餐厅之一，1908 年装修为新哥特风格，低调古雅，采用深色木卷轴和牛眼窗（Bull's-eye Panes）。这里可以体验卢塞恩菜系，包括瑞士风味的牛肉馅饼。Burgerstube 是维尔登·曼恩酒店（Hotel Wilden Mann）的附属餐厅，这家酒店还有一家 Sauvage 餐厅，以法餐为主。维尔登·曼恩酒店在 1517 年时就是一个小酒馆，此后逐渐发展至今。

沿着湖岸边，我走到了琉森文化会议中心（KKL, Kultur und Kongresszentrum Luzern）。这座建筑由法国建筑师让·努维尔（Jean Nouvel，1945— ）设计，被喻为"超现代化的由玻璃与钢构成的音乐盒"。琉森音乐节就在其间的音乐厅举行，该音乐节是欧洲主要的音乐节之一，1938 年由指挥家托斯卡尼尼创立。2003 年，意大利指挥家克劳迪奥·阿巴多（Claudio Abbado，1933—2014）接任琉森音乐节音乐总监后，成立了琉森节庆管弦乐团（LFO, Lucerne Festival Orchestra），吸引了不少欧洲知名管弦乐团的演奏家。柏林爱乐乐团和马勒室内乐团等，也是琉森音乐节的常客。

黄昏的琉森旧城区里十分闲适，路上几乎没什么人。在街角，刚好遇到一家设计商店开张，不少人站在店门口，一边喝着香槟，一边闲聊。整个前厅只放置了一幅巨大的抽象画，前面的地板上放着一个由纸张和丝巾制作的一个装置。绕到抽象画的后面，在一面涂鸦的墙面上嵌了一个 5 英寸的小屏幕，正播放着一段生活视频。墙面上还随意地挂着几件色彩绚丽的小衣服，像是马戏团的某位小丑或某位天使留下的。

步入里间，陈列架上放着一些造型奇特的茶杯，果绿、赭黄、粉红的颜色让人眼睛一亮，茶杯边缘画上了两只眼睛，目光朝上，尖尖的鼻子和收成一点点的嘴，仿佛正以惊讶和略带嘲讽的神色，淡看着这个喧嚣不已的世界。

从艺术商店里出来，一个街区里围着很多正在欢呼的年轻人。走近一看，原来正在进行着一场特殊的比赛：脚蹬着滑雪板的人在进行一场擂台赛。身边的一位帅哥告诉我，擂主运动员是地区的速滑冠军，他常以这样的方式来自娱自乐。

穿过街心公园，我来到一个儿童专区，脚踏在上面会觉得十分柔软，由于铺设了特殊的材料，可以防止儿童摔倒或碰伤。一个四五岁的小男孩在一张水桌前，用力摇动一个圆盘，把水打出来，其他几个孩子围着那水桌，将黄色的卡片，分别卡在不同的地方，这样就在水桌上形成了不同的深水区和浅水区，孩子们在玩乐中体

验到机械装置的奇妙。

不远处的公园绿地上，一个女子手里牵着一堆白气球，每只气球下面都挂着一只白色的小纸船，路过的小姑娘向她讨了一只，牵在手里，兴高采烈地跟妈妈走了。我转身没走多远，听到周围有人轻轻地“呀”了一声，回头张望，那几十只白气球正腾空而起，在黄昏的碧空中越来越小。我想，气球在空中爆裂之后，那些小纸船会随风飘下，最后会落在纯碧的琉森湖上吗？

那是琉森诗句的白色句点。

皮拉图斯山上的星空，四周群峰闪耀

琉森被阿尔卑斯山脉的几座名峰环绕：皮拉图斯山（Pilatus）、瑞吉山（Rigi），马克·吐温曾在这里流连，英国画家J.M.W.特纳1842年创作了水彩画《蓝色瑞吉》。

皮拉图斯山位于琉森西南大约14公里的地方，即琉森湖的西岸，海拔2132米。它的名字来源于古罗马的总督本丢·皮拉图（Pontius Pilate），古时人们认为他的灵魂安息在此。

从琉森坐船大约1小时，来到阿尔纳斯特（Alpnachstad）码头。当地的一位朋友已在等候。可以看到一条高耸的铁路在陡峭的山崖间横穿。走进齿轨列车站，两列红色的齿轨列车正在迎候我们，在列车的车身上有“世界上最陡峭的齿轨列车，48%”的字样。进入列车，发现里面的座位是依次下降的，也就是后一排的座位比我这一排的座位要低，整个车厢是向上倾斜的，但每排座位又都是保持水平的。

我坐在司机的后面，可以清晰地看到他的操作。从车窗里向外望去，列车行驶在浓荫的山间，齿轨的构造也清晰可见，两条钢轨与一般的无异，但它的中间有一条带齿的钢轨，这样与列车上的齿轮列车咬合后，就可以在这样险峻的山间迅速地爬行了。

穿过一片林带，齿轨列车进入更高海拔的开阔地带，行驶速度很快，马上就可以看到前面的几辆在灰色的岩石间依次爬升。在路轨旁的草地上，一群奶牛正在斜坡上吃草，它们每一只的脖子上都带着精制的颈圈，颈圈下坠着一只牛铃，在山地的微风中“叮当叮当”作响。

抵达山顶。俯瞰群山，云蒸霞蔚，山脚下的村庄依稀可见。开阔的休闲区里，人们躺在躺椅上，盖着毯子，吃着小吃，喝着饮料，看着风景。时近中午，我们先用午餐，再进行山间徒步。在云顶餐厅里，我们选的是干烙奶酪（Raclette）。厨师在烤炉上放了许多块儿半圆形的奶酪，看哪块儿融化得差不多了，就将它装到盘子里，放上蒜头、酸黄瓜和土豆，再洒上些胡椒粉，一尝，味道相当香醇，把奶酪的醇厚和配菜的爽口微妙地结合起来了，再喝上一口 Vivella，更加惬意。Vivella 是从奶精提炼出来的饮品，味道类似淡啤酒。

在午后的山顶，徒步开始了。首先登上了皮拉图斯山的最高峰，透过一块金属指示牌，可以分辨出那些在阿尔卑斯山区的 73 座山峰，其中最有名的山峰包括少女峰、雪朗峰、艾格峰等，艾格峰是瑞士最难攀登的山峰之一。艾格峰北坡是欧洲三大北壁之一，也是世界技术型经典攀登路线之一，在不少登山者的心目中是神一般的存在。一部纪录片《阿尔卑斯：自然的巨人》（*The Alps: Climb of Your Life*, 2007）曾讲述了一个攀登者的故事。

我曾在上海举行的该片首映式上遇见片中主角约翰·哈林三世（John Harlin III），他分享了自己攀登艾格峰北坡的心得：“我以前总是自己一个人去登山，但现在我和家人一起出行，在他们的注目下攀登，因为我的身影再小，他们也能看得见我。”

1966 年，在约翰·哈里三世 9 岁的时候，他的父亲约翰·哈林二世（John Harlin II）在攀登艾格峰北坡时因绳索断裂不幸坠崖身亡，给他投下了巨大的心理阴影，直到近 40 年后，他终于战胜了自己的恐惧，沿着他父亲曾经攀过的线路，成功登上 3970 米的顶峰。所以，在每一座山里，都有着许多故事。只是有的被传诵，有的并不为更多的人所知晓。

沿着山顶的小路徒步，我的朋友从口袋里拿出一片面包，撕成碎片，放在手心里，平举着手臂，不过一会儿，一只黑色的阿尔卑斯鸽子（Alpendohlen）就飞过来，把面包叼走了。我也如法炮制，一只鸽子又飞来了，它在我的手心轻轻一啄，那种感觉十分奇妙。这种鸽子于1766年首次由卡尔·冯·林内（Carl von Linné，1707—1778，瑞典生物学家）发现，后人将其归在山乌鸦属中。

这些年，我曾在冰岛、新西兰、阿根廷和坦桑尼亚等10多个国家徒步，但皮拉图斯山的徒步线路设计还是有其特色：在所有的特色植物旁，岩石上都嵌上一块标牌，上面写着植物的学名和开花时间等信息，这样，徒步者一路上就可以学习到丰富的植物知识。在山壁上，还看到一块特别的墓碑，上面显示死者的去世时间是1944年。有这样的苍山为伴，灵魂应该是不寂寞的。

我又乘坐缆车来到Fräkmüntegg，这里有皮拉图斯山的两大运动项目。远远地，可以看见一个白衣女子身系安全带，手戴专用手套，在小心翼翼地走钢丝。这里是“吊索运动乐园”（Suspension Rope Park），线路从红到黑，代表不同的难度。以前我曾在法国玩过类似的项目。这个项目设立了14条吊索攀爬线路，那个白衣女子走完了钢丝，在扎上树上的连接点后稍微休息了一下，然后将两个环扣卡在一根钢丝

上，双脚一蹬，就从这足有400米长的钢索上向下滑去，一直滑到另一个山谷。

在山腰之上的陆地雪橇（Summer Toboggan）则是另一种体验。坐在陆地雪橇上，我将把手向前推去，整个雪橇就在金属滑道上向前冲去，为了减速，金属滑道每隔一米，就设有一个微微凸起的部分。滑道上设计了许多山洞，这也是滑行中最有趣的，快速地过山洞时，只听到风在耳边呼啸。整个滑道很长，但很快就能够滑完，大约10分钟。在终点，别出心裁地设计了一根拉杆，将陆地雪橇拖回起点，人坐在上面，只看见开满野花的原野在慢慢地向后退去。皮拉图斯的秀丽，连同那凉爽的风，也轻轻地刻在脑海深处。

晚间入住山顶的Hotel Pilatus-Kulm酒店，这座酒店始建于1890年，2010年翻新，餐厅以维多利亚女王的名字命名。相传，女王1868年曾在皮拉图斯山骑行；作曲家瓦格纳也曾是该酒店的贵宾。

晚上，满天星光，云漫星河，让我忆起芬兰女诗人伊迪丝·艾琳·索德格朗（Edith Irene Södergran，1892—1923）的诗句：

> 在每一个夜间的阿尔卑斯
> 农庄，那里的空气在祝福
> 在那天空就是忧郁的苔原
> ……
> 没有美，无人能生活片刻

全新景观路线，连接两个时代的载体

位于琉森湖北岸的瑞士交通博物馆（Verkehrshaus der Schweiz）是欧洲重要的交通博物馆之一。博物馆的外墙上，有由超过200个汽车车胎、火车轮盘、飞机螺旋桨和轮船推进桨等组成的巨大装置，内部分布着汽车馆、火车馆和飞机馆等。汽车馆高耸的外墙上挂满了各种交通指示牌，每块都有2米—3米宽，4米—5米长，蔚为壮观。

火车馆有一辆巨大的编号为2965的火车头，是最后的大型蒸汽机车头，这种机车头1900年首次诞生在奥地利，现在展示的这辆，从1916年一直使用到1964年，时速65公里。旁边有一匹马拉着一节奢华的车厢，苏黎世有轨车公司从1882年起运营这种马拉轨道车，共有20节车厢和82匹马，当时在瑞士，这样的铁轨有8.7公里长，设立了44个停靠点。

“红箭”（The Red Arrow）机车曾给瑞士联邦铁路带来革命性的飞跃，将时速从100公里提升到125公里，车头自重仅为33吨，同时，第一次为驾驶员设立了专门的隔间，像飞机上的驾驶舱，乘客可以透过玻璃看到列车前方的景色。博物馆展出的红箭车头，1936至1968年间行驶在瑞士的铁路上。展厅里还有一节古雅的运送巧克力爱好者的车厢，是湖绿色的，看上去清新可爱，从沃韦经蒙特勒（Montreux）到夏兰古堡（Chillon），这条探访牛奶场和巧克力作坊的参观线路，至今依然很热门。

上午11点30分，从琉森的码头搭轮船，前往弗吕伦（Flüelen）。起初，天色空蒙，船在宁静的湖面上缓缓而行，不时可以看到一些白帆在远处的山影之前，还有一些正在下网捕捞的渔民，每当遇到其他轮船驶近时，两艘船上的人都会相互致意。

浩瀚的琉森湖，长度30公里，最宽处为20公里，在每一个绿荫浓密的湖岸边，都会掩藏着一个小小的码头，远处看不见，靠近了才会发现，每一个码头的建筑都各有特色。在等候上船的人中间，不少是当地的居民，有的是推着自行车的年轻人，充满活力；有的是结伴而出的老夫妻，衣着精致。这样的航线，不仅仅是为旅行者开设的，它更多的是瑞士湖区的日常所需，我们因此而体验到那种淡然宁静的湖区生活。

我乘坐的是一艘怀旧风格的桨翼蒸汽机船（Paddle Steamer），一层的中央位置是轮机，用一个巨大的有机玻璃罩子罩住，3组巨大的曲轴看上去十分精致且马力强劲。在曲轴的对应位置，船的左右两舷各有一扇高1米的玻璃窗，只见一个巨大的红色物体在里面滚动，激起的水花打到玻璃上，这就是桨翼（Paddle），即轮船的推进器。在不同的速度下，这面玻璃窗里有着不同的效果。每当轮船停靠码头时，桨翼最终停止转动，此时可以看到叶片上面还滴着水。

午餐时分，在头等舱的餐厅里享用美食。头盘是蔬菜沙拉。主菜是咖喱菠萝鸡

块配米饭。一艘同样大小吨位的桨翼蒸汽机船从船的右舷驶过，在两条船的旅客彼此热情地挥舞手臂，相互招呼着。

船长库诺·施泰因（Kuno Stein）邀我进入驾驶室拍摄。他已经在琉森湖上跑了31年，曾经开过不少轮船。驾驶室的仪表盘显示的时速为24.3公里。轮船不大，也不太宽，但在驾驶室的两侧各有一个操纵台，延伸到船体的边缘。每次即将靠岸时，船长都会从驾驶室里走出来，到操纵台前目测距离，以控制轮船平缓而准确地靠岸，他们就是如此将操作严谨到了每一个细节。

这条航线是琉森湖的西北部到东南部。下午2点，轮船靠近目的地，湖边有许多帆板乘风破浪，不时在浪尖上腾越而起。轮船抵达弗吕伦，我站在码头上，再次端详着这艘船首刻着一条金龙的白色轮船，与船长告别，船长说：“这艘船很值得看吧？它可有 100 多年的历史！”语气中流露出低调的瑞士人难得的自豪之情。

我要在这里换乘圣哥达全景观快车（GoPEx，Gotthard Panorama Express）的火车部分，前往贝林佐纳（Bellinzona）。火车站距离码头很近，基本上连成一个整体。由于比较古旧，这里从 A 到 D 的站台不像其他车站的站台那样分别对应不同的轨道，而是在同一个长长的站台上，分成几个区域，便是不同的站台了。

这趟列车于 2017 年 4 月开通，取代原有的威廉·退尔快线（The Wilhelm Tell Express）。穿越旧圣哥达隧道，经过格申嫩（Goschenen）、阿罗洛（Airolo），最后抵达贝林佐纳。它接驳充满怀旧气息的轮船，从瑞士中部的琉森湖区到南部的卢加诺湖区，成为瑞士铁路新的组合方式。

出发不久，列车就进入了罗斯河谷。很快，经过了阿尔特多夫（Altdorf）小站。威廉·退尔（Wilhelm Tell）就居住在附近的村落中。他是瑞士历史传说中最为著名的民族英雄。13 世纪，乌里州一个叫盖斯勒（Gessler）的地方官吏飞扬跋扈，把自己的帽子挂在集市上，要求所有过路的人都要向帽子致敬，威廉·退尔因为拒绝这样做而被捕，盖斯勒把威廉·退尔的儿子抓来，命令威廉·退尔用箭去射 80 米外的儿子头顶的一只苹果，威廉·退尔沉着应战，一箭射中苹果。这个传说体现出早期瑞士人就拥有的自由、平等的精神。此前，这条铁路快线就是以威廉·退尔的名字来命名。

接着，列车到达艾斯特费尔德（Erstfeld）。这是旧圣哥达隧道（St.Gotthard）北部坡道的起点，列车在 28 公里的距离内要爬升 634 米的垂直高度，经过螺旋状的连续转弯后，进入 15 公里的旧圣哥达隧道。这条隧道几乎是笔直的，只有在南端有一点弯道。

驶出隧道后大约 10 分钟，列车抵达阿罗洛小站，此时我已经置身于提契诺州——阳光灿烂的瑞士意大利语区。隧道南部的出口处依然是弯道连连，整列火车像一条红色的巨龙，在山谷间灵活地穿越。

接下来，便是一条风景如画的线路。纪欧尼科小镇（Giornico）的景色在窗外掠过，在巴丝卡（Biasca）可以看到山崖上的瀑布。下午 3 点 54 分，到达提契诺州的

首府贝林佐纳。这座小城是圣哥达全景观快车的南部终点，位于阿尔卑斯山麓下、提契诺河东岸，面积 19 平方公里，人口 1.8 万，因 3 座城堡——卡斯特尔格兰德（Castelgrande）、蒙特贝罗（Montebello）和萨索·科巴洛（Corbaro Sasso）而著名。2000 年，这 3 座城堡连同整个城墙被列入《世界文化遗产名录》。

不可复制的甜蜜生活

一夜之后，继续搭乘列车南行，抵达卢加诺——瑞意边境的风情之城。卢加诺是瑞士提契诺州和意大利语区的中心城市，也是瑞士第三大金融和会展之城。

沿着金山（Collina d'Oro）山坡上一条僻静的道路，进入一个秀美的庭院，里面松柏高耸，一些现代雕塑点缀其中。前方那座红色的扇形建筑就是 Villa Principe Leopoldo 酒店，像是张开着的巨大羽翼。走近中央的玻璃大门，浑厚的阳光将我的影子投射在大堂的地板上，又将视线引导到建筑后的一片蓝天，那个瞬间让人有些迷醉。

回到酒店的大堂，乘电梯前往客房。房间很宽敞，推门而出，是一方露台，外面绿树成荫，鸟鸣声不断传来。

穿过大堂，看见一个巨大的半圆形露台，一对恋人相拥眺望着蔚蓝的卢加诺湖

（意大利语 Lago di Lugano，又名 Lago Ceresio）。这是瑞士和意大利的公有湖泊，地处马焦雷湖与科莫湖之间，面积 48.7 平方公里，湖面的海拔高度为 271 米，湖水最深处为 288 米。

漫步在卢加诺的这片高地之上，眺望周围的湖泊和群山，小城在黄昏的阳光下展示出丰富的层次：对面的湖岸陡峭险峻，湖面上泊着一些帆船，白色的桅杆掩映在碧树之间，一艘渡轮驶离岸边，远处的沙洲上依稀可见人们在晒日光浴。

我忆起一部影片《克莱采奏鸣曲》（*Quale Amore*），其中不少外景就拍摄于卢加诺湖畔。黄昏时分，沉郁的色调和深不可测的湖水，都在给这部影片最后悲剧性的结尾埋下伏笔。

一位名叫安德烈的银行家身出名门，在街头音乐会上，他与美女钢琴家安东尼娅一见钟情，俩人很快就结婚，3 个孩子相继出生。之后，两人之间的裂痕渐显，安东尼娅经常与一位男小提琴手交往，合作演奏贝多芬的《克莱采奏鸣曲》，慢慢地，安德烈妒火中烧，产生幻觉，奏鸣曲成了推波助澜的导火索。终于在某一天深夜，他在疑似捉奸成功后，刺杀了妻子。

心若沉浮，爱即离境。艳寂，晚倦，归离。每个人都被深嵌在世界之中，没有人可以只做一个旁观者：他人所经受的，我必经受。谁又没有一些尖利的让记忆疼痛的往事呢？

“对女人而言，镜子和磅秤取代了祭坛和跪凳”——法国社会学家皮埃尔·布迪厄（Pierre Bourdieu，1930—2002）曾写下这样一句话。在这个时代，全球的女性都在不同程度上获得了自由，但在感情上所遭受的困扰，也许不比以往任何一个时代更少。画眉深浅处，谁道流年暗换？

与此同时，如果说安德烈是因为强烈的无法自发的妒意而杀妻的话，那现实中一些可怜的丈夫面对着处心积虑地去出轨的妻子，又该如何应对？

对于自我拯救，宽恕是足够的吗？

或许答案在湖水中。

记得 10 年前来到这里时，我曾沿着安静的小道，从高地从容而下。在山壁上我发现了幅广告招贴画。在长满了青苔的山壁上，那幅画有古典自行车加上燕尾服男人的招贴上的一行文字：“Bici d'Epoca Esposizione”（曝光复古自行车），令山壁既古

典又自然。小道上浓荫密布，清风拂面。

半山腰上，一座教堂赫然矗立。这就是圣洛伦佐教堂（Cattedrale di San Lorenzo）。教堂最初是罗马风格，14 世纪扩建，17 世纪时维修，因正立面上文艺复兴时期的壁画而闻名。黄昏的教堂里十分安静，椅子的靠背上整齐地放着圣经，白色的书页在教堂幽暗的光线下仿佛白色的指示牌，引导人们轻步前行。

在教堂前的平台上，暖光只照到一小半的大理石栏杆，绿色植物爬满了栏杆的空隙，四周保留着大量的意大利伦巴底风格的古旧建筑，让人尽享意大利式的“甜蜜生活”（La Dolce Vita），那是由自然环境、古旧建筑、安静社区和漫长的岁月共同组成的无法复制的生活方式。古老的建筑物上残存着一种华美的、颓而不废的、古雅如新的独特气质，只有身临其境才能完全体会。人们可以在一个瞬间准确地知道：“哦，这就是瑞士的意大利区格调”。1946 年，诺贝尔文学奖获得者赫尔曼·黑塞曾这样写道：“这里日照强烈，温暖，群山看上去颜色更红。栗子、葡萄、杏仁、无花果盛开，居民友善而好客……”

沿着台阶而下，不远处，一个黑衣女子牵着一条狗，走到一个洗水池边，狗想要跳进去，女子本想阻止它，但那狗狗似乎很执拗，立刻窜进水池，打了个滚儿，眼睛无辜地看着主人。水池边的石壁十分古雅，材料简单且有着明显的年代感，在水池上面还挂着一幅宗教画。

黄昏时分，顺着小路漫行。两旁皆是各种特色小店。这里的建筑物往往是在二楼做一个天台，栽种上一些植物，在一楼临街处就开了小店。橱窗里展示着简单风格的女装，还放着些陶瓷工艺品：公鸡的造型，湖蓝色釉面，圆浑的体态，红冠黄嘴，使得这样的橱窗有了更多的地域色彩。旁边是一家泳装店，穿豹纹比基尼的塑胶模特在橱窗里起舞……

走到缆车的下行站，就到了老城区，这是一个平坦的区域。这里有不少出售食物的商店，好儿家在回廊下悬挂着几十条腊肠，它们产自米兰，长约 1 米，直径 15 厘米—20 厘米，应该是世界上最粗壮的腊肠了。这种腊肠通常采用牛肉或猪肉灌制，经发酵和风干而成。

漫步于老城区，朝湖畔的方向走，便进入了卢加诺的名店街——Via Nassa，随后是遍布餐厅和咖啡厅的利弗马广场（Piazza della Riforma），也是当地最时尚的区域。傍晚时分，一辆老式汽车慢慢驶来，停在广场的边上。一家 4 口人，其中一个小姑娘牵着一只吉娃娃。我与他们闲聊几句，他们是本地人，常到这里用晚餐。那

位太太问我从哪里来？

“Shanghai.”

“Oh！ Shanghai！ Amazing city！”他们露出一丝惊喜的神色，显然对这座东方都城是神往的。

在利弗马广场上，有一座古雅的4层建筑，底层的Restaurant Olimpia餐厅是卢加诺颇有名气的餐厅，始建于1845年，环境和美食都令人舒心。我一边品尝美食，一边欣赏着深碧天空的湖景。那天的头盘是制成饼状的海鲜，下面用一片番茄切片垫底，红色和翠绿相配，本身就是一件艺术品。主菜是牛排，五分熟，鲜嫩可口。

用完晚餐，坐在广场的棕榈树旁，望着深蓝的夜空，享受安静的时光。又遇到了那一家子。那只吉娃娃看来是累了，已不愿意自己走路了，女主人只好让它跳入专用的袋子中，把它抱在怀里。

10年之后的现在。晚上8点，回酒店吃晚餐。主菜点的是小牛肉配羊肚菌和炖酥的豌豆，搭配产于提契诺州门德里西奥（Mendrisio）的Syrah Valsangiacomo 2012，这款西拉红葡萄酒的酒体成熟而奔放，入口丝滑，适于搭配红肉。

当餐厅里的招牌甜点——6款精美甜点（6 Sweet Delicacies）端上来时，让人心生暗喜。甜点由草莓酸奶布丁、香草冰激凌、绿茶冰激凌、覆盆子慕斯和慢火煮过后冷却的糖渍水果等6味组成，甜美极了。

夜深了，站在房间的窗口望出去，湖畔山麓上的民居灯光闪烁，星星点点，小城如此安详。

次日清晨，从卢加诺乘坐火车南下，20多分钟后就来到了门德里西奥，这里是瑞士梅洛红葡萄酒的主要产区。Cantina Sociale Mendrisio酒庄是提契诺州主要的葡萄酒企业，创建于1949年，主产梅洛红葡萄酒，供应瑞士、德国和意大利市场，目前也在放眼于远东市场。

年轻的CEO雷默（Remo）驱车带我前往Tenuta Montalbano葡萄园，他一路上接了好几个电话。我注意到，他用的是一款中国品牌的手机，他说质量相当不错，瑞士有不少人都在关注中国手机。雷默曾多次造访中国，对中国的国情十分了解，比如他知道现在不少中国人出门很少携带现金，购物消费靠移动支付就能轻松解决。雷默身上体现出新一代瑞士人对中国的持续热情，文化的相互追随性或由此

产生。

这片葡萄园面积 20 公顷，自 1962 年开始运营，是瑞士的特色葡萄园之一。我们闲坐在棚架下，品着几款梅洛红葡萄酒，酒体呈紫色，散发着浓郁的果香，入口柔顺，单宁含量低，收结绵长，搭配奶酪片和萨拉米，浅酌慢品，心境悠然。

下午时分，我来到卢加诺的一处码头，前往瑞士海关博物馆（Swiss Customs Museum）。该博物馆也叫"瑞士走私博物馆"。渡轮行驶在深碧的卢加诺湖上。20 分钟后，到达坎廷·迪·甘德里亚（Cantine di Gandria）湖岸，一座深黄色的 4 层小楼掩映在植被茂密的小山前。此地只能通过水路抵达。

这里曾经是毗邻意大利边境的瑞士海关检查站，也是瑞士边防军使用过的军营，建于 1835 年，一直沿用到 1921 年，在 1935 年改为博物馆。当时，由于瑞士的关税高，加上边境管控的难度较大，香烟、肉类和酒类都特别有利可图，昔日贫穷的甘德里亚（Gandria）地区成了一条臭名昭著的走私通道。

在博物馆中，通过蜡像、日记、旧时硬币和一些测量仪器，来展示昔日海关人员的工作状态。有一张黑白照片，画面是当时截获的一艘特制的小型潜艇，里面装满了1吨重的意大利腊肠。展厅中，通过录像和照片，展示了现代边境的监视系统，比如红外夜视仪和查验伪造证件的设备，当代的走私物品则更多地集中在毒品、贵金属、珍稀物种和野生动物制品上。

这座小型博物馆像是一颗“时间胶囊”，供人阅读湖畔的另一种历史。

Chapter Ⅲ

Retrospect and Recollection: Looking for the Third Bank of the Rivers

欧洲长河的“第三岸”

29 天的时间，我分两次搭乘 3 艘河轮，沿莱茵河、美茵河、多瑙河和萨瓦河逆流而上，又顺流而下。两岸切换着荷兰、德国、法国、奥地利、斯洛伐克、匈牙利、克罗地亚、塞尔维亚和波黑的风貌。

3100 多公里的航程中，我一直试图寻找这些厚重长河的“第三岸”，那是由坚硬的历史、柔软的诗歌和氤氲的传说组成的时光之岸，它们在一代又一代漫游者记忆的洪流中不断浮现。

溯水思源，四大文明古国的诞生与各自拥有的浩大河流均密不可分。河流不仅推动了人类文明的演进，也见证了各民族抵御侵略、争取独立的历程。在当代，注重环境保护，尤其是重视河流等水资源保护的国家，必然也拥有了可持续发展的自然原动力。

The Rhine Lento

From Amsterdam to Strasbourg

莱茵河的呢喃：

从阿姆斯特丹到斯特拉斯堡

再临莱茵河。

多年前，我作为特邀摄影师，来到莱茵河畔的杜塞尔多夫拍摄时装节。杜塞尔多夫是诗人海涅的故乡。

阔别如此之久后，我搭乘河轮，重新抵达这里。这段不算短暂的时光，恰好是我人生最重要的一段时光。河轮向前，这座曾经熟悉的城市缓缓移远，只有舷窗外强劲的风，在这静谧的清晨呼啸着，似乎述说着生命的激情与渴望。

从阿姆斯特丹到科隆，风中的记忆之城

夜游阿姆斯特丹运河

天色很阴。一阵大雨过后，阿姆斯特丹中央车站北侧的堤岸上，人流又多了起来。在岸边停留着一长串的河船和许多大巴。我在大巴旁遇到一位荷兰导游，跟他闲聊几句，他说河轮是一个巨大的市场，欧洲每年大约有 5000 个河轮航次。我问他可以预订一下河轮的泊位吗？他打开一款 APP，输入预定的“*MS Gérard Schmitter*”，很快地显示出来了，十分精准。

在堤岸旁走了大约 10 分钟，我来到这艘“*MS Gérard Schmitter*”河轮前。这艘河

轮是 5 锚等级（5 Anchors Class）、3 层甲板的河轮，是泛欧游轮（Croisi Europe）的旗舰船，主要行走莱茵河航线。

走进船舱，便是一个圆形的公共空间，四周布置着以花卉为主题的油画作品，上方悬挂着造型特别的金色伞形灯具。

在接待处办理入住手续，工作人员带着我登上旋梯，走到上层甲板（Upper Deck）。走廊的开始处就是 374 客舱，这间舱房位于邮轮右舷（Starboard side），墙面上挂着风景题材的油画，两张单人床合并起来，紫色花纹的床罩和靠垫将人带到了一个色彩斑斓的世界。在床上放着折叠得整整齐齐的浴袍，上面放着两块心形巧克力。房间内除了衣橱、书桌之外，还配置着保险箱和 42 英寸的液晶彩电。舱房设计了法式阳台，有着两扇大玻璃窗。

步入卫生间，里面的淋浴间和吹风机等一应俱全，还配备了地板加热器。留意了一下洗浴露，洗发香波采用芦荟提取物，含有柔发成分，沐浴露则采用瓜拉那萃取物（Guarana Extract，产于南美洲的藤本植物，其提神作用源于它所含的咖啡因），含有醒肤活力成分。

晚上 7 点，宾客们来到位于中层甲板（Middle Deck）前侧的 Lounge Bar，中央有一块舞池。河轮上的 Lounge Bar 集沙龙、酒廊、舞池和舞台于一体，是船上重要的公共社交空间。在这里，举行了一个鸡尾酒欢迎仪式，船长和主要船员们与大家一一见面，大家相互寒暄着，开始了在这艘河轮上 7 天 6 夜的生活。

晚上 7 点 30 分，移步到中层甲板后侧的餐厅。看到走廊上挂着不少由泛欧游轮创始人热拉尔·施密特（Gérard Schmitter）绘制的花卉题材的小型油画，这种艺术气息也贯穿在整条河轮的设计之中。

进入餐厅，与舱房一样，也是紫色色调为主的设计，典雅而舒适。头盘是辣味鸭肉冻糜（Duck Pepper Terrine），这是将鸭肉炖制后冷冻，然后切成一块块；主菜是地中海鸡肉面条，甜点是樱桃果酱蛋糕。玉盘珍馐，在这艘河轮上的美食，就这样拉开了序幕。

泛欧游轮 1976 年成立于法国斯特拉斯堡，目前该公司拥有河轮 50 多艘，在欧洲、非洲、亚洲、北美洲等地开辟了十分丰富的航线。泛欧游轮重视船上的餐饮制作环节，曾与“厨神”保罗·博古斯（Paul Bocuse，1926—2018）和马克·海伯林

（Marc Haeberlin，1954—）共同设计菜单。2002 年我在里昂，曾在保罗 · 博古斯的米其林三星级餐厅品尝美馔，并为他做了一次专访。他赠送了一套自家定制的银质茶匙给我。那套茶匙一共 6 把，装在一个精致的橡木盒子中。

如今，这位法餐泰斗已去，而我现在可以在河轮上，追忆他设计的佳肴，体验着法餐的精致和质朴。马克 · 海伯林则不断对法餐进行创新，进行“混搭”，比如，他将阿尔巴松露、龙虾与阿尔萨斯地区的地方菜式结合起来。我在之后所搭乘的这一系列河轮上，发现其餐厅都保持着比较高的水准，可以被视为高质量的水上法式餐厅。

晚上 9 点，离开河轮，前往阿姆斯特丹中央车站南侧的码头。马路上辟出了专门的自行车道，不时有人高马大的荷兰人骑着自行车一闪而过，所以，这里过马路时要十分小心自行车。这是一个名副其实的自行车王国。

阿姆斯特丹起源于 12 世纪末的一个小渔村，在 17 世纪荷兰的“黄金时代”，成为世界上最重要的港口之一，当时也是金融和钻石中心。目前面积为 219 平方公里，人口 85 万，是荷兰人口最多的城市。

我们在附近码头搭乘观光船，体验阿姆斯特丹的“运河环游”（The Canal Ring），开启了这次漫长的欧洲水之旅程。

这种观光船有着玻璃的顶棚，沿着运河向东行驶。游船的广播中介绍起运河的情况：阿姆斯特丹共有 165 条运河，总长度 50 公里。在这些运河建造之前，该地区大部分是沼泽地，交通十分不便。最靠近老城中心的辛格运河（Singel）15 世纪就已存在，是当时刚刚开始扩展的阿姆斯特丹的护城河，这条运河从现在的中央车站附近一直延伸到蒙特普林广场。

16 世纪末，一批贵族投入大量资金，开发更多的运河，按照地貌特点，设计出呈同心圆弧状的布局，沼泽地排干水分，成为被运河环绕的岛屿，水道变为交通网络、灌溉系统和城市军事防御体系的一部分。

2010 年，“阿姆斯特丹 17 世纪运河环区”被列入《世界文化遗产名录》。入选理由是：“阿姆斯特丹运河区的历史城市组合，是 16 世纪末 17 世纪初建造的一个新的‘港口城市’项目……通过沼泽地排水，使用同心圆弧形的运河系统和填充中间空间来扩展城市。这是当时最大、最同质的城市延伸区。它作为大规模城镇规划的典

范，直到 19 世纪才成为世界各地的参考。”

观光船驶入 Zwanenburgwal，它曾被当地报纸评选为阿姆斯特丹最美丽的街道之一，画家伦勃朗（Rembrandt van Rijn，1606—1669）和哲学家斯宾诺莎（Baruch de Spinoza，1632—1677）曾在此沿河而居，这段运河也被称为“染料运河”（Verversgracht），早年间，这一带有不少染料作坊，染好的纺织品就挂在河边晾晒。

海伦运河（Herengracht，也称“贵族运河”或“上议院运河”），是阿姆斯特丹市中心的 3 条主要运河之一，南段的“黄金湾”坐落着许多豪宅，每一栋都有数十个房间，带有花园和马车屋。当年彼得大帝第二次访问阿姆斯特丹时，就住在其中的 527 号。

阿姆斯特丹的运河上现有 1281 座桥，马格雷吊桥（Magere Brug）是其中为数不多的木结构吊桥之一，横跨在克斯特拉特河（Kerkstraat）两岸，有两个高耸的木架子。这里的第一座大桥建于 1691 年，有 13 座拱门，由于桥面非常狭窄，当地人称之为“Magere Brug”，荷兰语的字面意思是“瘦桥”。1871 年，这座桥因破旧而被拆除，重建了一座 9 拱木桥，使用了 50 年，到了 1934 年，这座 9 拱木桥也被拆掉。皮耶特·克莱默（Piet Kramer）重新设计了目前的这款木桥，该桥在 1969 年进行了重大翻修。这座桥曾被多部电影作为外景地，其中包括 1971 年詹姆斯·邦德的电影《钻石永远》（*Diamonds Are Forever*）。

观光船穿过有着 3 个半圆形桥洞的小桥，进入皇帝运河（Keizersgracht），这是阿姆斯特丹市中心 3 条主要运河中的第二条和最宽的运河。美国政治家约翰·亚当斯（John Adams，1735—1826）住过 529 号的大宅；考古学家海因里希·施里曼（Heinrich Schliemann，1822—1890，特洛伊遗址的发现者）在 71 号工作了近 3 年的时间。

王子运河（Prinsengracht），这是第三条也是其中最长的一条运河，沿线的大部分运河房屋都是在荷兰的黄金时代建造的，其中包括不少著名建筑，如阿姆斯特丹最高的教堂“西教堂”（Westerkerk，教堂的尖塔高 85 米）。

阿姆斯特丹的运河周边散布着大约 2500 间船屋，有固定的人家居住，屋中陈设与岸上的房屋相似，有各式家具，也有厨房和卫生间，售价一般 28 万欧元起。

观光船驶近 Brouwersgracht，这是阿姆斯特丹运河带的北部边界，运河上曾停泊着从亚洲运来香料和丝绸的船只，还设有仓库，荷兰东印度公司的一些职员也住在这里。如今，这些仓库已经变成阿姆斯特丹最昂贵的公寓。

导游插播了一个冷知识，问我们，阿姆斯特丹运河里的水是海水还是淡水？

答案是，运河中既有海水，也有淡水。海水通过连接阿姆斯特丹与北海的运河而涌入，而淡水则从来源于阿姆斯特丹－莱茵河运河。

阿姆斯特丹的运河一般深度在 2 米—3 米之间，水位相对固定。我想起了当地人的一句戏言："阿姆斯特丹的运河有 3 米深，其中有 1 米深的水，1 米深的淤泥和 1 米高的自行车。"据说，有个别人喝醉了酒，可能会将其他人的自行车扔到运河中。

水光流影，宁静如镜。观光船渐渐抵达终点。

回到河轮。夜泊阿姆斯特丹。

郁金香和诗意河流的开端

次日清晨，早餐之后驱车西行，来到阿姆斯特丹市郊外的斯隆（Sloten）小镇，这是阿姆斯特丹最古老的一部分。我们参观德雷克（De Rieker）风车，这是阿姆斯特丹南部的 8 座风车之一。它最早建于 1636 年，抽水供附近的牧场使用，后来被拆除。现在的这座风车建于 1961 年。附近竖立着一尊伦勃朗雕像，当年画家就常在这片河岸上汲取灵感。

然后我们去一家钻石加工厂，了解钻石切割的一些知识。中午返回河轮，下午 3 点前往肯普霍夫公园（Keukenhof Park，荷兰语意为"厨房花园"），它是世界上最大的花卉种植园之一，面积为 32 公顷，位于阿姆斯特丹西南方向的利瑟（Lisse）。

进入大门之后，游人如织。然而更多的则是散布在公园各处的郁金香，在细雨中绽放。每年，在该公园将种植约 700 万株花卉球茎（大约有 800 种郁金香）。15 世纪时，这里是一块狩猎地，由于附近城堡的伯爵夫人杰奎琳（Jacqueline）在此收集水果和蔬菜，因而获得了"厨房花园"之名。后来，伯爵夫人去世，富有的商人接管了土地。到了 19 世纪，范帕朗特男爵指派景观设计师扬·大卫·佐彻（Jan David Zocher）和他的儿子一起设计城堡周围的庄园，他们按照英国花园的景观风格来进行设计。1949 年，20 家花卉种植者利用该庄园展示新的郁金香杂交品种，标志着肯普霍夫作为春季花卉公园的诞生。1950 年起开始向公众开放。

雨越下越大，在雨中观赏郁金香、风信子、水仙花、兰花、玫瑰、康乃馨、鸢尾花和百合花，有一种奇妙的感觉，整个人都被色彩和花香所覆盖。

晚上 8 点享用晚餐，头盘是烟熏三文鱼配白奶酪，主菜是香菇烤小牛肉配上西芹土豆，十分美味，配上 Saint-Anian Grande Reserve Carignan-Merlot 葡萄酒，然后是一碟 Montboissier Rough 奶酪。我留意了一下，船上采用的是 Degrene 餐具。酒类基本都是免费的。最后端上来的是橘子黄油薄卷饼（Crêpes Suzette）。

这种薄卷饼是一款法式甜点，配有苏塞特啤酒、焦糖、黄油、橘子汁制成的调味汁，最后添加利口酒，有时会在现场点燃，即有一个“Flambée”的过程。

关于这款甜点的起源有多种传说，其中一种说法是，在 1895 年，14 岁的助理服务生亨利·夏尔彭蒂（Henri Charpentier）在巴黎蒙地卡罗咖啡馆的一次误操作中发明出来的。当时，他正在为威尔士亲王（Prince of Wales，1841—1910，即后来的爱德华七世国王）和一位名叫苏赛特（Suzette）的法国美女准备甜点。当亨利烹制这份

甜点时，锅子突然着火了，他以为酱汁被毁了，可亲王还在等着。他没有时间重新再做一份，只好硬着头皮尝了一下酱汁，味道却出人意料地美味。他想，可能是火焰把甜点中各种配方的味道浓缩起来了。于是，他将甜点端上桌子。亲王用叉子吃完薄煎饼后，还用勺子刮光了剩下的糖浆。

威尔士亲王觉得意犹未尽，他问亨利这款甜点叫什么名字，亨利随口告诉他叫“公主薄卷饼”。亲王觉得他陪着一位女士在用餐，这样的名称似乎不妥。苏赛特也觉得有所被冒犯，她站起来，用手拉起裙子，让亨利屈膝致礼。亲王问亨利，“你愿意把公主换成苏赛特公主吗？”亨利连连点头称是。就这样，这款甜点诞生了。第二天，亨利收到了亲王送来的大礼包，其中包括一枚戒指、一根手杖和一顶巴拿马帽子。

晚上 11 点，邮轮启航。一夜平静的航行之后，第三天早晨抵达奈梅亨（Nijmegen），它是荷兰最古老的城市，有 2000 多年的历史。我们前往与奈梅亨相距不远的阿纳姆（Arnhem），当地的“露天博物馆”（Openlucht Museum）聚集着几十间

农舍，全方位展现荷兰传统的农村生活和点染等特色工艺。

午后，邮轮启航，驶向德国的克雷菲尔德（Krefeld）。午餐的主菜是阿尔萨斯风格的咸肉泡菜（Alsatian Style Choucroute），分量十足，这是一道阿尔萨斯佳肴，盛放着三大块咸肉、两根斯特拉斯堡香肠、泡菜和土豆。咸肉泡菜原是德国和东欧的传统菜，1648 年法国夺回阿尔萨斯和洛林之后，经过法国厨师的改良，成为法餐中的一道名菜。这 3 块咸肉腌的时间不长，微咸略鲜，肥瘦相间，入口美味，是那种法国阿尔萨斯美食的特色，再不时浅酌一口 La Jasse Neuve 白葡萄酒，这酒产于法国朗格多克，有着比较好的平衡感。

然后，服务生送上了一碟 Munster au Cumin，这是一种软式奶酪，产于阿尔萨斯的巴斯林（Bas-Rhin），黏糯可口；甜点是柠檬派。

午后，我就在舱房内阅读。天气阴晴不定，透过房间的大窗向外望，河轮距离岸边只有二三十米。静寂的河岸上青葱连绵，偶尔会看到一位白发之人拄着拐杖，映现在高高的芦苇丛之中。打开窗户，莱茵河水，就在四五米的船舷下流动，传来清晰的水声。

舱房里播放着长笛乐音。这是一个诗意河流的开端。

下午 5 点 50 分，经过韦塞尔路桥（Straßenbrücke Wesel），房间内电视显示着的船舶位置和行进速度：北纬 51°38' 41"，东经 6°36' 16"，时速 14.5 公里。下午 5 点 45 分，从舱房望出去，一座褐色的断桥残存在青青的大地上。广播中传来解说，这座桥在“二战”中被炸毁。而在它前方的不远处，一座现代化的斜拉桥正跨越而过。历史在这一刻凝固了。

阅读毕，休息片刻，走出舱房下了旋梯，几步就到了酒吧，点上一杯橙汁和一碟小点心。这些全部都是含在船费里的，一价全包的便利不言而喻。

晚上 7 点晚餐，头盘是奶油鲱鱼沙拉，主菜呈上的是鹿肉（Venison）配蔓越莓、土豆泥，炖卷心菜和苹果，鹿肉绝对是最干净和最利于健身的肉类之一，有着特别的香味，价格也比较昂贵，作为顶级晚宴的配置而深受食客的喜爱，制作前需要至少 4 个小时的腌制时间，这样才能充分入味。这些鹿肉四周是褐色的，中间是红色的，很鲜嫩，配上 Saint-Anian Grande Reserve Carignan-Merlot 红葡萄酒，十分搭调。

一位服务生给邻桌的客人上菜介绍时，可能是不会说英语的“鹿肉”（Venison）

这个单词，而说了一个“Bambi”，令人忍俊不禁。《小鹿斑比》（*Bambi*）是一部1942年上映的迪斯尼动画片，片中的这只小鹿历经艰难的过程，最后成为鹿群中的新领袖，展现了动物世界的纯真年代。

晚上10点40分，河轮在克雷费尔德的乌丁根（Uerdingen）小镇停留。夜泊莱茵河畔。

从杜塞尔多夫到科隆

第四天。早晨7点河轮启航，继续向南行驶。7点50分，河轮顺着蜿蜒的莱茵河逆流而上，远远地望见了杜塞尔多夫的大桥和莱茵通讯塔（Rheinturm），此塔高234米，上有旋转餐厅和观景台。莱茵河的左岸上（在欧洲，河流的左右岸是这样区分的：面对河流的入海口，右手边为右岸，左手边为左岸，此段莱茵河的左岸亦即西岸），不时可以看到有人晨跑，还有人牵着狗在散步。在一个河畔的半岛上，两个中年男人坐在那里垂钓。

透过400 mm的长焦镜头，可以瞥见他们在交谈。此时，船舱的喇叭里传来法国作曲家埃里克·萨蒂（Erik Satie，1866—1925）的《吉诺佩蒂1号》（*Gymnopédie No.1*，又被译为《裸体歌舞》）。萨蒂在1888年在阅读福楼拜的小说《萨朗波》（*Salammbô*）时，获得灵感，从而创作了该曲，曲名原指古希腊斯巴达的裸体男子跳的一种富有仪式感的舞蹈。

令人沉思而带有几丝神秘感的旋律，被称为“带有呼吸和心跳的清音”。那乐音和眼前青葱如画的河岸是多么的契合啊!

午餐时分，先上来一道阿尔萨斯风格沙拉，头盘是勃艮第风格牛肉，主餐是面条和胡萝卜，甜点是牛轧糖冰激凌，都比较有特色。每天在船上留意各种佳肴，是可以从流派和区域上来体悟各地美食精髓的。

下午2点，抵达科隆（Köln）。远远地就看到了科隆大教堂的两个尖顶。科隆横跨莱茵河两岸，是德国北—威州最大的城市，面积405平方公里，人口107万，是莱茵河上最大的城市，也是德国人口第四多的城市（仅次于柏林、汉堡和慕尼黑）。科隆大学是欧洲历史最悠久和规模最大的大学之一。

河轮停泊在莱茵河左岸。靠岸后，我们沿着河边的长堤走向大教堂。岸边的小广场上，一个男子在玩肥皂泡游戏，不时地幻化出巨大的泡泡，几个孩子跑前跑后地触碰肥皂泡。南侧广场上有个男人在一架白色的钢琴上弹奏，旁边还有一位吹着小号，乐音高亢，和大教堂挺拔的气质很吻合。

我们从西侧大门步入科隆大教堂，里面人流涌动。科隆大教堂是一个哥特式大教堂，长 144.5 米，外塔高 157.22 米，是目前最高的双尖顶教堂。教堂内设立 5 个通道，内殿高 43.58 米。科隆大教堂 1248 年开始修建，1880 年才最终完成，

科隆大教堂的设计是以法国亚眠大教堂的设计为基础的，在建筑平面、风格和高度比例上都较相似，采用了拉丁十字形状，以有助于支撑世界上最高的哥特式拱顶。

参观教堂。这座教堂有多扇 19 世纪的彩色玻璃窗。位于南侧的 5 座建筑名为“贝恩芬斯特”（Bayernfenster），是巴伐利亚路德维希一世（Ludwig I）的赠礼，体现着当时德国的设计风格。

走到教堂的深处，有一座铁质护栏围起来的“三王神殿”，高踞在离地大约 2 米的地方。这座圣殿是一个镀金装饰的三重木棺，放置在科隆大教堂祭坛的后方。它是教堂中最著名的藏品，也是西方宗教世界最大的遗物，里面放置着 3 位宗教智者

的遗骸。

这些遗骸被称为“魔法师的遗物”（Relics of the Magi），最初放置在君士坦丁堡，后来被君士坦丁皇帝托付给主教尤斯托吉乌斯一世（Eustorgius I），主教乘坐牛车将遗骸带到了米兰，1164年，神圣罗马皇帝弗雷德里克·巴尔巴罗萨（Frederick Barbarossa）征服米兰，将遗骸从米兰圣尤斯托吉奥教堂带走，送给了科隆大主教。

1190年，凡尔登的金匠尼古拉斯（Nicholas）受科隆大主教委托，开始创作“三王神殿”，大约在1225年完成，整个木棺长220厘米，宽110厘米，高153厘米，用白色丝绸将遗骸包裹起来，然后送回木棺内。木棺四周的浮雕表现了先知、使徒和基督等形象，以金银和1000多件珠宝装饰。目前以玻璃罩进行严格的保护。这座神殿1864年对外开放，里面的遗物经过8个世纪的辗转后，源源不断地将朝圣者吸引到科隆大教堂。

出了教堂，沿着老城区的霍耶赫街（Hohe Straße）散步，这条步行街上有不少商店和咖啡厅，我选了一间小酒馆，点了Kölsch淡啤酒，这款啤酒在科隆的酿造历史已经超过百年。

下午4点30分回到船上。河轮继续向南行进。晚上7点开始享用晚餐。头盘是森林牛肉，主菜是油焖鸭腿，配上玉米炸薯条、布鲁塞尔芽菜和培根，肥硕而结实的整个一只鸭腿肉，十分鲜美。然后，奉上一碟蓝纹奶酪（Bleu Cheese），最后的甜点是冰咖啡香草冰激凌（Supreme Liégeois Vanilla Cream）。

“Café Liégeois”最初在法国被称为“维也纳咖啡”（Café Viennois）。在第一次世界大战期间，列日战役（Battle of Liège）的持续时间远远超过德国军队的预期，导致1914年德国对法国的进攻推迟，使法国军队得以更好地重组，列日市还遭到德国的盟友奥地利的炮火袭击，为了向列日市的抵抗表示敬意，巴黎的咖啡馆开始将这款甜品改名为“列日咖啡”（Café Liégeois）。

晚间，河轮夜泊在柯尼希斯温特（Königswinter）小镇。它位于莱茵河右岸，这里距离波恩10公里，在夏季是一个避暑胜地，十分安静。我和几位船友大约走了2公里，来到小镇的中心，发现一家Pub，白色块面与黑色木条相间的尖顶建筑，高处的木梁上标有“1693”的字样，进去后点上一杯饮品，与几个当地人闲聊片刻，彼此也感觉融洽。

穿越莱茵峡谷，来到斯特拉斯堡

莱茵河峡谷的呢喃

第五天清晨。早餐之后，不少乘客就在顶层甲板上等待进入莱茵河峡谷。气温很低，我将此次带的厚衣服和围巾全部都武装上了。

整个峡谷比想象的要宽一些。莱茵河是中欧和西欧第二长的河流（仅次于多瑙河），全长 1230 公里。它起始于瑞士东南部的阿尔卑斯山麓，流经瑞士—列支敦士登边境、瑞士—奥地利边境、法德边界、然后流经德国和荷兰，最后注入北海。流域面积 18.5 万平方公里

在古代，莱茵河和多瑙河构成罗马帝国北部内陆边界的大部分，自那时起，莱茵河就一直是重要的通航水道。莱茵河作为西欧陆南北之间的纽带，促进贸易和文化交流，进而导致建立定居点。德国民间史诗《尼白龙根之歌》（*Nibelungenlied*），将这条“命运之河”写入诗行之中。

莱茵河中下游的主要景观是矗立山顶的 40 座城堡和堡垒，持续了大约 1000 年。17 世纪的战争使得其中的部分成为废墟和遗迹，到了 19 世纪，又引发了对它的关注，并强烈地吸引了浪漫主义运动，这反过来又影响了许多城堡在此间重建。

早晨 8 点多，在左侧的山崖上，马尔克斯堡（Marksburg）映入眼帘。该城堡由当地的爱泼斯坦家族建于 1117 年，旨在保护该镇并加强海关设施。到了 1283 年后，城堡曾两度易手，并在城堡中增加了炮兵。19 世纪时，拿破仑夺取了城堡，这座城堡被用作监狱，也是残废士兵的疗养所。在 1900 年，它以 1000 枚金马克的象征性价格，被卖给了德国城堡协会。从 1931 年起，马尔克斯堡就一直是这个组织的总部。历史上，在附近的山丘中曾建有 40 个山丘城堡，但只有这个斯堡城堡从未被摧毁过。

9 点 45 分，右侧的山顶上出现了莱茵岩堡（Burg Rheinfels）。它是位于 Sankt Goar 小镇附近的城堡废墟。莱茵岩堡由戴瑟五世伯爵（Diether V）建于 1245 年，用

来对过往船只征税，即所谓的“Zollburg”。历史上，这座城堡的面积大约是现在的5倍，是在科布伦茨和梅因茨之间的莱茵河中部最大的堡垒。内部设有面包房、药房、啤酒厂、水井和牲畜饲养场。日常有数百人居住，后来，城堡在法国大革命时期被损毁。

这座城堡内，一座黑塞—达姆施塔特（Hesse-Darmstadt）建筑物的遗址矗立在山间，空阔地映照着后面的蓝天。这座建筑物采用都铎式风格设计。城堡遗址内有一个大地窖，是欧洲最大的拱形地窖之一，长度24米，宽和高16米，墙壁厚达4米，原本是用来存放酒桶的，总容量约为20万升，1997年地窖被改造成音乐会和戏剧表演的场地，可容纳400人。

莱茵岩堡对岸的悬崖上矗立着“猫堡”（Burg Katz），它始建于1371年左右，1435年，卡岑埃尔恩博根（Katzenelnbogen）的一些贵族在城堡中的葡萄园种下了雷司令葡萄，成为第一批栽种这一葡萄品种的人。这个城堡1806年遭到拿破仑军队的炮轰，19 世纪末时重建，现在归私人所有，不对外开放。

上午 10 点，河轮驶向罗蕾莱岩石（英语 Lorelei，德语 Loreley），从船的左舷望过去，薄雾中一座高 132 米的陡峭岩石直立在莱茵河右岸，气势逼人。

“Loreley”这个名字来源于古德语“Lureln”，意为“呢喃”，而“Ley”在凯尔特语中意为“岩石”，合起来就是“低语的岩石”。19 世纪以前，当地有一个小瀑布，莱茵河湍急的水流，加上岩石特殊的回声作用，产生一种低沉的声音，这个名称由此而来。此处河面十分狭窄，宽度不到 130 米，深度则有 20 米，是莱茵河中段的最深处。

1801 年，德国作家克莱门斯·布伦塔诺（Clemens Brentano，1778—1842）从古代神话中获得灵感，创作了民谣 *Zu Bacharach am Riverine*，讲述的是与这块岩石有关的一个悲情故事：美丽的女子罗蕾莱遭心上人背叛，后来又因这个男人的死亡而受到指控，被判进入修女院幽闭，3 个骑士押送她前往修女院，途中经过这块岩石，她请求爬上岩石再看一次莱茵河，登上岩石后，她确认看到了她的爱魂，然后纵身跳下，坠入莱茵河。尔后，岩石间久久回荡着她的名字。

1824 年，诗人海涅（Heinrich Heine，1797—1856）在他著名的诗歌《罗蕾莱》（*Die Lorelei*）中改编了这个故事，罗蕾莱成为传说中的女妖，如同希腊神话中半人半鸟的海妖塞壬一样，披着金色的头发，坐在莱茵河上方的悬崖上，用美貌和歌声分散船夫们的注意力，使船只纷纷撞上岩石。

1837 年，作曲家弗里德里希·西尔彻（Friedrich Silcher，1789—1860）将海涅的诗歌谱成歌曲，在德国广为传唱。此后，不断有艺术作品以罗蕾莱为创作灵感，表达诱惑与死亡的主题。

经过罗蕾莱岩石之后，我坐在顶层甲板的躺椅上与来自英国的两位女士聊天。突然之间，一架战斗机摇着机身，向峡谷俯冲而下，拖着超音速产生的白色气体尾巴呼啸而至。目测其外形像是台风战斗机（Eurofighter Typhoon）——欧洲生产的第四代半战斗机，最大飞行速度为 2 马赫。我迅速地跑到 5 米之外的躺椅上抓起相机。接着，又有一架从斜向飞来，战机大约只出现了二三秒的时间，然后迅速地扶摇直上，消失在峡谷的远方。

这是莱茵河谷之旅最令人惊喜的一幕，估计是当地空军在例行训练。

上午 10 点 30 分，驶近普法尔茨城堡（Burg Pfalzgrafenstein）。它建立在考布（Kaub）附近莱茵河右岸的沙洲上。不像其他城堡那样高高在上，却扼守着狭窄的航道，让往来船只无处可躲。

透过长焦镜头观看，这座城堡设计十分精美，呈五角塔状，在其南侧建筑物有一个小小的站立着的镀金狮子，胸前护着一块盾牌。这座城堡是巴伐利亚国王路德维希下令在 1326 年至 1327 年间建造的。

作为一个以收费为目的的城堡，它与考布小镇共同设防，首先在河流上游大约一公里处设立一个危险障碍物，迫使船只离岸边更近，同时在狭窄的河面上放置了一条铁链，船只只能乖乖停下缴费。当时不合作的船商都被关在水牢里，直到交付赎金才肯放人。神奇的是，这座“皇家收费站”经受住了河上浮冰的冲击，也躲过了战火，从未被其他人占领或摧毁过，1866 年它被普鲁士收购，后来改建成了交通信号站。

中午 12 点午餐开始。头盘是韭葱饼，主菜是香煎猪肉里脊片（Pork Filet Mignon Tenderloin），配上脆香草土豆和奶油豌豆，“Filet Mignon”是指嫩肉片或鱼片，如从小母牛的牛筋较少一端切割下来的牛排，或者是猪腰肉，含有较少的结缔组织，比较鲜嫩。甜点是漂浮岛屿（Floating Island），这是悬浮在汤汁上的一份甜品，形似一座微型的岛屿。

在餐厅瞥到外面的伦费尔斯古堡废墟（Burg Ehrenfels），用手机一查定位，发现河轮刚刚驶过鼠塔（Mäuseturm），我赶紧跑到顶层甲板上，拍摄下位于莱茵河左岸江心小岛上的鼠塔。这一路上我还纳闷，以为被漏拍了，原来它在峡谷的最南端了。

鼠塔所在的这个位置，最早是罗马人在此修建高塔，后来倒塌后，在 968 年，梅因茨大主教哈托二世（Hatto II）修复了这座塔。相传，哈托二世十分残酷，欺压民众。他在这座塔上安排了弓箭手，要求过往的船只进贡，如果船员不遵从，就向他们开火。974 年，遭遇饥荒，穷人的粮食都吃光了，哈托却把粮食都存在城堡内，

把价格抬高到老百姓无法承受的地步。饥民们无以为继，准备谋反，哈托心生一条毒计。他让饥民们去一个谷仓，应承给穷人送粮草。饥民信以为真，赶到谷仓内。哈托和他的仆人随后赶来，他下令锁上谷仓的大门，然后点燃谷仓，将饥民们活活烧死，他还不断地嘲笑着他们的哀号，说："听啊，老鼠的吱吱声！"

谷仓的大火驱散了原先聚集在此的老鼠，它们四处逃散，最后循着粮食的气味赶到哈托的城堡里。哈托回来时立刻被一群老鼠围住了。之后他仓皇逃离，乘船过河登上了这座塔，希望老鼠不会游泳，哪知道，成千上万的老鼠还是涌进河里，不少老鼠淹死了，但更多的爬到了塔前，把塔门啃出了一个大洞，然后爬到了顶层，找到了蜷缩着的哈托，把他活活吃掉了。

这是一个残酷的霸主的故事，折射出一些统治者的卑劣与贪婪。世道艰辛，作恶者未必都会遭到哈托这样的下场，但鼠塔依然矗立着，见证了人心的向背。它像是历史长河旁的一座耻辱碑，那些恣意妄为的害人者会由此有所忌惮吗？

1298 年，这座建筑成为正式的海关托运塔。1689 年，它被法国军队摧毁，然后在 1855 年重建成为普鲁士信号塔。

2002 年，"莱茵河中上游"（Upper Middle Rhine Valley，即莱茵河峡谷）成为"世界文化遗产"，理由是："莱茵河中段长 65 公里，有城堡、历史城镇和葡萄园，生

动地展示了人类参与其中的漫长历史，那里有着戏剧性的、多样的自然景观。它与历史和传说密切相关，几个世纪以来，它对作家、艺术家和作曲家产生了强大的影响。”具体来说，莱茵河中段的位置处于宾根（Bingen）、吕德海姆（Rüdesheim）和科布伦茨（Koblenz）之间，是一条交通动脉，由此带来的繁荣，体现在它的60座小城镇、广阔的梯田葡萄园和曾经捍卫其贸易的城堡废墟上。

由于莱茵河中段流域的自然景观，给居住在此的人们提供了较小的回旋余地，加上早期各种保护景观及其历史遗迹的尝试，景观整体上没有受到影响，但目前沿着山谷运行的铁路，造成了山谷的噪声污染。此外，管理当局还维护在山谷陡峭山坡上酿酒的传统，保护稀有动植物物种的栖息地，旨在巩固该区域的经济活力，并劝阻人们迁离，防止该地区居民的平均年龄上升，出现老龄化的趋势。

吕德海姆与威斯巴登

中午12点30分，河轮驶过总高为38米的尼德瓦德纪念碑（Niederwalddenkmal），这座纪念碑建于1877—1883年间，它是为纪念1871年普法战争结束后，德意志帝国的创立而建的。在纪念碑的上方是10.5米高的日耳曼女神像，她右手拿着王冠，左手提着帝国之剑，俯瞰莱茵河流域。这座纪念碑第一块石头是1871年9月由威廉一世（William I）安放的，总建造费用约100万金马克。

河轮抵达吕德海姆（Rüdesheim）。它位于莱茵河中下游的南端，是一座热闹的旅游小镇。面积为51平方公里，人口9800多。

下午1点30分，我们乘坐小火车在葡萄园穿行，然后在酒庄品酒，参观德国首家音乐演奏器博物馆（Siegfried's Mechanisches Musikkabinett）。这个博物馆原是15世纪一个骑士的庄园，目前陈列了大约350种机械乐器，制作时间跨越3个世纪。这些演奏器都能自动演奏乐曲，其中一件是钢琴与两组小提琴组合，音色完美。博物馆的商店有不少小型演奏器出售，价格不菲，有一件会发出婉转鸟啼的银质八音盒，小得可以放在手心里，售价6600欧元。

吕德海姆小镇不大，Drosselgasse（意为“画眉鸟巷”或“斑鸠小巷”）是其中的一条美食街，144米长，形成于15世纪。街道很窄，两边是一些露天花园酒馆和土

特产商店，也很热闹。

回到船上。在晚餐前小睡片刻，之后在一阵歌剧声中醒来。晚上 7 点 30 分，晚餐开始，这次是法国乡村风味的美馔，头盘是面条汤，主菜是法式炖牛肉（Pot-au-Feu Stew Beef），“Pot-au-Feu”的意思是“炉火上的锅”，被认为是“法国家庭料理的精髓”，也是法国最有名的家庭菜肴之一。其中的食材包括比较便宜的牛肉（即不是牛排所需要的精髓部位的牛肉）、鱼骨、胡萝卜、萝卜、芹菜、洋葱，以及酒香、黑胡椒和丁香等调味品。一般需要炖制半天或更长的时间。在炖肉过程中，会导致鱼骨明胶溶解在肉汤中，冷却后肉汤会变成果冻。

食用时，牛肉和蔬菜上配以粗盐和浓烈的第戎芥末，有时还配以醋腌制的牛皮汤，吃起来有一种豪放之感。餐后上的甜点是水果馅饼。

晚间，河轮就夜宿在吕德海姆的莱茵河畔。

第六天。早间阴而不寒，我在顶层甲板上漫步，眺望宽阔的河面。一些宾客在船员的带领下练习健身操。河轮驶过威斯巴登（Wiesbaden）、尼尔斯泰因（Nierstein）和沃尔姆斯（Worms）。

威斯巴登是莱茵河畔的温泉疗养胜地，在罗马帝国时代就是一个定居点，被记录在册，称为“温泉浴场”（Aquae Mattiacae），829 年改名为 Wisibada（意为“草地温泉”）。1241 年成为自由帝国城市。

歌德、瓦格纳和陀思妥耶夫斯基等人都曾到此疗养过。约翰内斯·勃拉姆斯（Johannes Brahms，1833—1897）的 F 大调《第三交响曲》（*Symphony No. 3 in F Major, Op. 90*）就是在 1883 年夏天完成于威斯巴登的。

那年，勃拉姆斯 50 岁，正值创作的巅峰时期，也就是法语“Joie de Vivre”（享受人生极乐）的那种样子。夏天，勃拉姆斯在威斯巴登的盖斯堡大街 19 号（Geisbergstraße 19）的朋友家暂住下来，这是一座地处山麓间的别墅，古典主义风格的房屋采光明亮，曾经作为画家路德维希·克瑙斯（Ludwig Knaus）的工作室。勃拉姆斯经常在四周的小径上散步，享受着隐居的快乐，这使得他能够顺利地完成一部音乐作品。

勃拉姆斯同时保有着一份隐秘的感情。有一位叫阿尔托·赫敏·斯皮斯（Altistin Hermine Spies）的女子追随着勃拉姆斯。她 26 岁，青春逼人，勃拉姆斯经常在钢琴

旁陪伴她，她仿佛是威斯巴登自然生灵的一位使者，给勃拉姆斯带去了无限的灵感。

直到勃拉姆斯在1883年10月2日离开威斯巴登后，他的朋友们才知道，温泉小镇活泼欢快的夏天并没有让作曲家无所事事，勃拉姆斯已完成了这部F大调《第三交响曲》。钢琴家克拉拉·舒曼（Clara Schuhmann，1819—1896）曾评价道："再次成为杰作，我想称它为森林。"（ist wieder ein Meisterwerk; ich möchte sie eine Waldidylle nennen.）言下之意，她将其视为一曲"森林的牧歌"。

此刻，莱茵河畔的林带郁郁葱葱地绵延着。莱茵河畔作为户外运动的胜地，其中的莱因斯泰格（Rheinsteig）徒步小径是德国莱茵河东岸的一条主要徒步线路，从波恩延伸到威斯巴登，全长320公里。这条线路穿过林地和葡萄园，经过吕德海姆，途经艾宾根修道院（Eibingen Abbey）和尼德瓦德纪念碑，途中有一些富于挑战性的上下坡。

雷司令徒步之路（Riesling-Route）是从洛什豪森（Lorchhausen）延伸到弗洛舍姆（Florsheim），全长70多公里，中间穿过吕德海姆的葡萄园。此外还有一条雷司令骑行路线（Cycling the Riesling Route），从斯特拉斯堡沿莱茵河到科布伦茨，接着沿摩泽尔河到南锡（Nancy），然后沿着拉马恩·乌·拉欣运河（Canal de la Marne au Rhin）回到斯特拉斯堡，途经德国西部和法国东部，全长900公里。

一座"二战"的雕塑立在河畔。1945年3月，美国军队的两支步兵团攻占了威斯巴登，美军俘虏了900名德国士兵，缴获了一个仓库，里面装满4000箱的香槟。"二战"已过去了70多年了，但这一页似乎还没完全翻过去。同船的一个美国客人克兰恩（Kline）用手机查阅了一下，美军目前在德国建有20多个军事基地。

回到海德堡

又到了午餐时分。头盘是黑森林火腿，主菜是格勒诺布尔式鳕鱼中段，配上香菇意大利烩饭和西兰花，甜点是英式奶油配巧克力蛋糕。

下午1点钟抵达曼海姆（Mannheim），然后我们驱车向东，前往海德堡（Heidelberg）。1999年的夏天，我第一次到来这里，在细雨中感受这座大学城的魅力。

我们下车，沿着国王宝座山（Königstuhl）的山坡而上，海德堡城堡（Heidelberger Schloss）就坐落在北麓的 80 米高处。这座城堡遗址是阿尔卑斯山以北最重要的文艺复兴时期建筑之一，残破的宫殿建筑风骨犹存，一些细部十分精美。从这里可以眺望内卡尔山谷和海德堡老城。

13 世纪初，海德堡城堡的第一座建筑作为皇家住宅修造起来，此后，城堡的建造持续了将近 400 年，其间几经扩建，涵盖了哥特、巴洛克、文艺复兴等多种建筑风格。1688—1697 年，城堡及花园多次被摧毁，1764 年又因雷电袭击造成火灾，此后，这片宫殿废墟被误用为采石场，一些居民会在这里为自家的房屋寻找建筑材料。1800 年左右，"风景如画的废墟"成了文艺浪漫主义者关注的对象，契合了一些艺术家对于残败之美的偏爱。英国画家 J.M.W. 特纳在 1817—1844 年间曾多次在海德堡小住，在他的画作中，海德堡城堡比实际位置要高出许多，显得更加雄伟。1840 年，海德堡与德国铁路网相连接，旅游业得到了极大的推动。

我们沿着一条坡道走向城堡深处。一座宏伟的奥特西因里希大厦（Ottheinrichsbau）矗立在阳光下。这座 4 层楼高的建筑，由奥特西因里希（Ottheinrich，1502—1559）在 1556—1559 年的短暂统治期间下令建造。10 年后，他的继任者弗里德里希三世（Friedrich III）完成了这座大厦的建造。

这座大厦的三四层只剩下外墙的立面。透过空旷的窗户向蓝天望去，有着一种苍然之美。这座大厦的双层屋顶在 1693 年被法国人炸毁，1764 年又被雷击摧毁。尽管如此，它依然是德国文艺复兴时期最美、最早的宫殿建筑之一，残存的门框和柱廊都在见证着一个曾经辉煌的场景：当时，外墙上的这些塑像由佛兰芒雕塑家亚历山大·科林（Alexander Colin，1526—1612）创作，他将两任统治者的政治纲领也刻在了石头上，如用古代的英雄和罗马皇帝来象征奥特西因里希的军事和政治权力，奥特西因里希甚至要求在中央山墙上，把自己的形象也刻了上去。

"酒桶大厅"是海德堡城堡中的一个独特景观。建筑上设计着哥特式窗户，不知道为何，在 16 世纪末建造时还采用这种样式，因为这在当时已完全过时了。1591 年，城堡地窖里建起了第一个酒桶，1664 年和 1728 年分别建造了第二个和第三个，1751 年，砍伐了 130 棵橡树，建起了现存的这个高 10 多米、可容纳 22 万升葡萄酒的酒桶（德文 Großes Fass，英文 Heidelberg Tun），当时，这些葡萄酒是征税的成果。这座酒桶可以登上去，顶部空间也被用作舞池。据传，看守木桶的大臣佩克欧（Perkeo）终日喝得醉醺醺的，后来因为喝了一杯白开水而意外地死去了。

结束了在城堡的参观，我们来到内卡尔河畔，在这里悠闲地漫步，静等黄昏。

下午 5 点，驱车返回曼海姆，回到河轮上。

晚上 7 点，在船上的酒吧里举行“餐前酒会”（Gala Apéritif），大家举着香槟，相互庆贺这一段的旅程接近尾声，主厨让·巴蒂斯特（Jean–Baptiste）宣布“庆贺晚宴”（Gala Dinner）的菜单。

晚上 8 点，庆贺晚宴开始。头盘是鸭肝酱、焦糖香料和布罗切软面包，餐酒搭配上 Côtes du Rhône Villages Laudun 的 Vielles Vignes Domaine de Rabusas 红葡萄酒，酒体醇厚而强劲，刚好与鸭肝清爽的鲜美相吻合。主菜是牛犊颈脊肉条、配香葱和龙蒿，然后是奶奶风格的雷布隆泡芙糕点（Grandma Style Reblochon Puff Pastry）。这是旧时代的一种甜点。

最后，全场灯光暂熄。服务生端出阿拉斯加金万利酒火焰冰激凌（Baked Alaska Flamed in Grand Marnier），厨师将金万利酒浇在冰激凌上面，瞬间腾起高达50多厘米的火焰，幽蓝中夹杂着炽黄的火苗，欢快地舞动着。金万利酒（Grand Marnier）由干邑白兰地和来自加勒比海的苦橙酿制而成，相传，在1880年由亚历山大·马尼耶-拉博丝特（Alexandre Marnier-Lapostolle，1857—1930）发明，塞萨尔·丽兹（César Ritz，1850—1918）为这款酒起了“Grand Marnier”这个响亮的名字。作为回报，1898年，亚历山大帮助丽兹购买并建立了巴黎丽兹酒店。

第七天。早晨，河轮已抵达斯特拉斯堡（Strasbourg）泛欧游轮的专用码头。在船上享用了早餐后，9点钟离船，结束了这艘“*MS Gérard Schmitter*”上的航程。我要搭乘另一艘“*MS Symphonie*”河轮，开始从斯特拉斯堡到布达佩斯的行程。这艘河轮已停泊在不远处，我将行李拖过去，暂时寄存在前台。这艘船将在当天晚上6点启航，我利用这大半天的空档时间，去游览科尔玛（Colmar）和斯特拉斯堡（Strasbourg）。

斯特拉斯堡在几个世纪以来一直是两国之间的一座文化桥梁，同时也是欧洲议会的总部所在地。1988年，斯特拉斯堡的中心——格兰德岛（Grande Île）被列入《世界文化遗产名录》，“格兰德岛……其结构以大教堂为中心，它独特的剪影控制着莱茵河的古老河床和它的人造水道。”岛的西端有一个被称为“小法兰西”（La Petite France）的历史街区，伊尔河的主流在此分成4条支流，清澈可鉴，有天鹅在水中游弋。

从斯特拉斯堡搭火车前往64公里外的小镇科尔玛（Colmar）只需半小时。科尔玛以保存完好的古城和恩特林登博物馆（Musée Unterlinden）而闻名，它位于阿尔萨斯“葡萄酒之路”上，也被称为“阿尔萨斯葡萄酒之都”。离火车站不远处有一个名为“小威尼斯”（La Petite Venise）的古旧街区，罗赫运河（Lauch）从中穿过，河面上不时有游船驶过，这里以前是屠夫、制革工人和养鱼人聚集的区域，后来经过改造，成为这座小城浪漫的一角。

彼岸世界的轮廓变得模糊起来，如何来对抗遗忘？

阅读也是一种旅行方式，尤其在阅读旅行的时候。

From the Main to the Danube

Sailing towards Budapest

从美茵河到多瑙河：

航向布达佩斯

从美茵河行驶到多瑙河。多瑙河是欧洲纯净自然和人文艺术的标志之一。奥地利音乐家小约翰·施特劳斯（Johann Strauss II，1825—1899）创作的圆舞曲《蓝色多瑙河》（*An der schönen blauen Donau，Op.314*），是维也纳新年音乐会的保留曲目。

莱茵河—美茵河—多瑙河运河自1992年竣工以来，一直是从北海的鹿特丹到黑海的苏利纳（Sulina）的跨欧洲水道的一部分，整个水道长3500公里。1994年，多瑙河被宣布为中欧和东欧的10条泛欧运输走廊之一，也被称为欧盟的“第七走廊”（Corridor VII）。

从美因茨到罗滕堡，碧波上的浪漫之路

美因茨与法兰克福

下午 5 点，登上“*MS Symphonie*”河轮。与前一艘河轮不同，它的客舱只有二层，第三层是阳光甲板和驾驶室。在此后，我知道了这艘河轮如此设计的原因了。因为美茵河上有一些桥梁比较低矮，在通过这些桥梁时，驾驶室会通过一个液压装置来降低高度。阳光甲板有大约三分之一的位置上有一个遮阳架子，这时也会放落到甲板上来。

这艘河轮的内部设计体现出更多简洁的风格。沿着楼梯而下，我的房间在主层甲板（Main Deck）也即下层甲板的 123 房间，是最靠楼梯的房间。舱房的面积与前一艘相似，也是两张单人床合在一起拼成一张大床，但在摆放上是朝向窗户的，这

样便于人靠在床头，眺望窗外的景色。

我在河轮的各个部分参观。上层甲板的前部是酒吧，后侧是餐厅，餐厅内的椅子是深蓝色的，在落地大玻璃窗的上缘安装了一条灯光带，可以释放不同的颜色，营造出不同的气氛。

晚上 6 点 30 分启航。沿着莱茵河北上，等于我走了一段回头路。晚上 6 点，在酒吧内举行欢迎酒会。晚上 7 点 30 分，晚餐开始。

餐后的时光我就坐在顶层甲板上，欣赏落日在河岸后的树林间慢慢隐落。

河轮在莱茵河上行驶了 230 公里后，于次日早晨 8 点抵达美因茨（Mainz）。美因茨的面积为 97.7 平方公里，人口为 20.9 万。这座小城是罗马人在公元前 1 世纪末作为军事要塞建立起来的，守卫着罗马帝国最北端的边疆，如今，它更多是作为约翰内斯・古登堡（Johannes Gutenberg，c.1400 —1468）的家乡而为人熟知，古登堡 1450 年前后发明了活字印刷机，并印刷出第一本书。

美茵河（The Main）从这里注入莱茵河。美茵河是德国的一条河流，也是莱茵河最长的一条支流。全长 525 公里。美茵河畔较大的城市是法兰克福和维尔茨堡。美茵河的名称源于拉丁文“Moenus”，意为“菜单”。

这天刚好是周六。河岸上正在举办集市，当地居民纷纷摆摊：一件水晶果盘 2 欧，一套瓷盆 8 欧，老式灯罩的灯具 25 欧，质量都不错，可惜此次路途漫长，这些无法买走。

沿着河岸漫步，走进美因茨大教堂。里面幽暗，管风琴的音乐动人心魄。“二战”中，美因茨多次成为盟军轰炸的目标，大教堂也在 1942 年 8 月被击中，大部分屋顶被烧毁，好在拱顶完好无损，战后的修复过程一直持续到 20 世纪 70 年代。

第二天，当地要举办一场马拉松比赛，电视台的工作人员正在路边调试摄像机，我和摄像师闲聊了一会儿，告别时，他随口提醒：“你的镜头上有一点灰。”德国人的精细真是名不虚传。

下午 2 点，河轮抵达吕瑟尔斯海姆（Rüsselsheim），从这里驱车 30 多分钟前往法兰克福（Frankfurt）。法兰克福的全称是“美茵河畔的法兰克福”（Frankfurt am Main），面积 248 平方公里，人口 73.6 万。

在雷玛广场上，参观了旧市政厅和帕尔乌斯教堂，这座在战后重建的新古典主

义风格的教堂，常被作为举办庆典的场所。朝南漫步，便到了美茵河畔，随着人潮我登上艾瑟纳·斯特格（Eiserner Steg）铁桥，“二战”时它曾被德国国防军炸毁，1946年重建，目前连接着法兰克福的吕默贝格（Römerberg）和南岸的萨克森豪森（Sachsenhausen）两条主干道，每天大约有近万人往来，同时它也是法兰克福的“爱情之桥”，栏杆上挂着很多连心锁。

下午5点返回河轮。晚上6点多开始启航。邮轮经过一个船闸，进入了美茵河。晚上9点多，河轮驶过法兰克福市中心，在艾瑟纳·斯特格铁桥下一滑而过，铁桥的钢铁骨架是一个巨大的三角形，背后是这座商业之城高耸的大厦。

触摸中世纪

第九日。早晨6点多，在劳登巴赫（Laudenbach）沿岸，美茵河这条河谷之中的清流，碧波清澄，河畔的葡萄园正在喷水浇灌。

上午9点，抵达米尔腾贝格（Miltenberg）。这座古镇地处斯佩萨特（Spessart）和奥登瓦尔德（Odenwald）山脉之间，四周森林茂密，晨间镇中安静怡人，散布着大约150栋建于15至18世纪的半木结构的房屋，有着童话般的色彩。

米尔腾贝格的面积为60平方公里，人口9.2万。米尔腾贝格地处一条“红酒徒步旅行路线”（Fränkischer Rotwein Wanderweg）上，这条线路确立于1990年，从格罗瓦施塔特（Großwallstad）经过米尔腾贝格通往比格施塔特（Bürgstadt），全长13公里。

另外，米尔腾贝格也是“莱茵河—美茵河工业文化路线”（Route der Industriekultur Rhein-Main）的起点，这条线路以宾根为核心，全长160公里，沿线已有700座工业遗产建筑物被科学分类，其中包括米尔腾贝格的旧火车站。而“美茵河自行车道”（Main-Radweg）沿河而行，是德国一条主要的自行车道，也是被德国自行车俱乐部授予5星等级的第一条长距离自行车道，东起美茵河两条支流的源头——克怀森（Creußen）或比绍夫格里恩（Bischofsgrün），西止于美因茨，长约600公里。

“巨人旅店”（Zum Riesen）矗立在一个三岔路口，外墙上部绘有幽蓝色的图案。

这座旅店建于1411年前后，是德国最古老的旅店之一，1590年，建筑师雅各布·斯托尔（Jacob Stoer）曾用市政委员会捐赠的100根原木加以重建。这里的住客包括：两位神圣罗马帝国的皇帝弗雷德里克·巴尔巴罗萨和查尔斯四世，拿破仑·波拿巴，美国歌星“猫王”。

每一条河流，都有自己的方向。沿小径登上米尔登城堡（Mildenburg），可以看到美茵河在这一带拐出了一条优美的弧线。河流为沿岸城镇带来了生机，米尔腾贝格处于通航河流的拐弯处，以及从法兰克福到纽伦堡的重要贸易路线上，商人们在此储存货品，促进了客栈和仓库的建设，12世纪，当地为了保护城镇安全修建了米尔登堡。

我又回到美茵河畔。有天鹅在河中游弋，有人来喂食，其中一只天鹅猛咬另一只天鹅，似乎失去了惯常的优雅仪态。

中午12点，回到船上。河轮继续航行。午餐之后，就在Lounge Bar内，与一些法国宾客闲聊。来自法国的萨宾（Sabine）家住在巴黎与兰斯之间，她40岁，戴着一副护手带。我开始以为她是摔着了，她说不是的，她在 18 年前得了一种奇怪的病，叫纤维肌痛（Fibermyalgia）——一种慢性的广泛疼痛，浑身骨骼变得十分脆弱，且没有特效药。这次乘坐河轮是她的康复之旅。她说准备此后搬到葡萄牙南部去居住，以避开法国北部寒冷的冬季。

舷窗外水波流影，我们的谈话出现一段静默。法国人就会说："刚才空中有天使飞过。"（Il y avait des anges qui volaient au-dessus de l'air tout à l'heure.）不但空中有天使飞过，草间也有，水中也有。只要有心，你就会看见。

下午 3 点，抵达韦尔特海姆（Wertheim）。它也是一个中世纪风格的小城，建于 7 世纪到 8 世纪。目前面积为 138.6 平方公里，人口约 2.3 万。中世纪风格的小城中心，有半木结构的房屋和窄小的街道。正值周日，不少游人在路边的餐厅品尝 8 欧元一串的烤猪肉，十分热闹。沿着陡峭的台阶，我登上城堡（Burg Wertheim），这座城堡以这一地区典型的红砂岩建造而成。沿着陡峭的台阶登上城堡旁边的观景台，俯瞰着附近险峻的地理风貌。萨宾和她先生也一起登上了这个高处。

回到河边，看见在邮轮停泊前的一处台阶下有一个水位标尺，3 个女中学生在那

里自拍，用手机播放着音乐，其中一个 18 岁的女生化着浓妆，点起了香烟，看起来有点像问题女生。

高处的古城堡内正在准备音乐会，此时连续放起了鞭炮，炮声震天响，一个来自叙利亚的青年也举起手机拍摄，他没有任何行李，像是一个非法移民，但却有着安然的神情。

在河岸上，间隔立着一块块玻璃宣传牌，上面有着与本地相关的文字，其中一句出自马丁·路德（Martin Luther，1483—1546，欧洲宗教改革倡导者）："Vom Feuer hat Wertheim nichts zu befahn, eh'wird's im Wasser untergahn."（韦尔特海姆在火中无所抱怨，它只会在深水中老去。）

旁边的一块上写着德国的潘霍华牧师（Dietrich Bonhoeffer，1906—1945）的话："Reflexionen haben nach nie die Welt erobert, aber Gefühle."（反思从来没有征服过世界，但感情可以。）

这位牧师以坚决反对纳粹专制而闻名，1943 年 4 月被盖世太保逮捕，1945 年 4 月 9 日，在纳粹政权垮台前被处予绞刑，年仅 39 岁。1965 年，韦尔特海姆将当地

一座成立于1266年的语法学校更名为“潘霍华学校”。

这座小城瞬间生动且深厚起来。这似乎也是对那些水边城市和沉重历史的一种诗意解读。

夜泊韦尔特海姆。晚上回到舱房，有大约30只蚊子和小青虫立在天花板上，必须消灭它们。才五月份就有这么多蚊子了，若在夏天航行，问题会不会更严重一些？当然，其他的乘客可能不喜欢打开窗户，便不会遇到这个问题，但对于我来说，喜欢开窗而行，享受清新的空气。

现在蚊虫的繁殖力太强大了，连一些亚北极地区在夏季都密布着蚊子。每一次旅行都会遇到一些小问题。好在不难解决，不一会儿的工夫就将它们全部消灭干净。

维尔茨堡，一块历史的碎片

碧河深眠。早晨起来后，被舷窗外的河流美景所吸引。早晨7点的阳光太适合摄影。

河轮从韦尔特海姆启航，沿着美茵河北上。在罗滕费尔斯（Rothenfels），碧波如诗，一座城堡（Burg Rothenfels）掩映在绿树之后。

上午8点30分，经过Steinbach船闸。中午抵达卡尔施塔特（Karlstadt），我们驱车前往维尔茨堡（Würzburg），然后河轮继续航行，将于晚上5点30分在维尔茨堡会合。

下午2点，参观维尔茨堡主教宫（Würzburger Residenz）。这是德国最大的巴洛克宫宫殿之一，周围环绕着美丽的花园。这座宫殿是在主教洛萨·弗兰兹（Lothar Franz）和弗里德里希·卡尔·冯·舍恩伯恩（Friedrich Carl von Schönborn）的赞助下，于18世纪由一个建筑师、雕刻家和画家共同组成的团队建造和装饰的，由巴尔萨萨·诺依曼率队。这座主教宫建于1720—1780年间。

穿过广场，走过一座喷泉，到达主教宫的入口。步入台阶之厅（Treppenhaus）。在这里，乔瓦尼·巴蒂斯塔·蒂波洛（Giovanni Battista Tiepolo）在拱顶创造了世界上最大的壁画，总面积为600平方米，拱顶的四面分别绘制着欧洲大陆、亚洲大陆、美洲大陆和非洲大陆，也就是当时欧洲人心目中的四大洲，当时还没有发现澳洲大陆和南极大陆。

走进皇帝大厅（Kaisersaal），这是整个宫殿中最华丽的大厅，采用人工大理石的柱子，在当时，人造大理石比天然的要昂贵许多。

宫殿的最后一个房间记录了 1945 年 3 月 16 日，225 架英国兰开斯特轰炸机在 17 分钟内摧毁维尔茨堡的情景，城市的 90% 都遭到破坏，这座宫殿也未能幸免，后来又全部重建。

在这个房间里，陈列着原始宫殿中一块镜面的残片，呈三角形，最长的一条边大约有 40 厘米，残片上面有古雅精细的画图，其色调似乎是此后的修复品很难达到的。这种差异用肉眼就能看出来，其中蕴涵着的 18 世纪精英团队的高超手艺，加上时间这最耐心的艺术品打磨者，让人唏嘘不已。

走出主教宫，朝西漫步，来到旧石桥（Alte Mainbrücke）。这里最初的桥建于 1473—1543 年间，从 1730 年开始，桥上分为两个阶段，装饰着 12 尊 4.5 米高的圣徒雕像。这座桥在“二战”结束前夕被炸毁，美军将一座圣像扔进河里，以便为高射炮让路。

下午5点上车，乘大巴返回河轮，只有2公里的距离，却发生了一次急刹车。我放在座椅上的一台胶片相机被摔出几排座椅之外，几位没有系安全带的乘客的膝盖被碰破了皮。最危险的路程，往往可能是在最短的路程上。这也是整个行程中唯一的一点小意外。

晚餐是摩洛哥风格，主菜是摩洛哥蒸粗麦粉配炖菜（Morocan Couscous），相当美味，甜点是油酥薄饼配上李子和杏仁，薄饼纯甜很有黏性，用餐刀切起来要用点力气，再配上一杯薄荷茶，完美收官。

河轮沿着施韦因富特（Schweinfurt）方向北上。在奥克森富特（Ochsenfurt）到马克特布赖特（Marktbreit）一段河流上，落日熔金。

第十一天。早晨6点30分就开始吃早餐，因为7点30分要前往罗滕堡（Rothenburg）。河轮抵达施韦因富特（Schweinfurt）。驱车单程1小时30分。上午9点来到罗滕堡。这是浪漫之路的一座小城，也是朝圣之路上的一个站点。

浪漫之路（德语 Romantische Straße）是 20 世纪 50 年代设计的一条德国南部的公路旅行线路，北起维尔茨堡，南到菲森（Füssen），全长 350 公里，连接起一些特色城镇和城堡。在中世纪，它曾是连接德国中部和南部的一条贸易路线。目前，浪漫之路的道路沿途标有棕色的标志。罗腾堡已经出现在几部电影中，其中包括《哈利·波特和死亡圣器》（*Harry Potter and the Deathly Hallows*）的第一部（2010 年）和第二部（2011 年）。

从罗埃多尔（Roedertor）城门步入罗滕堡的城内，城门上的尖塔高 61 米。罗滕堡的德文全称是“Rothenburg ob der Tauber”，意为“陶伯河上的红色堡垒”。小镇起源于 9 世纪，从中世纪晚期到 1803 年，罗腾堡一直是自由的帝国城市。15 世纪时，小镇的人口约 5500 人，远远超过当时的法兰克福和慕尼黑。只是，后者已发展成为大型城市，而罗腾堡还是一个停留在中世纪时光的小镇。

穿过普伦莱恩（Plönlein）广场。从 1360 年开始，两条通路形成了一个集市，左边是西贝尔斯塔（Siebersturm），右边是科波泽勒门（Kobolzeller Tor），具有典型德国小镇风情。我们走进科波泽勒门，沿着 2.5 公里长的城墙缓行。从地图上看，整个城墙形似人的头部，面朝西方，下巴部分就是城堡花园的位置。现存的城墙建于 14 世纪，在“二战”中遭到部分损毁。

我们来到古镇中心。市政厅（Rathaus）是一座文艺复兴建筑。建筑物的后哥特式部分建于 1250 年，附属的文艺复兴建筑则开始于 1572 年。这座建筑在中世纪城邦时就是政府所在地。后面的市政厅塔（Rathausturm）高 50 米，建于 13 世纪，可以上 241 级台阶登顶。仔细端详，会发现这座市政厅塔紧靠在市政厅哥特式山墙的顶部，唇齿相依。

下午 1 点，河轮启航，驶向班贝格（Bamberg）。午餐是鸡肉沙拉和米兰意面配红酒炖小牛胫（Veal Ossobuco），甜点是肉桂冰激凌配炖李子，一冷一热，一甜一酸，构成了味觉上的对比。

下午的时光就在酒吧看书。下午 6 点 30 分，在施特费尔德（Stettfeld）段的河流上，黄昏澄静。晚上 8 点 30 分，河轮在班贝格附近的一处小河浜夜泊。夕阳刺破云层，一架飞机在碧空中攀升。

从纽伦堡到帕绍，来到德奥边境

纽伦堡，复兴之城

第十二日。早晨行驶在美茵河—多瑙河运河（Main-Donau-Kanal）上。不断地过一个接一个船闸。中午时分，抵达纽伦堡（Nürnberg）。我很早就知道纽伦堡是阿尔布雷希特·丢勒（Albrecht Dürer，1471—1528）的故乡，他是德国文艺复兴时期的画家和理论家。他通过对意大利艺术家和德国人文主义者的了解，将古典主题引入北方艺术，使得他成为欧洲北方文艺复兴的领军人物之一。

午餐的头盘是金枪鱼沙拉（Niçoise Salad），这种沙拉起源于法国尼斯，由西红柿、煮熟的鸡蛋、橄榄油、金枪鱼或凤尾鱼等制成，自20世纪初开始在世界范围内流行，并被认为是“有史以来最好的沙拉配料组合之一”。主菜是羊里脊配土豆球、芹菜泥和洋蓟心。甜点是提拉米苏。

下午1点，驱车前往纽伦堡市区，车窗外的纽伦堡市立博物馆（Memorium Nürnberger Prozesse）的一幅巨大招贴画上有美、英和苏联的旗帜，似乎再现“二战”后的“纽伦堡审判”的史实。

1935年，莱尼·里芬斯塔尔（Leni Riefenstahl）关于1934年纽伦堡拉力赛（Nuremberg Rally）的纪录片《意志的胜利》（*Triumph Of The Will*）上映，最后一幕是在纽伦堡市中心举行的一场阅兵式，希特勒站在弗拉温教堂（Frauenkirche）前接受纳粹军队的敬礼。曾有几位影友向我推荐过这部影片，说可以仅从摄影角度来观看这部影片，但不知道为什么，我至今都没有去看。

来到中央广场，在北侧的“美之泉”（Schöner Brunnen）前聚居着不少人，这座喷泉修建于1385—1396年间，高约19米，有哥特式尖顶，装饰着40座色彩缤纷的塑像，都是先知、传教士、哲学家等贤达人士，代表神圣罗马帝国时期的世界观。

喷泉周围的铁栏杆上，嵌有两个直径10厘米的铜环。我走上前去，在心中默默许愿，同时将那铜环顺时针旋转3圈，据说这样会带来好运。

在距美丽喷泉不远处的地面上，有一个纽伦堡的GPS坐标：一个圆形的图案，直径约90厘米，在德国的地形示意图上，用十字准星标出了这座城市的位置。这似乎是一种隐喻——在1945年1月2日，这座中世纪古城和1933年召开纳粹党第一届大会的地方，遭到盟军的轰炸，大约90%的建筑在一个小时内被摧毁，约有1800名居民死亡，并有10万人流离失所。在1945年2月，又发生了更多的空袭，约有6000名居民在空袭中丧生。战后，对纽伦堡的古城进行了部分重建，但该古城的东北半部，却已永远消失在战火之中。

中央广场上有好几个摊档都摆放着姜饼（Lebkuchen），这种小点心是13世纪时由僧侣发明的，后来成为本地的名产。纽伦堡姜饼的直径一般是11.5厘米，按规定必须含有不少于25%的坚果和小于10%的小麦面粉，原料中还包括了蜂蜜、丁香、姜片、杏仁、榛子和核桃等，味道香甜。有的姜饼还被包装在具有怀旧风格的铁皮盒子里，供玩家收藏。

回到河轮上。晚上7点30分用晚餐，这天的晚餐是西班牙式的，头盘是安达路西亚蔬菜冷汤，主菜是海鲜饭（Paelle），然后是奶酪拼盘，甜点是安达路西亚冰激凌配水果。

晚上8点，经过位于布亨巴赫（Buchenbach）的Leerstette船闸，这是我整个欧洲长河之旅经过的大型船闸之一，也是迄今德国建造的落差最大的船闸之一，长190米，宽12米，两端水位差异24.67米。美茵河上的船闸宽度一般都是12米，而河轮的宽度是10米，通过船闸时，两边几乎贴到墙壁，需要驾驶员有相当高超的技术。

搭乘这两艘河轮，从阿姆斯特丹到布达佩斯的全程为2262公里，其中从阿姆斯特丹到斯特拉斯堡的航行里程为735公里，从斯特拉斯堡到布达佩斯的航行里程为1527公里。途中经过了69座船闸，海拔最低处是在美茵茨（81.5米），海拔最高的是Bief de Partage船闸（406米）。

晚上9点多钟抵达米尔豪森（Mühlhausen），这是德国图林根的一个有着3.3万名居民的小镇，中世纪城市中心保存完好。夜泊于此，安然入眠。

第十三日。早晨7点经过Berching船闸，两端的落差是17米。整个上午都在航行。我在舱房内写作。

午餐的头盘是肉冻薄片配上6种草药，主菜是三文鱼配龙虾酱、小龙虾馅的意式馄饨、芦笋和菠菜奶油蒜酱，接着是几片 Reblochon 干酪，甜点是奶油布丁。

瓦尔哈拉神殿和雷根斯堡

下午 1 点 30 分，河轮抵达凯尔海姆（Kelheim），开始多瑙河（Danube）的航行。

多瑙河发源于德国，向东南流经奥地利、斯洛伐克、匈牙利、克罗地亚、塞尔维亚、罗马尼亚、保加利亚、摩尔多瓦和乌克兰等 10 个国家，最后注入黑海，全长约 2860 公里，流域面积达 80.1 万平方公里，是欧洲第二长河，仅次于伏尔加河，它也曾是罗马帝国的一个长期界河。

多瑙河流域是欧洲最具生物多样性的地区，有着数百种鱼类，如鲩鱼、梭子鱼、梭鲈（Zander）、鲑鱼（Huchen）、鲶鱼（Wels Catfish）和江鳕鱼（Burbot）等。

多瑙河自行车道（Danube Bike Trail）是多瑙河沿岸的一条自行车小径，全长 2875 公里，其中经过德国和奥地利的部分特别受欢迎。

这天，我们前往瓦尔哈拉神殿（Walhalla）。驱车先前往雷根斯堡下游 10 公里处的一座山岗。我沿着台阶而上，见到一座宏大的新古典主义风格建筑屹立在山顶。

1807 年，路德维希（Ludwig，1786—1868）王子为彰显德国的统一，开始构思一座名人堂，他登上巴伐利亚王位后，成为路德维希一世。他仿照雅典的巴特农神庙，历时 12 年建起了这座神殿，1842 年完工，耗资 66.6 万英镑。神殿展示了 130 个半身像和 65 个牌匾，从公元 9 年特托堡森林战役的胜利者阿米纽斯（Arminius）开始，涵盖了 2000 年的历史。

被授予荣誉的名人并不局限于今天德国范围，这其中，哥白尼的雕塑在 1807 年是最早完成的。自“二战”结束以来，新增了一些人物，这其中包括苏菲·肖尔（Sophie Scholl），她曾是一名慕尼黑学生和反纳粹政治活动家，成立了“白玫瑰非暴力抵抗组织”，1943 年 2 月，被希特勒政府送上了断头台，年仅 21 岁。

走出神殿，我沿陡峭的台阶下山。宽阔的多瑙河穿行在绿色的田野之间，疏朗而壮阔。

然后前往雷根斯堡（Regensburg）。它是阿尔卑斯山以北最大的中世纪古镇，位于多瑙河畔，目前拥有 14 万多居民。我们走上石桥（Steinerne Brücke Regensburg），这座拱桥建于1135—1146年，有16个拱门，从南北方向上连接着斯塔德塔霍夫（Stadtamhof）和旧城，使用了800多年，直到20世纪30年代，依然是这座古城唯一一座横跨多瑙河的桥梁。

查理曼大帝曾在该桥不远处建过一座木桥，由于那座桥易受洪水的影响，不适合交通，后决定用一座石桥取代它。

步入大教堂（Dom St. Peter）。这是德国哥特式建筑的一个范本，始建于1275年，1634年主体建筑完工，其中塔楼直到1869年才完全竣工。每逢周日，知名的雷根斯堡男童合唱团（Regensburg Domspatzen）会在这里一展天籁之音。Domspatzen原意是“大教堂的麻雀”，975年，雷根斯堡的沃尔夫冈主教创办了一所教堂学校，组织男童在礼拜仪式上表演合唱，成为世界上最古老的合唱团之一。

那些男童的天籁之音和娇嫩面容，也引起了某些人的邪念。2010年3月，男童合唱团的身体虐待案件被公之于众，引起广泛关注。这些行为包括性侵、强奸、严重殴打和剥夺食物，其中一些案件甚至可以追溯到1958年。由于两名被指控的嫌疑人均已于1986年去世，这样，本案就成为悬案。合唱团的前团长乔治·拉辛格（Georg Ratzinger，1924—）否认知晓这些虐待行为。这起案件之所以引人瞩目，还因为乔治·拉辛格是教皇本笃十六世（Pope Benedict XVI，Joseph Ratzinger，1927—）的哥哥。

2017年的一份调查报告显示，从1945年至1992年期间，至少有547名男孩遭受身体虐待、性虐待或两者兼有。现任大教堂的主教鲁道夫·沃德霍尔泽（Rudolf Voderholzer，1959—）允诺向受害者各支付5000至20000欧元不等的赔偿金。

随着“Me too”运动在全球展开，近二三年，“性侵”这座隐秘的冰山终于被更多的正义人士所关注，不光是女性，还有一些男童也不幸成为受害者。冰山在那海面之下、占十分之九体积的隐秘部分，显然还无法被全部知晓。如果冰山最终能被翻转过来的话，激起的将是惊涛骇浪，但那种隐秘而尖利的疼痛，无疑将伴随着受害者的一生。

徜徉在雷根斯堡旧城区。这里在2006年被列入《世界文化遗产名录》，理由是：“这座中世纪城镇拥有许多优质建筑，证明了它作为一个贸易中心的历史及其从9世纪起对该地区的影响……该镇还以其作为神圣罗马帝国中心之一的遗迹而令人叹为

观止。”当年，雷根斯堡是通往意大利、波希米亚、俄罗斯和拜占庭的大陆贸易路线的重要过渡点。

黄昏时分，石桥东侧的“香肠厨房”（Wurstkuchl）已经坐满了人。这家酒馆有 500 多年的历史，它所在的位置曾被用作雷根斯堡石桥的建筑办公室，石桥完工后，办公室变成了酒馆，雷根斯堡的石匠和码头工人一直在这里享用美食。这里的木炭烤架、自制香肠、纯猪肉火腿和自家地窖里发酵的泡菜等，基本保持着传统，连芥末都遵循着历史配方。

我沿着多瑙河的河岸行走，没多远就瞥见“*MS Symphonie*”河轮已泊在岸边。晚 7 点，我们开始了在多瑙河上的航行。半个小时后，接近瓦尔哈拉神殿，从水面上观看，掩映在翠林之中的这座建筑物更加宏伟。

德奥边境的帕绍

第十四日。清晨，抵达帕绍（Passau），这是德国东南部靠近奥地利的一座边境城市，位于多瑙河、因河（Inn）和伊尔茨河（Ilz）的交汇处，也被称为“三河之城”。深谷之上，城堡矗立，有些凉意。

随意在这座小城行走，石板街的地面上用彩色涂料标记出一条参观路线，这也是一种创意。沿着多瑙河畔的小街，我走到了路德维希广场（Ludwigsplatz）。这是城中最热闹的地方，路德维希街上有不少时尚服装店。帕绍大教堂内有着世界上最大的管风琴之一（有着17000根回音管），会定期举办音乐会。

过了一座Prinzregent-Luitpold-Brücke铁桥之后，沿着幽静的林中小径登上城堡（Veste Oberhaus）。帕绍有5万人口，其中1.2万人是当地帕绍大学的学生。眺望着这座大学城，它在阳光下焕发着一种活力之光。

午餐时分回到船上。头盘是巴伐利亚香肠，主菜是炖猪手，甜点是黑森林蛋糕。

下午3点30分，河轮启航，驶过三江交汇点（Dreiflüsseeck）。下午4点，进入奥地利境内，展现在眼前的是多瑙河交织着的力与美的画面：两架滑翔伞滑过一座城堡（Freizeller Schlossl），一个帅哥在摩托艇的牵引下在水面滑行，周围有天鹅起落……河清海晏，正是大自然对敬畏它的人类的最好的回馈。

整个下午我都坐在顶层甲板的沙滩椅上，感受着多瑙河这一河段那种无法言喻之美，还有河流文化的璀璨与辉煌。直到黄昏来临。

这天的晚餐是南瓜奶油汤，然后是鸭肫色拉（Salade Landaise），这是一种传统的法国沙拉，原产于兰德斯地区（Landes），采用鸭胸肉、鸭胗、熏猪肉、生菜叶和松仁等食材制作。主菜是炖兔肉，配上俄式土豆薄煎饼、意式干面和蔬菜，接着是一小碟Bleu d'Auvergne奶酪片，这是一种法国蓝奶酪，以其产地在法国中南部奥弗涅地区（Auvergne）命名。甜点是桑果配烘脆的薄片面包。

对于奶酪，许多年前我刚出国时，与绝大多数的国人一样，觉得它有一种气味，每次只能吃下极少量，但也不过分排斥。随着时间的推移，我对奶酪的产地和种类越来越熟悉，每次都可以品尝不少，也能够体验出奶酪中的不同美味，尤其在正式的晚宴中、在席间中场休息时，侍者都会推来一辆摆满了各种奶酪的小推车，现场为宾客削切。我一般会选其中的三四种，再配上些当地的果酱，甜咸混合，别有一番美妙。这些奶酪口感都相当不错，柔软的入口感觉，微咸，如同柔软之舌，后味是一种鲜美之味，还很持久。

我曾深入意大利皮埃蒙特的一个奶酪地窖去探访。在阴冷的环境中，时间与空气一起工作，使奶酪完全成熟。在此后的几个月里，特殊的小气候和接触多达12种不同类型的木材，会让奶酪表面长出不同的霉菌，以此决定奶酪形成最终的独特味道。

在这艘河轮上，我与其他宾客在说起法国的奶酪时，其中一位绅士说，法国仅奶酪就有400多种，你怎么来管理一个有着400多种奶酪的国家呢？每个人都有差异化的精细要求，也难怪各种罢工不断。

从梅尔克到布达佩斯，多瑙河之波

梅尔克修道院和瓦豪河谷

第十五日。清晨，抵达梅尔克（Melk）。该镇的名字来源于斯拉夫语，意为“边界”。梅尔克在奥地利瓦豪河谷（Wachau Valley）的多瑙河南岸，距离维也纳86公

里。该小城面积为 25.7 平方公里，人口 5200 多。

多瑙河流域的瓦豪河谷，位于奥地利的梅尔克（Melk）和克里姆斯（Krems）之间，长 35 公里，在修道院、城堡和农业（尤其是葡萄栽培）等方面保留了许多自史前时代以来的演变轨迹，2000 年被列入《世界文化遗产名录》。许多 18 世纪的建筑，如酒馆、客栈、磨坊、盐库、铁匠铺和收费站，现在仍然用于贸易和工艺用途，并且部分融入了城镇结构。

从码头驱车来到梅尔克修道院（Stift Melk）。这是一座本笃会修道院，建在一块巨大的岩石上，金碧辉煌，俯瞰着多瑙河。11 世纪时，这里是巴班伯格斯家族（Babenbergs）的地盘，他们从 976 年开始统治奥地利，直到 13 世纪末期由哈布斯堡家族接管。1089 年，巴班伯格斯家族的利奥波德二世将一座城堡送给本笃会的僧侣们作为修道院，15 世纪，这座修道院成为梅尔克宗教改革运动的中心，这一运动也影响了奥地利和德国南部的修道院生活。

1702—1736 年，修道院经过设计、重建，成为奥地利巴洛克建筑的代表。大理石大厅里（Marmorsaal）装饰着红色大理石壁柱，奥地利版画家保罗・特罗格（Paul Troger）创作的彩绘天花板十分引人注目。二层楼高的图书馆内收藏着大约 8 万册图书，其中不少是中世纪遗留下来的著名音乐手稿。

修道院的亮点是其教堂（Abbey Church），约翰・迈克尔・罗特梅尔（Johann Michael Rottmayr）用大理石和壁画装饰着教堂，十分精美。最后来到修道院的露台上，可以一览多瑙河谷的壮美景色，当年，拿破仑曾将梅尔克作为对奥地利战役的总部，这片露台很可能被他用作军事观察台。

中午回到河轮。午餐头盘是奶油蘑菇，涂烤在面包片上，主菜是本地啤酒烩牛肉，配上奶油白芝士自制的鸡蛋面疙瘩，以及炖熟的菊苣。这种菊苣微苦，但后味清凉，甜点是巧克力蛋糕。

下午 1 点多，经过因特豪斯（Hinterhaus）城堡。这是一座 13 世纪的城堡遗址，坐落在约灵山（Jauerling Mountain）的悬崖上，俯瞰着斯皮兹镇（Spitz）。

半个小时后，抵达杜恩斯坦因（Dürnstein）。从河轮上下来，沿着河岸走到小镇中央的主干道（Hauptstraße），人头攒动。杜恩斯坦面积 16.7 平方公里，人口 860 人。小镇上有一家糕饼店，出售一种叫“Wachauer Laberl”的点心，这是一种用小麦和黑麦面粉做成的糕点，也是瓦豪河谷地区的一种特色食品。

一座城堡的遗址高踞在岩石高地之上，透出沧桑之美。在1192年的圣诞节前不久，英国的“狮心国王”理查德一世（Richard I，1157—1199），在此被奥地利公爵利奥波德五世（Leopold V）扣押，因为公爵怀疑理查德下令谋杀了他的堂兄康拉德，理查德还把公爵的军旗从阿克里的城墙上降了下来，得罪了公爵，结果理查德被公爵关押在这座城堡内达4个月之久。1635年，在“三十年战争”后期，瑞典人占领了城堡，随后摧毁了外门。此后，它最终陷入失修状态。

杜恩斯坦因修道院（Stift Dürnstein）蓝色的高塔十分夺目。这座修道院建于17世纪，1788年被约瑟夫二世皇帝命令强行关闭，如今，它由一个奥古斯丁僧侣组成的财团管理。修道院独特的蓝白色钟楼，是奥地利最有名的巴洛克塔之一，被认为是瓦豪河谷的象征，其中，修道院的灰色和黄色代表着大地，钟楼的蓝色和白色代表着天堂，

杜恩斯坦因是瓦豪河谷地区游客最多的旅游目的地之一，也是葡萄酒产区，街上有好几家酒类商店。走到一家画廊里，里面悬挂着一些现代泼彩风格的油画，质

量一般，标价却不低，有的标到了 4900 欧元。

下午 3 点 30 分，河轮继续航行。河岸上有一些人在晒日光浴，享受着舒缓的时光。整个下午我在舱房内写作。

维也纳的夜与昼

傍晚，河轮慢慢接近维也纳，这一段多瑙河平坦而宽阔。餐厅的工作人员特地换上了奥地利古典风格的服装，主菜也换成维也纳肉饼配蔬菜。

晚上 9 点，抵达维也纳。我们开始乘车夜游这座我曾多次到访的城市。

维也纳从早期的凯尔特人和罗马人聚居地，发展成为中世纪的巴洛克之城，奥匈帝国的首都。自 16 世纪以来，维也纳一直被公认为欧洲的音乐之都。它有着丰富的建筑群，包括巴洛克城堡和 19 世纪末建造的戒指路（Ringstrasse）。“维也纳历史中心”在 2001 年，成为“世界文化遗产”。

我们在查哈酒店前面停车，来到阿尔贝蒂娜美术馆，这里收藏着丢勒、鲁本斯、伦勃朗等人的大量作品。一辆由两匹白马牵引的马车（Fiaker），嘚嘚的马蹄声更显示出夜晚的安静。

走过西班牙马术学校，来到米歇埃尔广场，拐进贺夫堡（Hofburg），即哈布斯堡家族的王宫。里面有 2500 个房间，从 13 世纪下半叶到 1918 年，该家族在此居住了大约 600 年。在哈布斯堡家族统治期间，维也纳的建筑、音乐、美术等领域都创造出无数精品。透过尤金公爵骑马的塑像，可以看到被灯光照亮的新王宫，像是那个漫长帝国残存的暖光。

第十六日。早晨 8 点，驱车前往位于维也纳城外西南方向的美泉宫（Schloss Schönbrunn），“Schönbrunn”这个名字来源于院中的一口自流井，当时被作为宫廷用水。初夏时，这里总是挤满了游客。这座巴洛克风格的皇家避暑别墅是奥地利最重要的建筑、文化和历史遗迹之一，1441 间客房，反映了历任哈布斯堡君主不断变化的趣味。

1569 年，神圣罗马皇帝马西米兰二世购买了这片土地，当时还是洪泛区，建立起狩猎小屋和夏日住所，用来放置野鸡、野猪、鹿等猎物。1683 年，这个休闲猎场在土耳其人的一次袭击中被彻底摧毁，修复过程中，逐渐扩展成为宫廷避暑别墅。

18 世纪 40 至 50 年代，玛丽亚・特蕾莎（Maria Theresa）皇后统治时期，美泉宫参照凡尔赛宫的布局，改建成了如今的模样，代表着哈布斯堡帝国的辉煌时代。

美泉宫从 18 世纪到 1918 年，一直是哈布斯堡皇帝的住所，是欧洲最令人印象深刻和保存最完好的巴洛克组合之一。从 17 世纪末到 20 世纪初，它是哈布斯堡家族在欧洲历史上的长期权力和影响力的物质象征。1996 年被列入《世界文化遗产名录》。弗朗茨・约瑟夫一世（Franz Joseph I，1830—1916）出生在美泉宫，作为奥匈帝国在位时间最长的皇帝，在此度过了他 86 年的一生。1918 年 11 月哈布斯堡王朝垮台后，这座宫殿成为奥地利共和国的财产，并作为博物馆保存下来。

我们沿着线路参观，与多年前不一样，现已禁止摄影。弗朗茨・约瑟夫的办公室、伊丽莎白皇后（即茜茜公主）的寝宫、镜厅、漆画室、中国风格的蓝色会客厅……从中可以瞥见那个王朝的背影。

结束了宫殿的参观，步入庭院。其中的雕塑花园空间被称为“宏大帕特雷”（Great Parterre）。菩提树修建得如墙壁一般，两旁依次排列着 32 座雕塑，代表神灵和美德。

穿过花园，沿着缓坡向南走，走上了 60 米高的一座小丘。1775 年，在这座小山顶上，建起了高约 20 米，宽约 80 米的格洛丽叶纪念台（Gloriette），以纪念阵亡的将士。格洛丽叶纪念台在“二战”中被摧毁，到了 1947 年被修复，在 1995 年又再次被修缮。站在这里，眺望整个面积为 186 公顷的美泉宫，这种开阔和优美，似乎一直都没有改变。

斯特凡大教堂（Stephansdom）矗立在维也纳的中心，这座罗马天主教堂是维也纳最重要的宗教建筑，见证了哈布斯堡王朝和奥地利历史上的许多重要事件。教堂由石灰石建造，兼具罗马式、哥特式、巴洛克式等多种风格，彩色的瓷砖屋顶上覆盖着 23 万块琉璃砖，建筑的最高点——南塔，建于 1368—1433 年，高 136 米，构成维也纳高耸的天际线。1529 年维也纳被奥斯曼土耳其军队围困期间，以及 1683 年维也纳战役期间，这座教堂都被作为观察所和指挥所，直到 1955 年，城内发现有火灾时，这里就会敲响警钟。

教堂内共有 23 只钟，其中最大的普美灵大钟（Pummerin）悬挂在北塔，重

20130 公斤，是欧洲第三大摇摆钟，仅次于科隆大教堂的彼得大钟和意大利罗韦托（Rovereto）大钟。普美灵大钟最初铸造于 1711 年，是用维也纳战役中奥斯曼军队败退时遗留下的 208 门大炮制成的，1945 年 4 月因火灾而被毁，现在看到的这座大钟铸造于 1951 年。

离开教堂，向西进入宽阔的格拉班大街（Graben，原意是“壕沟”），这是维也纳第一区的一条商业大街。瘟疫纪念柱（Pestsäule）是街上的一个视觉中心。1679 年，维也纳发生了一场大瘟疫，神圣罗马帝国皇帝利奥波德一世（Leopold I）发誓，如果疫情结束，他会竖立一个慈善柱，首先揭幕的是一根临时木柱，展示圣三位一体和 9 位天使。

此后，有多位设计师受邀对纪念柱进行设计，保罗·斯特鲁德尔（Paul Strudel）和洛多维科·伯纳西尼（Lodovico Burnacini）相互启发灵感，最终于 1693 年建成了现在这个巴洛克式纪念柱，人物塑像叠合成一座云状金字塔，最高处是金色的天使雕塑，利奥波德一世跪在地上，向上苍祈祷。这个纪念柱是维也纳最著名的雕塑作品之一，标志着维也纳向鼎盛巴洛克（High Baroque）时代的过渡，对整个奥地利的建筑和音乐风格都颇有影响。

晚上 8 点，“*MS Symphonie*”号河轮上的“庆贺晚宴”拉开了序幕。首先呈上的是鲜美的鹅肝，然后是菲力牛扒、烤羊奶干酪和火焰冰激凌，美味有加。

梦回金色大厅

河轮继续在夜晚的多瑙河上航行。

我回想起 2001 年 10 月，在到达维也纳的第二个晚上，从维也纳旅游局编写的旅游指南上，看到了维也纳爱乐乐团（Wiener Philharmoniker）将演出勃拉姆斯 F 大调《第三交响曲》的消息，便匆匆赶去。售票房在一条狭窄通道的尽头，我原来担心买不到票，幸好还剩下一些站票，68 奥地利先令一张。那时候还没有使用欧元。

走进这座正在维修之中的建筑，穿行在盛装的观众之间，来到了金色大厅——一座乐迷心目中的神圣殿堂。每年的新年音乐会就是在这里举行的，通过卫星直播，全球大约有 20 亿观众一起来分享音乐的神奇和快乐。

金色大厅里的舞台背景是数十根金色立柱组成的，屋顶也是金边镶嵌，巨大的吊灯分两排挂在半空，黄色的灯光使大厅更加辉煌灿烂。

当乐队指挥站到台上，全场响起经久不息的掌声。站票席位于金色大厅后面，有一道铁栏杆与前面的座位分开，这里已站着30多位青年人，有的倚靠在栏杆上，有的索性席地而坐。

当极优美的第三乐章“小快板”（*Poco Allegretto*）歌唱般的旋律在金色大厅响起的时候，大家立刻站起来注目乐队，聆听这曾无数次激荡心灵的乐音。大提琴、木管、法国号和双簧管交替演奏该乐章的主题，乐曲在极为深沉的诉说中，保持着一种安宁和抑制的忧郁感，以及一种怀疑和反省。

这时，我看到了一幕奇特的景象：整个金色大厅座无虚席，强烈的逆光在那些观众的金色或灰白的头顶上，以及一排排整齐的犹如教堂的座椅上划出一道道明亮的光边，高低起伏，犹如一部光的协奏曲。

这里相当多的来宾是中老年人，正是他们在固守着古典音乐的家园。一个有趣的细节是，在交响曲演奏的过程中，全体观众屏神倾听，只有在每个乐章停顿时，才会在某个角落传出一阵咳嗽声，引得我们这些年轻观众不由轻笑起来。

与我一样靠在后墙上的是一对大学生情侣，他们从奥地利的林兹（Linz）赶来，专程来听这场音乐会，小伙子说自己是学计算机软件的，他一直很后悔没有选择音乐专业。在站票席中，还有一位穿着蓝白条海魂衫的日本游客，他是一位长笛演奏者，今天特意来听这个乐团的演奏，以了却自己的一个夙愿。

速读两座古都

晚上9点15分，河轮驶过斯洛伐克的首都布拉迪斯拉发（Bratislava）。城堡（Bratislavský Hrad）和圣马丁主教座堂（Dóm sv. Martina）在灯光的辉映下，富丽典雅、巍峨壮观。这座巨大的城堡呈长方形，有4个角楼，矗立在小喀尔巴阡山脉上，俯瞰着多瑙河。几个世纪以来，它一直是这座城市的象征，许多传说都与这座城堡有关。

公元前5世纪，凯尔特人占据着城堡山。公元前9年起，此地变为罗马帝国的边界，罗马军团自公元 1 世纪至 4 世纪在此驻防。8 世纪末，斯拉夫人抵达布拉迪斯拉发，增加了一些防御工事，建起一座木制城墙的城堡。11 世纪，这座城堡成为匈牙利王国的中央城堡之一，保护王国免遭波希米亚和德国的攻击。1052 年亨利三世试图占领城堡，一名匈牙利士兵游到入侵舰队的船只上钻洞，然后敌舰被击沉了。

1531 年，奥斯曼帝国开始征服匈牙利王国。1536 年，布拉迪斯拉发成为匈牙利王国的首都，由奥地利哈布斯堡家族统治。1552 年至 1784 年期间，两名匈牙利皇家警卫、50 名匈牙利士兵和 50 名奥地利步兵，守卫着城堡皇冠塔中的匈牙利王国皇冠，因为当时的匈牙利国王来自哈布斯堡王朝，他只能在加冕仪式上暂时佩戴一下皇冠。

1647 年，这座城堡按照早期巴洛克的式样完成重建，基本就是现在看到的样子。1767 年至 1770 年，城堡东侧建造了一座新宫殿，里面全部采用昂贵的家具，并收集了数百件艺术品，后来成为维也纳阿尔贝蒂娜美术馆收藏的基础。1783 年，匈牙利王国的首都迁到现在的布达佩斯，城堡则变成一座神学院，培养出许多重要的斯洛伐克知识分子。1802 年，神学院被指定为军营。1811 年 5 月，由于驻军士兵的粗心大意，造成城堡失火，此后建筑的状况逐渐恶化。1957 年，城堡开始修复，但 1968 年因“布拉格之春”被打断，城堡被华约部队占领。

河轮渐渐驶离城堡，一段漫长的历史就这样在几分钟内被速读了一遍。夜色蔚蓝，这样透亮的城堡，仿佛是多瑙河上的水晶宫殿。

第十七日。早晨醒来，发现河轮已停靠在匈牙利的埃斯泰戈姆（Esztergom）的多瑙河右岸。这是匈牙利北部的一座城市，与斯洛伐克接壤。距离布达佩斯 46 公里。从第 10 世纪到 13 世纪中叶，埃斯泰戈姆一直是匈牙利的首都，大教堂（Esztergom Basilica）是匈牙利最大的教堂。

走到顶层甲板上，初升的太阳照在静静的河面上。玛丽・瓦莱丽（Mária Valéria）大桥连接埃斯泰戈姆和左岸斯洛伐克的什图罗沃（Štúrovo），多瑙河也成为这两个国家的界河。什图罗沃是斯洛伐克和匈牙利之间的一个主要过境点。

远远望去，大桥上静悄悄的。由于斯洛伐克和匈牙利已于 2007 年 12 月签署申根协定，这样就取消了所有的移民和海关检查。

这座大桥最初建于 1895 年，1944 年撤退的德军摧毁了它。2001 年，在欧盟的支持下，给予了 1000 万欧元的赠款才得以重建长约 500 米的大桥。这座公路桥以弗朗茨·约瑟夫皇帝和伊丽莎白皇后的第四个孩子——玛丽·瓦莱丽公爵夫人的名字命名。

埃斯泰戈姆是匈牙利最古老的城镇之一，蜿蜒的街道具有一种历史感。公元前 350 年左右，第一批凯尔特人就在这一带定居，后来它被罗马人征服，成为一个重要的边境城镇。公元 1000 年，匈牙利国王斯蒂芬一世在这里加冕，在他的统治下，这里成为匈牙利的首都。11 世纪至 13 世纪，埃斯泰戈姆极盛一时，有大量工匠和商人定居，建造起城堡及匈牙利唯一的造币厂，"多瑙河把几个国家的经济和珍宝带到了这里。"

13 世纪，埃斯泰戈姆在鞑靼人（Tatar）的围攻中被毁，皇室迁到布达。在 14 世纪至 15 世纪，古镇得到复兴，与布达一起成为匈牙利文化最具影响力的卫城之一，大教堂旁边建了一个图书馆和一座天文台，一些国家的国王、科学家和艺术家纷纷到访。

登上一个山坡，我走近大教堂（Esztergom Basilica）。这是匈牙利最大和最高的教堂，它长 118 米，宽 49 米。最初由建筑师帕尔·库尔（Pál Kühnel）设计，工程于 1822 年奠基。1838 年，帕尔不幸被谋杀，此后，约泽夫·希尔德（József Hild）接棒并主持建筑工作，上层教堂于 1856 年落成，音乐家李斯特写下了《埃斯泰戈姆弥撒曲》（*Mass of Esztergom*）。大教堂在 1869 年最终完工。

穿过一道巨大的拱门和教堂前的 8 根高 22 米的科林斯式廊柱，走进教堂。其内部面积为 5600 平方米。穹顶的高度达 71.5 米，直径 33.5 米，有 12 个窗户。教堂内的巴科兹礼拜堂（Bakócz Chapel）是匈牙利文艺复兴样式建筑的典范，1506—1507 年间使用附近的 Süttő 红色大理石建造，墙壁上装饰着意大利托斯卡纳的图案。地下室的墓穴建于 1831 年，古埃及风格，长眠着已故的大主教，其中包括以反纳粹而闻名的约泽夫·明德森蒂（József Mindszty，1892—1975）。

从地窖算起，整个教堂有 400 级台阶，拾级而上，我们首先来到珍宝陈列室，里面收藏了许多中世纪金匠的杰作，包括 13 世纪以来一直使用的皇冠银十字、华丽的圣杯和以罕见的珐琅工艺装饰的圣像；此外，还收藏了礼拜服、长袍等大量传统的匈牙利纺织品。在空中餐厅，透过巨大的半圆形窗户可以看到下面的多瑙河。沿

着在教堂屋顶上铺设出来的一条窄小通道登上最高处，背靠着教堂的大穹顶，放眼望去，多瑙河划出一条弯道，那是它曼妙的身姿。

布达佩斯，暂时的告别

下午 1 点 30 分，河轮启动。这是此段河流之旅的最后一段。两岸不时闪过城堡和林中小屋，有几个孩子在河边的浅滩上裸跑。下午 3 点 30 分，远远地望见了布达佩斯国会大厦，几乎所有的乘客都站在了顶层甲板上，迎候着这座城市的风景：玛格丽特岛、链子桥和布达城堡……我曾多次探访这座名城，只有这一次是沿着多瑙河从水面的角度来靠近它、感受它。这有着些许的不同：在河面上观看，显然更加宏伟。

河轮在伊丽莎白桥（Erzsébet Híd）的东南岸停泊。这座桥位于链子桥的南侧，在多瑙河狭窄的部分，横跨仅 290 米。最初的桥在“二战”期间被毁，1961 年至

1964 年间重建了该桥。该桥以伊丽莎白皇后的名字命名，她的铜像坐落在大桥布达一端的小花园中。

次日早晨，沿着伊丽莎白桥走到西岸，向北沿着一条缓坡道走去，树影婆娑，拾级而上，就到了城堡山。

我走近渔人堡（Halászbástya）。渔人堡是一座新哥特式和新罗马式风格混合的雅致建筑，回廊上部建有 7 座白塔，代表 7 个马扎尔人（Magyar）部落，他们在公元 896 年从喀尔巴阡盆地迁居到此。中世纪时，渔民负责防御这一段城墙，曾奋起抗击奥斯曼人的入侵，因而得名“渔人堡”。渔人堡在福莱格耶斯·舒勒克（Frigyes Schulek）的领导下，于 1895—1902 年间设计并建造。在“二战”期间，遭到毁坏，从 1947—1948 年，他的儿子加诺斯·舒勒克（János Schulek）又对此进行了修复。

登上一个全景露台，这里可以眺望多瑙河畔两岸的景色，以及河中的玛格丽特岛，这座长 2.5 公里的小岛，是当地人喜爱的休闲区。

沿着一道长廊漫行，廊柱与多瑙河互相映衬，组成一幅幅内容丰富的画卷，光影时刻都在变化，一步一景，美得令人心醉。

拐进一条安静的石板路，向南漫步，十分安静，两旁有不少工艺品商店，陈列的雕塑作品具有很高的水准。

慢慢走近布达城堡（Budavári Palota）。1265 年前后，国王贝拉四世（Bela IV）在城堡山上兴建了第一座王宫，后来，在抗击奥斯曼帝国的战争、1848-1849 年革命期间及“二战”期间均遭到毁坏，后又被修复。现在王宫内坐落着匈牙利国家美术馆、布达佩斯历史博物馆和现代艺术博物馆。

布达城堡是布达佩斯匈牙利国王的皇家城堡和宫殿。该城堡建在城堡山的南端，组成了一个开阔的城堡区域，中世纪、巴洛克风格和 19 世纪风格的教堂和公共建筑并存。1987 年，该城堡与布达佩斯的多瑙河岸区、安德拉西大街（Andrássy út）一起被列入《世界文化遗产名录》。

这个古堡区域还包括阿昆库姆（Aquincum）罗马城遗址。这段多瑙河的岸边从旧石器时代就有人类聚落，这个遗址就是证明。作为一个兼容并蓄的都城，布达佩斯也是中欧城市繁荣的一个典范，布达城堡地区（Buda）是典型的中世纪和巴洛克风格，佩斯（Pest）的建筑则更多体现新艺术时代的特征，这一切都由多瑙河连接起

来，形成宽阔宏大的布局，被认为是世界上最完美的都城景观之一，也印证着布达佩斯的辉煌历史。

中午时分，在王宫前的大平台上举行换岗仪式。一对士兵列队而来，在鼓声中，士兵们依次表演队列和步枪操作的过程，为这个古老的街区增添了血性的阳刚之美。在不远处，矗立着奥匈帝国名将欧仁尼大公的青铜骑马塑像，他在 1686 年，最终将奥斯曼人赶了出去，结束其奥斯曼帝国近 150 年的统治。1873 年，随着布达和佩斯合为一个整体，这里成为欧洲的重要城市；到了 1918 年，第一次世界大战后，布达佩斯成为奥匈帝国的陪都。

回到河轮上，就坐在窗前阅读、品茗。我读毕林斯基·亚诺（Pilinszky János，1921—1981）的《哈尔巴赫 1944》（*Harbach 1944*）——

At all times I see them.
The moon brilliant. A black shaft looms up.
Beneath it, harnessed men
haul a huge cart.
（在任何时候，我看到他们。
月光灿烂。一根黑色的车轴隐约可见。
在它的下面，被奴役的人
牵引着巨大之车。）

Dragging that giant wagon
which grows bigger as the night grows,
their bodies are divided among,
the dust, their hunger and their trembling.
（拖着那巨大的货车，
车如无边的黑夜般越撑越大，
他们的身体被迫分开，
灰尘弥漫，遮蔽着他们的饥饿和颤抖。）

They are carrying the road, they are carrying the land,
the bleak potato fields,
and all they know is the weight of everything,
the burden of the skylines...
（他们背负着这条长路，背负着这片土地，
荒凉的马铃薯田地，
他们知晓一切的重担，
甚至是天际线的重量……）

毕林斯基·亚诺是匈牙利当代诗人，他的诗歌侧重表达生命和死亡背后的感悟。

这首诗来源于他参加“二战”和被俘时的亲身体验，到处是被轰炸的村庄和城镇，更有着集中营里囚犯的被羞辱、被奴役、饱受折磨、骇人听闻的痛苦以及难以想象的恐怖经历。“二战”之后，他在匈牙利读者中具有巨大影响。1980年，他被授予匈牙利最负盛名的文化奖——科苏特奖（Kossuth Prize）。

苦难从未走远，忧思弥漫。诗情画意，只在阑干外。

这个国度还曾养育了诗人裴多菲（Sándor Petőfi，1823—1849）和钢琴家李斯特（Franz Liszt，1811—1886），文艺氛围氤氲芳香。

第一阶段的河轮之旅接近尾声。站在阳光甲板层，透过多瑙河的水面，布达佩斯的各种景观显得更加宏伟，从渔人堡到王宫的超长建筑群，宛如一幅超长的画卷，记载着荣耀与沧桑。

格瑞沙姆宫：见证历史之河的风云变幻

我在布达佩斯逗留了数日。这天，在多瑙河畔的一座宫殿门口停下来。这座格瑞沙姆宫殿（Gresham Palace）正对着宽阔的多瑙河，庄重雅致，在二楼窗台上的墙面有两组浮雕：人群彼此拥抱，神色凝重，仿佛直面漫长的历史之河。

走进这座宫殿，迎面是一座铁艺大门，上面镂空刻着两只优美的孔雀，高阔的大堂，地面是古典图案的马赛克瓷砖，举目望去，大堂内天顶的设计十分繁复，各种优美的线条汇聚成新艺术时代的典雅和奢华。这里是布达佩斯四季酒店（Four Seasons Hotel Budapest），由格瑞沙姆宫殿改建而成。

在电梯间等待电梯时我发现，这里的两座古典电梯最有特色的地方是，有一个大指针来回摆动，指示着目前电梯所处的位置。走进电梯，金色的暖光照射进来，十分宽敞。沿着走廊前行，墙面上挂着一些抽象画。来到 206 房间，插房卡的卡槽也是用黄铜制作的，走进去，我的房间正对着链子桥和整个布达城堡。案几上放着下午的甜品。摇动黄铜把手，打开双层玻璃门，汽车的声音和更通透的阳光扑面而来，河岸上正演奏着一曲临渊之歌，有一种面对历史的潮水般的感觉。

喝着下午茶，凝望窗外的多瑙河，遥想这座宫殿的往事。布达佩斯这座千年古都，在历史上经历过无数的风云变幻。这里的原址是一座叫 Nákó House 的新古典

主义风格宫殿，建于 1827 年。1880 年，伦敦格瑞沙姆（Gresham）寿险公司购买下了物业，由于当时投资股票属于非法的，但租金收入则是明智的投资，该公司决定在原有建筑的规模上进行扩建。他们聘请并委托当地建筑师西格蒙德・奎特纳（Zsigmond Quittner）和约瑟夫・沃格（Jozsef Vago）来设计新的建筑结构，1904 年，兴建了这座格瑞沙姆宫殿。1906 年建成后，于 1907 年对外开放。该宫殿的名字，来源于 16 世纪的英国金融家托马斯・格瑞沙姆爵士（Sir Thomas Gresham），他是伦敦皇家交易所的创始人。

最初，该宫殿作为公司的办公楼和高级职员的公寓，在第二次世界大战期间，红军将这里改为一个兵营，此后变成破旧的公寓楼。1990 年，铁幕降落之后，它被交回了布达佩斯市政府。此时，整个城市的歌剧院、艺术画廊和葡萄酒商店开始恢复，布达佩斯生活的格调也慢慢在复苏。从 1998 年开始，四季集团聘请了以设计师米克洛斯（Miklós Szentkirályi）为核心的一支修复团队，对这座建筑进行修复。

这支团队中有铁艺工匠、银器艺人、彩色玻璃修复师、陶艺家，甚至还包括马赛克瓷砖工匠，按照修旧如旧的原则，历时 5 年，总耗资 1.1 亿美元，终于修复完毕。2004 年，这家设立在昔日宫殿内的酒店揭幕。作为酒店，也增加了原先宫殿内没有的部分，如室内泳池、Spa、网络和娱乐设施，但都是在原来的框架结构之内的。

下午 4 点，来到酒店一层的 Lobby，享用海伦德下午茶（Herend Afternoon Tea）。“海伦德”是一个典型的匈牙利人名，而这种下午茶正是具有匈牙利美食特色的下午茶，所以就更特别了。

旁边不远处，钢琴师在弹奏着《卡萨布兰卡》的主题曲，乐声悠扬，慢慢扩散成大饭店里的回声，琴声如诉。这架 K Kawai 三角钢琴锃亮的面板，反射着天顶上那流畅的线条，这个天顶网格状的铁架子中，镶嵌着细格子的玻璃和一些淡蓝色调的彩色玻璃，具有良好的透光效果。

餐桌上，那些精美的瓷器和茶具的摆放独具匠心。3 层的托盘上每层的内容都十分丰富：最上层是经典美味小食，包括司康饼、马卡龙，还有玛德琳蛋糕（Madeleine），这是一种含杏仁碎片的重油小蛋糕，马塞尔·普鲁斯特（Marcel Proust，1871—1922）的《追忆似水年华》（*In Search of Lost Time*）中多次提及，一块玛德琳蛋糕，曾牵引出丝丝缕缕的回忆。

侍者走过来，递上餐单，请我选择茶。这里选配的茶，不再是一般的袋泡茶，而是精选手工制作的锡兰叶片茶（Tea Leaves），我选了一款“Mountain Berry”，冲泡片刻后，倒上一杯，飘来杏和梨的淡淡风味，似乎还有淡淡的金盏花（Marigold Flower）的香气。品尝着第一层这些甜香的小点，再加上香味清芬的锡兰红茶，味蕾立刻被华丽的清甜味道激活。

接着，品尝中间一层的美食——Pogácsa 三明治。Pogácsa 是匈牙利等地的一种特色面包，可以是有酵或无酵的，一般只有经验丰富的厨师才能烤出上乘的 Pogácsa。可以用白面粉或全麦面粉来制作，也可以混合奶酪、黑芝麻、干莳萝等配料。第一块里面含着黑橄榄酱、意大利熏火腿、帕尔玛干酪（Parmesan），味道略咸；第二块里包括柑橘奶油奶酪、腌熏三文鱼和莳萝，鲜美且带有一丝果香；第三块里的是番茄酱、黄瓜和莫泽雷勒干酪（Mozzarella），这是一种色白味淡的意大利干酪。这些味道中前味整体偏咸，后味有一种淡淡的鲜美之味，刚好中和。

在下面一层，放着瑞奇蛋糕（Rigó Jancsi），这是一种匈牙利式的巧克力蛋糕，十分绵软。它的流行要归功于奥匈帝国的前国王，以匈牙利吉卜赛小提琴家瑞奇（Rigó Jancsi，1858—1927）的名字来命名。因为瑞奇幸运地娶到了克拉拉公主（Clara Ward）。这位公主是美国百万富翁沃德（E.B. Ward）的独女，还是比利时王子的前

妻。在匈牙利的烹饪笔记中，这个蛋糕被称为“吉卜赛约翰”（Gypsy John）。

相传在1896年，克拉拉和瑞奇相遇在巴黎的一家餐馆，当时克拉拉和她的比利时王子丈夫在那里吃饭，瑞奇在那间餐厅卖艺。两个人一见倾心。后来克拉拉公主跟他的王子丈夫分道扬镳。在1896年到1898年间，有大量的报纸报道了瑞奇这位小提琴家和克拉拉公主（她同时还拥有伯爵的爵位）的浪漫故事。据说，瑞奇为了取悦克拉拉公主，与一位糕点厨师合作共同创造出这种蛋糕，送给了克拉拉一个惊喜，故而，后来这款蛋糕就以瑞奇的名字来命名。

这种瑞奇蛋糕是二层巧克力海绵蛋糕，成分包括鸡蛋清、奶油、糖和面粉，在两层蛋糕层之间是厚厚的巧克力，还有薄薄的一层杏果酱，再放入黑朗姆酒和香草，最后浇上黑巧克力糖浆。聆听着这样的传说，品尝着这款蛋糕，一种浪漫的浓香扑溢而来。

盘子里还有一种叫 Képviselõ 的甜点，这是放入香草浆和杏仁酥的泡芙，有着清香的口感；另外还有 Flódni Tart，这是放入苹果、核桃和罂粟籽的苹果派；还有一种梅子馅饼（Plum Strudel），酸甜宜人，绝不会致人腻烦。

夕阳斜下，链锁蓝桥

黄昏的暖光中，出去散步。走几十米就到了链子桥（Széchenyi lánchíd）上，这座长375米、宽14.8米的悬挂桥采用熟铁和石材为建筑材料，由英国工程师威廉·蒂尔尼·克拉克（William Tierney Clark）设计，威廉早期曾在英国设计了横跨泰晤士河的马洛桥（Marlow Bridge），链子桥的规模则要宏大许多。从1840年起开始施工，1849年11月建成通车，是布达佩斯的第一座永久性桥梁。桥梁中央为两车道，两侧各有一条步行道。

该桥是以当时的主要赞助者伊斯特凡·申切尼（István Széchenyi）的名字命名的，简称“链子桥”，它被视为一个工程奇迹，如同纽约布鲁克林大桥，具有巨大的象征意义。这座大桥巨大的铸铁结构，将欧洲的工艺水准提高到一个全新的阶段，同时表达出“平静的尊严和平衡感”，被视为匈牙利民族觉醒的标志，象征布达和佩斯两个部分的统一，以及联系东西方之间的纽带。

链子桥的中心跨度达到202米，在当年也是全球跨度最大的一座桥。当时桥梁的部件是从英国制造后运到这里并进行最终装配。1914年，又对大桥的铸铁结构进行更新和加固。在“二战”中，这座桥在围攻中严重受损，1949年进行重建并恢复通行。

我站在桥头的石狮子雕像前仔细端详。这些石狮子雕像是由雕刻师约翰·马沙尔科（János Marschalkó）雕刻的，在1852年安放上去。这比伦敦特拉法加广场上那有名的青铜狮子还要早15年。

漫步在人行道上，夕阳就在大桥斜拉索之间跳跃，可以看到接近桥面的主钢梁上整齐密布着半圆形的铆钉。桥墩上面是宏大的拱门，也是斜拉钢索上部的支点，那些钢索就那样优美地曲线而下。在拱门底部的石基旁，摆放着当地艺术家的漫画作品，内容多为调侃家庭生活的琐碎。桥下的多瑙河，波平河阔，一派祥和。走到大桥的西侧就到了克拉克·亚当广场（Clark Ádám Square），举目望去，便是雄伟的布达城堡。

沿着桥往回走，一碧苍穹，不时有游船从桥上穿过。这座桥是横跨多瑙河的第一座桥梁，将布达佩斯东侧的佩斯和西侧的布达两个部分连为一体。发现靠南侧的这边栏杆上有一些游人的签名，还有一些挂着的连心锁。

漫步到链子桥南侧的河岸上，我在一张长椅上坐下来，看如此温暖的夕阳霞影绚烂。旁边椅子上的一位男子也沉浸在这如诗般的场景中，我跟他随兴攀谈起来，他来自乌克兰，独自到这里度假。我们漫聊那些历史和旅行的点滴感受，似乎对眼前的美景有了更深切的感受。

回到房间，站在窗前，正对着链子桥。透过400mm的长焦镜头，可以清晰地看到桥墩的拱门上那狮子头部的雕塑和一个徽记，淡蓝色的钢索像是竖琴，映衬在灰色的拱门前，那淡蓝色不再鲜艳，有一种被时光洗涤过的干净和质朴。

傍晚时分，暖光照在那些“竖琴”之上，还有桥头的石狮子上。夜深了，桥面上汽车的灯光一次次地划过，然后留下金黄色的光影，仿佛电影中的画面。那金黄色如此深沉，该是往昔和记忆的色彩。

生活中的欢喜、淡忘和痛楚，依然尖利如刀锋。

Danube and Borders

A Journey between Central Europe and the Balkans

巴尔干上的萨瓦河：

在看不见边境的河流上

一年之后。飞抵布达佩斯。

搭乘河轮沿着多瑙河南下，进入其支流萨瓦河。900 多公里的水上旅行，经过匈牙利、克罗地亚、塞尔维亚和波黑4 个国家。在这条没有设立明显边检站的河流上，实际上却有着频密的边境查验，代表着不同国家的主权存在。

安静的水道、多元文化的城镇和不太久远的残酷战争历史，混合成一块斑驳的调色板。往事渐渐淡去，唯有浩荡之河静水流深，日夜不息。

MS Victor Hugo，一艘文艺河轮

为什么要选乘一艘河轮穿过中欧，前往巴尔干半岛？

因为航线新颖而独特，航次稀少。

在完成了从阿姆斯特丹到布达佩斯的航行后，我就知道，这只是一个暂时的终点，我将沿着多瑙河继续前行。

于是，查阅 Croisi Europe 的航线：一条是前往罗马尼亚，最终到达多瑙河的黑海入海口；另一条是这条沿着多瑙河及其支流萨瓦河（The Sava），途经匈牙利、克罗

地亚、塞尔维亚和波黑4个国家的都会与小镇，10天9夜的河轮行程，接着加上一段延伸的陆路行程，穿越整个中欧最大的湖泊——巴拉顿湖，最后回到布达佩斯，如此形成一个完整的旅行闭环。这条线路显然被列入了优选预订之中。

仲春时分。晚上6点钟，我登上“*MS Victor Hugo*”河轮。踏入船舱的那一刻，我就意识到这是一艘文艺气息浓郁的河轮：在中庭墙面上，贴着法国大文豪维克多·雨果的一张线描作品。在上层甲板往船头方向拐，就到了Lounge Bar，中央有一方舞池，靠近船头的窗台上，摆放着雨果的一批典藏版著作。

沿着上层甲板，走到204舱房。这条走廊上也布置着雨果小说里的线描作品，包括巴黎圣母院顶上的怪兽塑像。这间舱房位于河轮的右舷，居于最靠餐厅的位置。舱房墙面上挂着黑白照片和放大版的纪念雨果的邮票图案。

房间内配备着衣橱、书桌和42英寸的液晶彩电。两张单人床合在一起拼成一张大床。在床头设计了一个按钮，可以将彩电收纳进天花板的凹槽内，以使得空间更大一些。舱房内设计了一扇宽大的玻璃窗，这样便于旅客靠在床头，眺望窗外的景色。

在窗边挂着一块30多厘米见方的装饰板，上面印着雨果的一句话：“Je vote l'abolitition pure, et definitive de la peine de mort.”（我投票赞成彻底、明确地废除死刑。）

还是在上高中时，我曾无数遍地读过雨果的《海上劳工》《九三年》和《巴黎圣母院》，可以说，他是对我影响最大的法国作家。我在担任摄影记者期间，拍摄过大量摄影纪实专题，其中蕴含着的人道主义思想，最初来源于对他作品的阅读和理解。如我在 1997 年拍摄的摄影专题《阳光下的临终关怀》，聚焦“中国社会的老龄化问题”，获得了第八届中国新闻奖。那时的老龄化问题还远没有像今天这么严重，但又有多少人在关心“临终关怀”这个遥远的问题呢？

此刻，面对并回味着雨果的这句话，我却有一些茫然。在已取消了死刑的一些国家，对重型犯判处 20 年的有期徒刑，果真是有效的吗？

2011 年 7 月 22 日，凶手安德斯·贝林·布雷维克（Anders Behring Breivik）制造了震惊世界的奥斯陆爆炸枪击案和于特岛（Utøya）枪击案，一共杀害了 77 人，最终被判处 21 年监禁。他的牢房是“三居室”的独立房间，分为卧室、书房和健身房，书房内还配备有电视和电脑，但即使有着这样的条件，2016 年 3 月，布雷维克指控挪威政府将其单独关押了 5 年，诉称监狱限制其使用电脑，并审查他的信件，违反了《欧洲人权公约》。在庭审中，布雷维克甚至抬起右臂，向法官行纳粹礼。

在这样的监禁中，凶手的反社会人格得到矫正了吗？这能够帮助服刑犯进行行为的规范、让他们在出狱后不再犯罪吗？这其实是没有答案的。此后，随着这艘河轮的航行，我对巴尔干这座"欧洲火药桶"的了解加深，对于克罗地亚独立战争和波黑战争中的残酷有了切身的体会，也对人性之恶和人的罪恶心理有了更深的解读。

还是到河轮的各个部分参观。从接待处的楼梯往下，就到了主层甲板。这层全是舱房。回到上层甲板再往上登，便来到阳光甲板层（Sun Deck），驾驶室设立在前方的位置，后方有一个户外酒吧区，还可以作为运动休闲区域。

晚上 7 点，宾客们移步到 Lounge Bar 内，这里将举行欢迎酒会，船长和主要船员们与大家一一见面，从而开始了在这艘河轮上 10 天 9 夜的生活。

尔后，河轮启航，沿着多瑙河南下。宾客们步入餐厅，享用船上的第一顿晚餐。头盘是黑森林火腿，主菜是鸡胸肉配上炸土豆泥棒和球花甘蓝。甜点是冻梨蛋糕，口味甘甜清冽。

从布达佩斯到伊洛克，纪念碑与圣火

经过一夜的航行，次日早晨，伴着舷窗外的晨光醒来。登上阳光甲板，我进行晨间散步。河轮沿着多瑙河行进，碧波浩渺，堤岸上有人在跑步。9 点 30 分，全体宾客集中在阳光甲板上，接受河轮安全知识的基本培训，大家开始学习救生衣的穿着方法，因为在此后的航程中，需要熟悉这些操作程序以策安全。

河轮经过匈牙利的莫哈奇（Mohàcs），从匈牙利来到克罗地亚（Croatia），接着，经过了巴提纳（Batina）小镇。中午时分，大家依次来到河轮的接待处，一位克罗地亚的边检官神情严肃地坐在那里，与每一位乘客见面，非欧盟护照的持有者都需要确认签证，并敲下入境戳。

下午 3 点，河轮到达此行的第一站奥西耶克（Osijek）码头。我们首先驱车前往科帕克里特自然公园（Kopački Rit Nature Park），这是克罗地亚东部的一个自然公园，靠近塞尔维亚边界，由位于德拉瓦河（the Drava）和多瑙河汇合处的许多池塘组成，它是欧洲最大的湿地之一。

我乘上一艘电动平底船，在这片湿地漫游。一路上，看到有一些白鹭、黑鹳、白尾鹰和翠鸟等栖息在水边的树枝上。导游介绍说，这片湿地具有丰富的生物多样性和重要的生态价值，于 1967 年成为保护区，整个公园占地 23.891 公顷。2012 年，该公园被联合国教科文组织宣布为穆拉—德拉瓦—多瑙河生物圈保护区（Mura-Drava-Danube Biosphere Reserve）的一部分。目前这一地区拥有 260 多种鸟类、40 余种鱼类，还有野猪、石貂等多种哺乳动物。每年有许多迁徙的鸟类将这一地区作为临时庇护所，冬季从较冷的北部地区迁移到温暖的南部地区，然后在初夏时节回迁。

下午 5 点 30 分来到奥西耶克。这是克罗地亚东部斯拉沃尼亚地区最大的经济文化中心，也是克罗地亚的第四大城市，人口约 10 万。这个城市的名字“Osijek”来自克罗地亚单词“Oseka”，意思是“低潮”，但实际上，这座城镇建立在德拉瓦河右岸海拔 94 米的高地上，防止了城市被当地的沼泽水所淹没。

相传奥西耶克是由斯拉夫人建立的，公元 7 世纪在此建造了一个河流港口。1526 年，奥斯曼人占领了这个城镇，1566 年，在奥西耶克建造了一座 8 公里长的木桥，当时被认为是世界奇观之一。1687 年，哈布斯堡王朝的军队赶跑了奥斯曼人，占领了这座城市。

我们来到哈布斯堡星堡（Tvrđa）。这是 1693 年至 1735 年间，由奥地利建筑师马克西米利安·戈索·德·赫内夫（Maximilian Gosseau de Henef）设计的 5 座相连的堡垒，它是克罗地亚保存最完好、规模最大的巴洛克式建筑组合，被认为是“18 世纪巴洛克式军事、行政和商业城市中心的一个独特典范”。

接着又步入“圣三一”广场，广场中央矗立着一座瘟疫纪念碑，是马西米兰·彼得拉斯将军的遗孀于 1729 年建立的。到了 1809 年，奥西耶克被授予自由皇家城市的称号，19 世纪初，它是克罗地亚最大的城市，后来，随着哈布斯堡王朝的日渐式微而逐渐减弱其影响力。

穿过一条小街，两旁有不少酒吧和咖啡馆。奥西耶克一直被认为是克罗地亚半官方的美食之都，不少人喜欢喝当地酿制的 Osječko 和 Esseker 啤酒，当地佳肴则包括斯拉沃尼亚风格的库伦香肠（Kulen）、鹿肉和鱼类美食，其中比较有名的是辣椒鱼炖菜（Riblji Paprikaš），鱼一般采用白鱼或鲤鱼，配料包括胡萝卜、洋葱、土豆、

欧芹和罗勒等。据说，在冬天待客时最好以文火炖鱼，让锅里慢慢飘出香味，以勾起朋友们的食欲来，大家都会觉得更加饥肠辘辘而又不得不在寒冷中等待。看来，这里美食的一大特色也是无辣不欢，且深谙美食诱惑之道。

拐入一条大道，有轨电车的钢轨在夕阳中反射着暖光。奥西耶克的有轨电车自1884年以来一直在运行，是克罗地亚除了萨格勒布以外唯一运行的有轨电车网络。我走近圣彼得和圣保罗大教堂（Sv. Petar i Pavao），这座新哥特式的红砖教堂以其90米的尖顶为其主导，是克罗地亚仅次于萨格勒布大教堂的第二高建筑物，由弗兰兹·兰伯格（Franz Langenberg）设计。进入教堂正是晚祷时分，门口都聚满了信众，气氛肃穆。教堂内一共有40扇彩色玻璃窗，有些在20世纪90年代初的武装冲突中遭到了破坏。

第三天早晨8点，开始参观武科瓦尔（Vukovar）。导游带着我们走到一座小桥上，桥面上布满了彩绘，其中的一个画面是一只绿头鸭艰难地涉水而过。这似乎是这座多瑙河上秀丽小镇的一个隐喻：地处武卡河（The Vuka）和多瑙河的交汇处，

作为克罗地亚最大的河港，Vukovar 意为“武卡河上的堡垒”（Var 来源于匈牙利语 Vár，意为“堡垒”），但现在仍在战后的恢复期。

自19世纪中叶蒸汽船问世以来，武科瓦尔作为交通枢纽一直连接着多瑙河上中游的维也纳和布达佩斯以及下游的罗马尼亚港口。

晨间的街道上没有太多的行人。几帧历史照片摆放在橱窗内，展示着昔日的华美。一座残破的建筑物墙面上还存留着一些弹痕。1991 年前，这里曾经充满着优雅的巴洛克式博物馆、美术馆和城堡，但经历了 1991 年的武装冲突，整个城镇都发生了剧变。自从 1998 年克罗地亚重返国际社会以来，尽管已经重建了很多建筑物，但仍存在着不少废墟。

驱车前往武科瓦尔守护者纪念碑（Memorial to the Defenders of Vukovar）。远远看见一座青铜色的纪念碑高高矗立，纪念碑的中央镂空，形成一个十字架形，一盆圣火燃烧不息。在其后面是受害者公墓，共竖立着 938 个大理石十字架。一位戴着黑色头巾的老妇人站在那里，神情肃穆而悲苦。

在1991年8月至11月的克罗地亚独立战争中，武科瓦尔大约有2000名自我组织的捍卫者，在87天内，抵抗由塞族控制的前南国民军的围攻。前南国民军出动了大约3.6万名士兵，开动了110辆重装坦克以及数十架飞机，炮弹和火箭以每天1.2万枚的密度向该镇发射，留在武科瓦尔的数千名平民躲在冷战期间建造的地窖和防空洞里，前南国民军最终攻占了武科瓦尔。武科瓦尔大约有2000名捍卫者和平民被杀害，800人失踪，2.2万平民被迫流亡。在这些数字背后，是当地幸存者无法回首的残酷战况。

激战结束后，一些记者和国际观察员被允许进入这片焦土，其中一位记者在报道中写道："在整个武科瓦尔，似乎没有一个屋顶、一扇门或一面墙能逃脱子弹或炮弹留下的锯齿状的缺口，这些都是塞族军队3个月努力的一部分，目的是从克罗地亚守军手中夺取这座城市。没有一座建筑看起来适合居住，甚至是可修复的。几乎每棵树都被炮火炸成了碎片。"

"武科瓦尔围困"被一些西方史学家认为是"二战"自斯大林格勒保卫战后，欧

洲城镇遭受的最严重的一次破坏。武科瓦尔也是“二战”以来第一个被完全摧毁的欧洲主要城镇。2007 年 9 月，前南问题国际刑事法庭对两名前南国防军军官参与武科瓦尔大屠杀进行起诉。

这次武装冲突后，克族和塞族之间种族鸿沟在继续加深。自克罗地亚战争以来，许多克族人迁往克罗地亚其他地区，或移民到德国或奥地利等西欧国家，不少塞族人则移居塞尔维亚，或移居加拿大等地。在战后很长的一段时间内，人口数量还不到战前人口的一半，克族儿童和塞族儿童分开接受教育，甚至连咖啡店也被分为由克族人或由塞尔维亚人开的两种，横亘在克族人和塞族人之间的沟壑依然存在，甚至塞族人也很少来纪念碑这里，因为如果他们过来，他们顿时会感到一种巨大的心理压力。

在此武装冲突之前，多民族的居民已在一起和谐生活了几个世纪。这里也曾是前南斯拉夫最富裕的地区之一。而现在，正如克罗地亚社会学家克鲁诺·卡尔多夫（Kruno Kardov）所言，武科瓦尔仍然被一条“看不见的边界线……刻在某一特定群体成员的认知地图上。”（invisible boundary line... inscribed only on the cognitive map of the members of one particular group.）

上午 10 点 30 分，我们驱车来到伊洛克（Ilok），这是克罗地亚东北部最东端的一座小镇，留下了中世纪的大量遗迹，包括 13 世纪圣彼得大教堂遗迹和 15 世纪建的城墙。走进奥德斯卡基城堡（the Castle of Odescalchi），里面的博物馆陈列着一些新石器时代的文物，还有 20 世纪的家具、瓷器和历史地图等物件，描绘了该镇当时的生活形态。

从诺维萨德到伏伊伏丁那，塞尔维亚的胜利男神

中午 12 点回到河轮上，继续航行。享用午餐之后，下午 4 点 30 分抵达塞尔维亚（Serbia）的诺维萨德（Novi Sad）码头。在此之前，塞尔维亚边检官已提前在船上检查了所有乘客的护照和签证。

驱车前往诺维萨德。诺维萨德是塞尔维亚伏伊伏丁那自治区（Vojvodina）的首

府，也是塞尔维亚第二大城镇，城市面积为129.7平方公里，主要部分位于多瑙河左岸，人口25万。“Novi Sad”这个名字在塞尔维亚语中的意思是“新植物”。

人类居住在今天的诺维萨德的历史，可以追溯到石器时代。此后，它先后在凯尔特人、罗马人、法兰克人和奥斯曼人的统治下，直到它成为哈布斯堡帝国的一部分。18和19世纪，它是塞尔维亚人居住的最大城市，是一个重要的贸易和制造中心，也是塞尔维亚的文化中心，获得“塞尔维亚的雅典”的称号。在第一次世界大战后的20世纪，又以不同的名称统一和分离，直到诺维萨德在2006年最终成为塞尔维亚共和国的一部分。今天，诺维萨德是一个重要的工业和金融中心。它已被选为2021年“欧洲文化之都”城市之一。

天下起了蒙蒙细雨，步行到自由广场上，不时有衣着时尚的青年男女快步走过，给这座环绕着巴洛克式建筑的奥匈古镇带来一些欢快的气息。每年诺维萨德会举行音乐节和文学节，还会举办“塞尔维亚时装周”活动。

我潜入一条小街，在一家酒吧休憩片刻后，晚上6点30分回到河轮上。

次日早晨8点30分，抵达贝尔格莱德码头。

晨雨纷飞。车子在慢慢穿行。贝尔格莱德（Belgrade，意为“白色城市”）是塞尔维亚的首都和最大城市。它位于多瑙河与萨瓦河（the Sava）的交汇处，同时也是潘诺尼亚平原（Pannonian Plain）与巴尔干半岛交汇处，贝尔格莱德的市区面积为359平方公里，人口123万。

从公元前279年凯尔特人征服这里开始，先后有罗马人、斯拉夫人、奥斯曼人和哈布斯堡人在此定居。作为一个战略要地，有历史学家统计过，这座城市在115

场战争中先后被各方攻占，曾经 44 次被夷为平地。

我们抵达圣萨瓦东正教教堂（St. Sava Orthodox Church）。这座教堂是巴尔干最大的东正教教堂，占地面积 3650 平方米，始建于 1939 年，整个修造过程一直在进行中，迄今教堂大部分已经完成，有一面外墙还在维修中。其建设完全由捐款资助。沿着台阶下去，进入主厅，看见四周都是马赛克壁画，中央的水晶吊灯华光闪耀。

又驱车前往卡列梅格丹公园（Kalemegdan Park），这是贝尔格莱德的中央公园和要塞综合体。沿着一座桥走进要塞，桥下的草坪上陈列着火箭炮和坦克。这座要塞建立在 125 米高的高地上。

我们在一座井口前止步，这座罗马井是贝尔格莱德最神秘的景点之一，建于 18

世纪初。据称，它是在一口2000年前的罗马井的基础上建造的，在被围困的情况下，它可以为乳牛提供饮用水。这口井深51米，直径3米，深度约35米，有两个螺旋楼梯，类似DNA双螺旋分子的形状。由于湿度较高，在井壁上形成了钟乳石。井里的水十分干净，有一种小螃蟹生活在里面。

当地有不少传说与这口井有关，包括被监禁的反叛者、秘密寻宝者和一个因嫉妒而杀害妻子的凶手的故事，曾广为流传。悬疑电影大师阿尔弗雷德·希区柯克（Alfred Hitchcock，1899—1980）在1964年参观过这口井，他对这些传说和整个要塞的环境大感兴趣。

烟雨蒙蒙。下方的广场上矗立着维克多雕像—— 一位裸身男神。这是贝尔格莱德的地标之一，建于1928年，以纪念塞尔维亚王国在第一次巴尔干战争中战胜奥斯曼帝国，以及在一战中战胜奥匈帝国而建造，由伊万·梅什特罗维奇（Ivan Meštrović）设计，这座雕像的名字“Victor”代表了自由的胜利。

这位男神的一只手托着猎鹰，另一只手执剑，眺望着萨瓦河和多瑙河的交界处。它是贝尔格莱德的视觉象征。

中午，回到河轮享用午餐后，下午2点30分驱车前往伏伊伏丁那（Vojvodina）地区。这个地区的总面积为21500平方公里。在历史上，伏伊伏丁那先后被无数入侵者所统治，直到最终归属塞尔维亚。

车子在弗鲁什卡戈拉（Fruška Gora）山脉南坡的伊尔斯基·韦纳克（Irski Venac）村落停下，穿过一片栽满栗子树的草地，步入克鲁舍多尔修道院（Krušedol Monastery），它由当地的暴君——布兰科维奇家族（Branković）建于1509年至1514年间，1990年被宣布为具有特殊重要性的文化纪念碑。修道院里面光线幽暗，墙面上布满18世纪的马赛克绘圣像，华美绝伦。一位修道士神情严肃，紧张地看着游客是否有偷拍的情形。在这个山区附近，散落着16座东正教的修道院，将拜占庭、巴洛克风格与塞尔维亚艺术特色融合起来。

天下起了小雨，在雨中漫步斯列姆斯基·卡洛维奇（Sremski Karlovci）。这是塞尔维亚最小的城镇，也是伏伊伏丁那地区秀丽的城镇之一，有9000名居民，众多的巴洛克式和新古典主义建筑保存完好。早在17世纪，这座城市成为奥匈帝国的塞尔维亚文化中心和塞尔维亚东正教教区的总部，当时不少神学家与作家在这里相遇，文风昌盛。现在，整个小城是寂静的。

晚上 6 点，回到贝尔格莱德码头，在河轮上享用晚餐。头盘是三文鱼卷配奶酪和山葵，主菜是炖羊肉配土豆泥，最后上的甜点是覆盆子蛋糕。

餐后，舒适地坐在 Lounge Bar 内喝酒聊天。

从布尔奇科到萨格勒布，在萨瓦河上的航行

第五天。清晨，河轮启航，沿着萨瓦河（The Sava）向西航行 130 公里后，即将抵达波黑（Bosnia and Herzegovina，全称是波斯尼亚和黑塞哥维那）的布尔奇科（Brčko）。萨瓦河发源于斯洛文尼亚的朱利安阿尔卑斯山脉（The Julian Alps），向东流经卢布尔雅那和萨格勒布，然后形成克罗地亚和波黑之间的自然边界，最后在贝尔格莱德汇入多瑙河，全长 900 公里。萨瓦河最西端可航行到西萨克（Sisak），其河谷是一条重要的运输走廊，整个萨瓦盆地是一个肥沃的农业区。

整个白天天色阴晴不定，我便在舱房内安静地写作。写作几个小时后，走出舱房来到 Lounge Bar，点上一杯橙汁和一碟小点心，休息片刻。

我们的护照依然在服务台保管着，来自波黑的边检人员已将护照全部检查了一遍。下午 5 点 30 分，河轮抵达布尔奇科码头。布尔奇科位于波黑北部，面积为 402 平方公里，人口为 8.3 万。它是欧洲唯一存在的完全自治的自由城市。

从河轮上下来，沿着河堤漫步。当地一些居民在遛狗散步，还有几个人在岸边垂钓。夕阳西下，水鸟在金色的柔波上飞翔、跃动。一座萨瓦河大桥连接着波黑与克罗地亚，桥上并没有设立检查站，只有少量的车子通过。一个小伙子快速地走着，残阳如画。

第六天。早餐之后，我们参观布尔奇科。小城十分安静，有着色彩斑斓的特色建筑，也保留着比较残破的窄小街道，还有一座设计新颖的清真寺。从清真寺走出来的时候，一位失去右腿的残疾男子拄着拐杖从我面前走过，那拒绝屈从的佝偻身影，直面贫穷和被驱逐的惨状，像是渴望行动和改变。

这让我想起了惨烈的 1992 年到 1995 年间的波黑战争。这场战争使得当时只有 400 万人口的波黑，造成了近 200 万的难民。布尔奇科在 1996 年时成为一个地理争议点，维和部队建立了一个隔离区，将各个交战派别分开。1997 年 5 月，依据《代顿和平协定》，布尔奇科成为一个自治的特别地区，由国际社会的大使代行管理权限。

此刻，让我们将目光放远，来俯视巴尔干地区（The Balkans）。它又被称为巴尔干半岛（Balkan Peninsula），是欧洲东南部的一个地理区域，有着地缘政治和历史的各种含义。“Balkans”一词来源于土耳其语，意为“山脉”。狭义的巴尔干半岛的范围是其西北与意大利接壤，北部与匈牙利相连，北部和东北部与摩尔多瓦和乌克兰形成边境，南部与希腊相邻；而广义的巴尔干半岛则包括希腊和土耳其的部分地区，即位于亚得里亚海与黑海之间的半岛，面积约 66.67 万平方公里，种族多样性是该地区最具特色的社会和政治特征之一。巴尔干半岛与亚平宁半岛和伊比利亚半岛共同，组成了南欧的三大半岛。

历史上，第一次和第二次巴尔干战争改变了世界的进程。第一次巴尔干战争从 1912 年 10 月持续到 1913 年 5 月，巴尔干联盟（塞尔维亚、希腊、黑山和保加利亚）

与奥斯曼帝国对峙。巴尔干国家的联军迅速获胜，使得奥斯曼帝国几乎失去了在欧洲的所有剩余领土，包括马其顿和阿尔巴尼亚。

第二次巴尔干战争由于塞尔维亚、希腊与保加利亚就瓜分马其顿的纷争而引发，1913 年 6 月 1 日，塞尔维亚和希腊结成了对保加利亚的联盟，战争于 1913 年 6 月 29 日晚上开始，保加利亚人被击败，希腊和塞尔维亚分得马其顿的大部分领土。

由于巴尔干战争，希腊获得了马其顿南部以及克里特岛。塞尔维亚获得了科索沃地区，并扩展到马其顿北部和中部。战争的政治后果也十分严重，保加利亚在马其顿受挫，期待奥匈帝国的支持，而塞尔维亚则与奥匈帝国更加敌对。1914 年 6 月 28 日，奥匈帝国皇储弗朗茨·斐迪南大公夫妇，在萨拉热窝被一名塞族人暗杀，引发了第一次世界大战。

我们又回到河轮上。中午时分河轮启动，驶向斯拉沃尼亚布罗德（Slavonski Brod），这时轮到来自克罗地亚的边检人员来检查护照。这段大约 65 公里长的萨瓦河，碧波浩渺，河面上除了几艘垂钓的小船，几乎空无一人，唯有河水含情而来，

倾情而去，是此次航行中较为美妙的一段。

黄昏时分，抵达斯拉沃尼亚布罗德。

次日早晨，参观这座小镇。斯拉沃尼亚布罗德是克罗地亚东部靠近波黑的边境城市，人口为5.9万，它是萨瓦河上的一个主要河港。

我们来到布罗德堡垒。它建造于奥匈帝国时期，采用沃班（Vauban，1633—1707，法军元帅，也是当时欧洲最好的防御工事专家之一）风格，是奥匈帝国军事边境上最大的堡垒之一，保存完好。城堡的一部分现改为美术馆，展示当地雕塑家和画家的作品；另外的一处还保留着古老的药房；还有一处是古代的牢房，以塑胶模特来展示旧时的酷刑。

我们穿过一个鲜花盛开的中心广场，这是克罗地亚全国最大的几座广场之一。广场上点缀着画廊、书店和咖啡馆，洋溢着欢愉的气氛。广场附近还有一条河畔长廊，名字叫“Kej”。

午后，沿着萨瓦河继续航行，航行距离约100公里。夜间在亚塞诺瓦茨

（Jasenovac）停泊。

第八日。早晨，河轮驶进靠近西萨克的一处小河汊，两辆旅游大巴已等候在河岸上。我们驱车前往龙尼斯科湿地自然公园（Lonjsko Polje Nature Park）。

该自然公园成立于 1998 年，有着克罗地亚乃至整个多瑙河流域最大的受保护湿地，多瑙河流域洪水泛滥后造成了独特的景观与生态系统，占地 505.6 平方公里，沿萨瓦河延伸，是鸟类的重要栖息地。我们在一个叫齐戈奇（Čigoć）的村庄停下来，道路两旁是一些全木结构的民居，几个白鹳在屋顶的巢窠中理着羽毛。一些农舍展示着当地的各种农具和手工品，展现了人居和谐的自然风貌。1994 年，欧洲自然保护协会（EuroNatur）授予该村“欧洲鹳村”（European Stock Village）的称号。

中午时分回到河轮。下午 5 点 30 分，河轮慢慢驶近西萨克（Sisak）码头，西萨克是克罗地亚最大的河港。大家聚在 Lounge Bar，我在书架前翻阅着古典版的维克多·雨果的小说。

窗外绿影婆娑，这艘文艺河轮诗意般地抵达了航行的终点。

当然，我们的旅程还将继续。

晚上 7 点，晚餐的头盘是韭菜馅饼，主菜是炖鸭腿佐以土豆和西葫芦片，配上

Saint-Anian Grande Reserve Carignan-Merlot 葡萄酒。最后上来的甜点是黄油薄卷饼。

第九天。早晨，从西萨克出发，驱车 60 公里来到萨格勒布（Zagreb）。萨格勒布是克罗地亚首都和最大城市，市区面积为 641 平方公里，人口为 80 万，萨格勒布城市群的人口 110 多万，约占克罗地亚总人口的四分之一。

这座城市诞生于中世纪的两个城镇“Gradec”和“Kaptol”，这两个小镇在两座山上隔山相望，1851 年合并后改名为“萨格勒布”，并以巴洛克风格对这座城市进行了翻修，兴建了一些宫殿、教堂和修道院。在克罗地亚的词源中，这个城市的名字来自动词“za-grab”，意思是“挖”或“掘”。相传，在 14 世纪早期，这里发生旱情，奥古斯丁·卡奥蒂卡（Augustin Kažotić）挖了一口水井，奇迹般地出了水。

我们来到萨格勒布城市博物馆。该馆成立于 1907 年，博物馆的主题从罗马时代到当代城市的文化和艺术历史，大量的藏品排列成一条时间之线，展示这个都城的政治与世俗风貌。

漫步在街上，发现一些店铺在销售领带或领结，据说在 17 世纪的“三十年战争”中，克族人脖子上都戴着特色围巾，领带或领结就是在此基础上创造出来的。

中午在一家特色餐厅用餐。有一些萨格勒布的当地美食值得一尝，其中包括鸭

肉配姆林奇面糊（Mlinci，北克罗地亚地区的传统面食）、白干酪馅饼（Štrukli）、蛋糕片（Kremšnite）和核桃卷（Orehnjača）。

黄昏时分，回到河轮上。晚上 7 点 15 分，在船上的酒吧里举行“餐前酒会”。晚上 7 点 30 分，“庆贺晚宴”开始。头盘是鹅肝、焦糖香料和布罗切面包。主菜是小牛腿肉外裹脆皮，构成一个方形，味道极为鲜美，然后服务员端上一叠奶酪片，以调节一下口味。

克罗地亚的旧都与巴拉顿湖的回声

第十天。早晨，我们与这艘河轮的工作人员道别。然后驱车北上，行驶 145 公里，到达瓦拉日丁（Varaždin）。瓦拉日丁是克罗地亚北部靠近匈牙利边境的一个小城，面积为 34.22 平方公里，人口 4.6 万多。“Varaždin”这个地名起源于匈牙利单词“Varoš”，意思是“城市”。

徜徉在瓦拉日丁的旧城（Stari Grad），欣赏着古城中的巴洛克式建筑，十分惬意。1209年，瓦拉日丁被匈牙利国王宣布为自由的皇家行政区，此后逐渐发展成为克罗地亚北部的经济和军事中心。为防止奥斯曼人的突袭，城镇被建立在古老的堡垒周围，形成了典型的中世纪瓦瑟堡（Wasserburg）风格。13世纪初，骑士团来到此地，建造了教堂和修道院。

我们来到一座城堡。这座城堡始建于14世纪，在15世纪，加建了哥特式的圆形塔。1756年，瓦拉日丁成为整个克罗地亚的首都，许多克罗地亚贵族也聚居于此。不幸的是，1776年的大火摧毁了瓦拉日丁的大部分地区，导致迁都萨格勒布。到了19世纪，瓦拉日丁被完全重建和拓展，兴建了剧院和音乐学校，贸易与手工艺繁荣，丝绸的制作再度流行。

午餐过后，驱车沿着克罗地亚A4高速公路继续北上，来到克罗地亚戈里汉（Goričan）边检站与匈牙利的莱泰涅（Letenye）边检站之间的路段。首先是克罗地亚的边检人员登上大巴，收取我和一位澳大利亚乘客的护照，接着是匈牙利的边检人员上来，收走了其他人的护照。等待大约半个小时，当护照回到手上时，我数了一下，此次行程已积累了9个边检印章。

大巴继续启程。匈牙利的M7高速公路从这里开始，直达布达佩斯。莱泰涅是一个古老的匈奴聚居地，它由阿提拉的巫师在史前时期创立。

下午4点30分，我们到达凯斯特海伊（Keszthely）小镇，小镇位于巴拉顿湖（Lake Balaton）的最西南端。巴拉顿湖面积为598平方公里，是中欧最大的湖泊，又被称为“匈牙利海”。它呈西南向东北方向分布，长77公里，宽14公里，十分狭长。赫利康·卡斯特利宫（Helikon Kastélymúzeum）吸引着我们的目光。这座二层楼的宫殿，周围环绕着公园，里面包括古树、花坛和池塘。

建造这座宫殿的费斯特蒂斯家族是匈牙利最重要的公爵家族之一，这个家庭原先在克罗地亚，在17世纪时搬到了匈牙利。1739年，克里斯托弗·费斯特蒂斯（Christopher Festetics，1696—1768）买下了一座庄园，带了外科医生和工匠来到镇上，建立了药房和医院。他于1745年开始建造这座宫殿，这座二层楼的U型巴洛克式宫殿在18世纪和19世纪时经过了多次重建。目前它是匈牙利第三大宫殿。在这座宫殿内的一侧翼楼，设立着匈牙利唯一保存完好的贵族私人图书馆，费斯特蒂斯

家族耗费 200 年积累的匈牙利语地区的文化珍品，饰以皮革装订的保护套，摆放在新古典主义风格的橡木书架上。

克里斯托弗的孙子乔治一世（George I，1755—1819）则更热心于文化教育事业。在 1797 年，创立了欧洲第一所农业学院——乔治肯大学（Georgikon），他还在巴拉顿湖修造了第一艘大型帆船。乔治一世的曾孙塔西洛二世（Tassilo II，1850—1933），则造就了这个家族的巅峰时刻，他被认为是“匈牙利伟大的贵族”，他迎娶

了英国玛丽·汉密尔顿公主，成为枢密院议员和斯图尔特勋爵。1911 年，他被奥匈皇帝弗朗茨·约瑟夫授予王子的头衔。

塔西洛二世的儿子乔治三世（George III，1882—1941）和他的家人，成为最后居住此宫殿的家族成员。1944 年，乔治三世的妻子和他们的儿子乔治四世于离开宫殿，成为这座巴拉顿湖畔宫殿的绝响。

下午 5 点 30 分，大巴在巴拉顿湖的一处观景台停下。天阴风急，我们在此眺望

片刻。此景差强人意，唯希望明天天气能够转晴。

沿着湖畔公路前行。晚上 8 点钟，终于抵达巴拉顿菲赖德（Balatonfüred）小镇的酒店——The Anna Grand Hotel Wine & Vital，酒店温暖的灯光让人心头一热。

步入酒店。酒店由一座古典主义风格的建筑改建而成，有着 200 多年的历史。进入客房，里面比较宽敞，天花板很高。自 1825 年以来，每年在这家酒店内都会举办一次经典社交活动——安娜舞会（Anna Ball），这是匈牙利最独特的舞会之一，也是这座小镇最重要的节日，内容包括音乐会和舞会皇后的选拔，具体的日期始终安排在最接近 7 月 26 日的周末，即安娜日（Anna day）。

巴拉顿菲赖德的人口约为 1.3 万，被认为是巴拉顿湖区北岸的首府，有着 2000 年的悠久历史，因为温泉而闻名，而靠近北部湖岸的山坡则盛产葡萄。846 年，斯拉夫王子普里比纳（Pribina）开始建造堡垒，作为巴拉顿公国的首都，对抗当时的保加利亚人和摩拉维亚人，被称为“沼泽要塞”（Blatnohrad）。18 世纪，这里是贵族的度假胜地，直到 19 世纪末，土地所有者才开始建造避暑别墅，出租给新兴的中产阶级使用。1861 年到 1909 年间，铁路的修建大大便利了旅游业，“二战”后更是逐步繁荣起来了。

一夜无梦。

第二天晨起，发现天已放晴。早餐之后，从酒店穿过一片葱茏叠翠的树林，就到了巴拉顿菲赖德的泰戈尔海滨大道（Tagore Promenade）。几位垂钓者安静地守在湖边，一些鸭子游弋在蓝滢滢的湖面上。

20 世纪六七十年代，巴拉顿湖区成为匈牙利普通民众的主要旅游目的地，也吸引着一些东德人和西德人前来，尤其是在 1990 年柏林墙被推倒之前，被隔离在东西德分界线两侧的亲人们，苦苦地寻找机会赶赴湖区团圆。这种曲线团聚的方式，成为冷战时期的旅游传奇。

湖畔矗立着一座雕塑，造型十分奇特：一只顽强的手，击破岩石而出，用力向上张开着，仿佛在发出让记忆不再遗忘的呐喊。阳光在燃烧，这只“呐喊之手”也成为悲苦岁月的见证。

驱车前往蒂哈尼（Tihany）半岛。车窗外，树影、蒿草和湖水，组成了一幅幅不断流动的湖畔画卷。“Tihany”这个名字来自斯拉夫语“Tichoň”，意为“沉默的

人”。蒂哈尼的居民人均收入比较高，这个小镇的房价，据说在整个匈牙利为最高之一。

沿着一条坡道上行，进入一个历史街区。两边有一些小店，陈列着刺绣桌布、还有一些瓦蓝色的陶瓷杯子，杯盖上缀着一只小猫咪，煞是可爱。

我们又来到“回声山”（Echo Hill）。半山腰的山坡上有一座雕塑，这座塑像名为《叫喊的女孩》（*Shouting Girl*）：一个年轻女子，侧身坐在石头上，左手抬起，在用力地呼喊着。导游给我们讲起这座塑像的故事：相传在巴拉顿湖区，一位公主因拥有一头金色的山羊而心生骄傲，不料受到湖王的诅咒，结果她的金山羊丢失了，只剩下一些山羊脚爪被湖水冲上了岸。她不得不焦灼地询问每一个过路人，当她走到这座小山时，她那呼喊的声音在前方蒂哈尼修道院的外墙形成了回声。这就是“回声山”之名的由来。

蒂哈尼的这座小山自 18 世纪以来，就以回声而闻名。匈牙利诗人索科内·维泰兹·米哈伊（Csokonai Vitéz Mihály，1773—1805，匈牙利文学复兴运动的主要人物），还曾写过赞美的诗歌；匈牙利作家约诺斯·加雷（Garay János，1812—1853）则记录了此地的传说。在 19 世纪早期，哈布斯堡皇族的避暑别墅在小山与修道院之间兴建，加上比较高大的树木的阻隔，这种景观上的变化导致回声减弱了许多。我们也试了一下，一起大声地说了一个法文单词，结果基本上没有回声。

沿着城墙走向蒂哈尼修道院（Tihany Abbey）。这是本笃会的修道院，由安德拉一世（András I，c. 1015—1060）始建于公元 1055 年。1754 年，这座修道院以巴洛克风格重建。修道院也为哈布斯堡历史增加了一个注脚：当哈布斯堡最后的皇帝查尔斯一世（Charles I，1887—1922，1914 年遇刺的弗朗茨·斐迪南大公是他的叔叔）在第二次试图夺回王位失败后，曾被短暂囚禁在这里。现今，由于它的历史和艺术意义，已成为巴拉顿湖区的最佳景点。

进入修道院，沿着台阶走到地下室，安德拉一世的陵墓就安放在此。

走出修道院，来到其后侧的高地，倚着城墙伫立片刻，眺望湖面，此时晨光朗照。现实宛若这澄碧的湖波，往事则如同深眸倒影。

我回想着整个旅程，尤其是那些斑杂、丰富而有些沉重的记忆。

但这一切终归是迷人的。不是吗？

The Magic Water: Flamenco, Fado and the Film Location of *Wild Strawberries*

魔幻之水，止于忘忧之夜

沿着瓜达尔基维尔河、杜罗河和哥塔运河航行。

在那些并不太知名的河流和运河上，却有着令人惊喜的文化底蕴。

匀速向前，窗外流动着的是当下舒缓的时尚生活和余韵不绝的历史媚影。

白驹过隙。从本书出版的 *2021* 年起，*15* 年后的 *2036* 年会很快到来。从这个意义上讲，这也是一本献给未来的书。

The Guadalquivir

Andalusia in Glamour

瓜达尔基维尔河：

安达卢西亚媚影

安达卢西亚是西班牙最南端的地区，面积为 87590 平方公里，其间布满了摩尔式、哥特式、文艺复兴和巴洛克式建筑，悠长的历史留下了丰富的遗迹，并以弗拉门科舞蹈、雪莉酒和卡图亚诺纯种马而著称。

河轮夜宿塞维利亚

塞维利亚（Seville）。沿着瓜达尔基维尔河（西班牙语 Guadalquivir，意为“大河”）的河岸行走，岸边十分宁静。前方一艘白色的河轮已停泊在那里，等候着宾客的到来。

迈过一道铁门，来到这艘“*MS La Belle de Cadix*”河轮前。走进船舱，这是一个圆形的公共空间，四周布置着以花卉和人物为主题的油画作品。

时间尚早，一些宾客就在 Lounge Bar 喝着饮品，慢慢地等待着。我来到最高层的阳光甲板层，下午和煦的阳光照在身上，暖意融融。河面上一班人马正在你争我赶地划着皮划艇，不时还有一辆艘游艇快速地驶过。这条瓜达尔基维尔河给人的整个感觉就是宽阔的、安静的。它没有太大的知名度，也没有太多的船舶经过，与世无争地流淌在西班牙的西南部，那些历史深处的秘闻与遗址就掩藏在离这条大河的不远之处，而搭乘这艘河轮寻访，就是与它们亲密接触的极佳方式。

下午 5 点 30 分，接待处开始办理入住手续。我走下旋梯，来到主层甲板的 116 客舱。这间舱房位于邮轮右舷，整个舱房是紫色调，从窗帘到紫色花纹的床罩和靠垫。舱房内设计了圆形的舷窗，这让人想起古典航行的历史。

开始熟悉河轮的各个部分。主层甲板的前部是餐厅，后部是舱房。回到中层甲板，这层的前半部分是 Lounge Bar，后半部分是客房。再往上，就是上层甲板，驾驶

室在前方的位置，中部是客房，在尾部有一个小型的 Pianorama Bar，里面兼作一间图书室，摆放着真皮沙发，十分安静，是我的心仪之处。推开船门，外侧是 Terrace Bar，有着开阔的船尾视野，再往上，就到了阳光甲板层，有一个户外酒吧区，也可以作为运动休闲区域。

晚上 7 点 30 分，宾客们移步到主层甲板前方的餐厅。餐厅与舱房一样，也是紫色调，典雅而舒适。大家享用船上的第一顿晚餐，也开始了在这艘河轮上 8 天 7 夜的生活。

餐后的时光，我就坐在阳光甲板上，与几位宾客闲聊。

这一晚，河轮就夜泊在岸边。

科尔多瓦的庭院和清真寺

次日清晨，早餐之后，驱车 140 多公里向东北方向行驶，来到科尔多瓦（Córdoba）。一座卡拉霍拉塔（Torre de la Calahorra），这是探索古城的起点。这是一个古老的防御堡垒，马蹄形拱门作为额外的入口门，其长方形外壳两侧的塔楼在 12 世纪重建。

绕过卡拉霍拉塔就到了罗马桥上。桥下的瓜达尔基维尔河的水位已经很低了。走过罗马桥就进入了科尔多瓦的古城区。午餐之后，我们沿着古城参观，先来到百花巷（Calleja de las Flores），小巷的墙壁上挂满了盆栽天竺葵和康乃馨。这里的家家户户都有庭院（Patios），在每年 5 月的上半月举行的庭院节里，所有参赛的业主都开放自家庭院，供公众参观。

科尔多瓦有着丰富多变的历史。大约在公元前 9 世纪至公元前 8 世纪，也就是青铜时代晚期，这里建立了第一个定居点。腓尼基人和希腊人前后来到半岛，这座城市成为重要的采矿和商业中心，因为瓜达尔基维尔河当时可以一直通航到科尔多瓦，这种舟楫上的便利，促进了艺术和商业的传播。罗马人在 2 世纪征服科尔多瓦，后来由维西哥特人（Visigothic）接管。8 世纪，进入被称为哈里发的穆斯林统治时期。

来到科尔多瓦清真寺（Mezquita）。穿过门廊，见到里面的区域由一片圆柱形的森林组成，红色和白色拱门和谐相配。马蹄形拱门的使用最初是从维西哥特艺术中借用的，后来成为伊斯兰建筑的标志。拱门的下层是马蹄形，上层是半圆形，交替的石头和砖块结构使清真寺具有双色调外观，并为此后的伊斯兰建筑树立了样板。二层的拱门意味着天花板更高，内部的照明效果更佳，同时交织的拱门系统带来了建筑群的稳定和坚固。

785年，阿布德拉曼一世开始建造清真寺。此后先后进行了3次扩建，增加了12个中殿，使清真寺更加靠近瓜达尔基维尔河的河岸，呈现出至今的规模。这座建筑可以说是整个伊斯兰世界在西欧最重要的纪念碑之一，融合了西班牙的奥美扬（Omeyan）风格、哥特式、文艺复兴和巴洛克风格，是面积仅次于麦加圣寺的第二大清真寺。

929年，科尔多瓦被宣布为哈里发的首都，并将科尔多瓦转变为西方整个伊斯兰

王国的宗教、政治和行政中心，缔造了科尔多瓦历史上的辉煌时期，当时建造了约300座清真寺，可与君士坦丁堡、大马士革和巴格达的辉煌相媲美。1013年，哈里发崩溃。在13世纪，在费迪南多三世的领导下，科尔多瓦大清真寺变成了一座大教堂，并建造了新的防御建筑。

整个科尔多瓦清真寺里面有太多的细节，令人目不暇接，徜徉许久。走出清真寺，来到橘树庭院（Patio de los Naranjos），最早这里有一个蓄水池，为穆斯林朝拜前的洗浴提供水源。这里种植了棕榈树、橘子树、橄榄树和柏树。透过橘树，可以看到塔楼，由阿卜德拉曼三世建造的尖塔保存在现在的钟楼内。以清真寺为主体的科尔多瓦历史中心，在1984年被列入《世界文化遗产名录》。

下午5点30分，乘坐大巴回到河轮上。我来到酒吧，休憩片刻。晚上7点30分享用晚餐。之后自由活动。这一晚，河轮继续停泊在塞维利亚。

从加迪斯到马尼玛岛

第三天。凌晨5点钟，还在睡梦之中就隐隐地感觉河轮启航，向南驶向加迪斯（Cádiz）。

早餐过后，在舱房内阅读。天有些阴霾，瓜达尔基维尔河的河水有些许混浊。这条河全长657公里，是伊比利亚半岛上第五长的河流，也是西班牙第二长河，流域面积为57803平方公里。

午后时分，阴晴不定，河面越来越宽，可以眺望到河西岸的多尼亚纳国家公园（Parque Nacional de Doñana）那绵延不断的树林。这座542平方公里的国家公园创建于1969年，1994年成为世界自然遗产。

下午3点30分，河轮抵达加迪斯（Cádiz），下船参观这座城市。加迪斯坐落在一个狭长的半岛上，被认为是欧洲最古老的持续居住的定居点，早在公元前1100年，由腓尼基商人以“加迪尔”（Gadir，意为“外壳”）成立。大约公元前501年，它被迦太基人占领。1492年随着美洲大陆的被发现，这里成为西班牙舰队的总部。1810—1812年被法国人围困，在此期间，它成为西班牙的首都，不受拿破仑的控

制。1812 年 3 月，西班牙议会开会并颁布了《自由宪法》。

穿过小巷，我们来到大教堂，这是加迪斯的地标，最初由卡斯蒂利亚王国的阿方索十世（Alfonso X）建造，并在 1596 年重建。不远处的巴洛克大教堂始建于 1722 年，1838 年完工，这里收藏着一批艺术珍品，作曲家曼努埃尔·德·法拉（Manuel de Falla，1876—1946）死后被埋葬在这里。沿着一条坡道走到圣卡塔利纳城堡，海边的步道上不时有自行车骑手快速驶过，大西洋的波浪冲击着被侵蚀的海堤，黄昏灿烂。

回到河轮上享用晚餐之后，宾客们陆续下船，沿着一条夜间游览路线继续游览这座海滨之城。此地各式餐厅和小酒馆密布，餐厅供应当地捕获的新鲜鱼类，包括海鲈鱼和有名的国王对虾；在每家酒馆内，都可以品尝到菲诺（Fino）、阿蒙蒂利

亚（Amontillado）、奥罗罗索（Oloroso）等当地特色雪莉酒。雪莉酒主要是由帕洛米诺葡萄（Palomino）制成，属于安达卢西亚的赫雷斯—德拉·弗龙特拉（Jerez de la Frontera，简称赫雷斯）的特产。

次日早晨8点30分，驱车向北33公里抵达赫雷斯。沿着古城墙走，来到建于11世纪的摩尔堡垒宫。这座堡垒宫殿最初由阿巴迪德统治者建造，后来改建为基督教据点。这个建筑群包括一座清真寺（后来用作教堂）、阿拉伯浴场、塔楼和回廊庭院。这里以出产雪莉酒而闻名，当时不少中产阶级家庭拓展了葡萄酒业务，也使得赫雷斯成为整个地区拥有最多贵族头衔的城市。赫雷斯是西班牙第一个有街道照明的城市，西班牙的第一个储蓄银行也成立于此。

这座城市同样以其俊美的卡图亚诺马（Cartujano Horses）而出名，卡图亚诺马也被称为卡图西亚马（Carthusian Horses）。我们驱车大约10公里，前往一座养殖场，观看马术表演。这家养殖场搭建了半圆形的看台，大约可以容纳四五百人观看。

音乐响起，骑手们策马而来，在场地中表演盛装舞步（Dressage），不时排列出整齐壮观且多变的队列，将有节奏的散步和高步小跑结合起来，动作平衡而柔软，马蹄踏踏，鬃毛飞扬，敏捷如电，热情似火……精彩的表演不时激起观众的阵阵掌声。

卡图亚诺马一直是优雅和力量的象征，有耐力更有爆发力。安达卢西亚的卡图亚诺马是西班牙和葡萄牙伊比利亚马的后裔。洞穴绘画表明，早在公元前2万至3万年，伊比利亚半岛就存在马匹。目前，整个西班牙只有约500匹纯种卡图亚诺马。

中场休息时，骑手牵来几匹白色的卡图亚诺马，让人们近距离接触与欣赏。它们的眼神里保持着温顺甚至是有些忧郁的气韵。

下午1点45分回到河轮上，享用午餐，等待向北驶向圣玛丽亚港（El Puerto de Santa María）。下午4点30分河轮启动，我站在顶层甲板上，此时夕阳朗照，鸥鸟飞翔。

抵达圣玛丽亚港的港口时已经是晚上6点了。这座小城位于瓜达尔基维尔河的河口，同时处于加迪斯湾中心。

下船参观这座小城。出了码头，走不远就到了圣马科斯城堡（El Castillo de San Marcos），这座中世纪的城堡是此地最具代表性的建筑之一，始建于1486年，最初是一座清真寺，后来转变为基督教圣地。在城堡外，有一座胡安·德拉·科萨（Juan de la Cosa，c.1460—1510）的半身塑像，地面上放置着第一张世界历史地图的瓷砖复制品。胡安是美洲大发现中非常重要的人物，1492 年与克里斯托弗·哥伦布一起航行，是旗舰“圣玛丽亚号”（Santa María）帆船的船长。他在 1500 年绘制了美洲大陆最早的一张地图，这幅地图的原件被收藏于马德里海军博物馆，绘制在羊皮纸上，高 93 厘米，宽 183 厘米。

步入教堂参观。出来时，华灯初上，一辆马车停在教堂前，仿佛电影中的画面。晚上 7 点 30 分，在河轮的餐厅享用了丰盛的西班牙海鲜饭（Paella），味道十分鲜美，配上 Miura Crema de Guindas Cazalla da la Sierra——这是一款樱桃利口酒，依据卡察拉山脉的一家修道院的传统配方制作，口感甜润。餐后，大家聚在 Lounge Bar 欣赏弗拉门科（Flamenco），响板清脆，裙裾飞扬。

弗拉门科，由歌（*Cante*）、舞（*Baile*）和吉他音乐（*Guitarra*）三者巧妙结合而成，在 9 世纪到 14 世纪之间逐渐形成于安达卢西亚。罗姆人（Roma，即吉卜赛人）从印度西北部的拉贾斯坦邦移民到西班牙，带来了乐器，如坦布林（Ambourines）和木制石榴石（Wooden Castanets）以及大量的歌曲和舞蹈。在西班牙，罗姆人与塞普哈德犹太人（Sephardic Jews）及摩尔人的文化相互融合，经过数百年的演化，最终产生了弗拉门科这种独特的艺术形式。罗姆人笃信和践行“以时间来流浪，以身体来相爱，以灵魂来歌唱，以生命来遗忘”的人生准则，弗拉门科便是这种生活哲学的结晶。

一位中年女歌者上场了，她唱起了一首“深歌”（*Cante Jondo*），感情丰沛又略带沧桑。弗拉门科的精髓之一就在于其歌曲，歌曲可分为 3 类，即“深歌”“中调”（*Cante Intermedio*）和“轻歌”（*Cante Chico*）。“深歌”的结构通常基于一个复杂的 12 节拍节奏，被认为是最古老的歌曲形式。它擅长抒发深刻的情感，表达死亡、痛楚、绝望、被迫害和宗教怀疑的主题，像是永久的局外人。“中调”是一种混合形式，融合了西班牙音乐风格的元素，尤其是节奏欢快的西班牙凡丹戈舞曲（*Fandango*）的节奏。“轻歌”则比其他两种形式在节奏上更趋简单，通常表达出爱情和乡村生活等愉快的主题。这 3 种歌曲风格都有着特有节奏的和弦结构。

19 世纪中叶后，弗拉门科逐渐将歌曲、吉他音乐与舞蹈结合起来，舞蹈中包括预先编排的舞步，也含有即兴风格的临场发挥。舞者是歌者叙事的主角和翻译者，

其中男舞者是“Bailaor”，女舞者是“Bailaora”。弗拉门科更多的是用私密的歌声和舞姿来宣泄欢乐和痛苦。

两位舞者上场了，其中的男舞者个子不高，很年轻。他的表演舞姿和步法都相当复杂，包括手臂和手指姿态以及各种脚法，即脚掌、脚尖和脚跟要分别随着明快的响板节奏踏响地板，而穿着褶皱连衣裙的女舞者则强调手腕、手臂和躯干的呼应和律动。

男舞者开始了长时段的独舞段落（*Solea*），经过15分钟的激烈舞蹈后，戛然而止，双臂定格在空中。

此时整个现场一片寂静，仿佛是一幕哑剧。数秒钟之后，舞者开始苏醒，从一种超然忘我的状态中回过神来。这时旁边的舞者和歌者拍手并欢叫起来，这种互动方式被称为“哈列奥”（*Jaleo*）。

这种独舞被费德里科·加西亚·洛尔卡（Federico García Lorca，1898—1936，西班牙诗人和戏剧家）形象地称为“黑暗的声音”（los sonidos negros），刺入了表演者

的身体。

这种独舞也被视为一种祈祷形式，舞者与观众和上帝沟通，其中手脚的动作与古典印度教舞蹈的姿势非常相似。

多年之前，看过一部影片《卡麦隆》(*Camarón*)。这是卡麦隆·德拉斯拉卡(Camarón de la Isla，1950—1992，本名 José Monje Cruz)的传记片，他是 20 世纪下半叶西班牙最有名气的弗拉门科歌手之一，“卡麦隆”(El Camarón，西班牙语，意为“虾”)这个绰号是叔叔送给他的，因为他的头发呈红金色，体格瘦弱。他患有严重的肺病，英年早逝。

在影片中，他举办了巡回演唱会，歌词如此生动且带有奇幻感：“给一匹马的催眠曲”“告诉孩子水中有什么，有长长的尾巴，还有绿色的羽翼”，每次想起他的歌词，看着船舱外的河水，我便希冀能看见水中的绿色羽翼。

第五天。早晨下船去参观一家雪莉酒厂，然后 11 点钟回到船上。河轮启动，向着塞维利亚的方向行进。

下午 5 点 30 分，抵达马尼玛岛（Isla Minima），此刻天边彩霞满天，映衬着瓜达尔基维尔河岸边的一座安达卢西亚庄园。走过一座栈桥，然后沿着一条小路，走了七八百米就到了庄园，登上楼梯，来到看台上，面对的是一个椭圆形的表演场地。

灯光开启，音乐响起，这次的马术表演，是马术与弗拉门科舞的结合：骑手骑着一匹白马进入，舞者身着红色的舞裙，在沙地上与马共舞。

之后上场的是一匹枣红色马，舞娘身穿波点裙。她表现出另一种姿态，马进人退，相互呼应又相互勾引，舒缓而有节奏地引导着马匹漫步，慢慢驾驭着炙热的欲望，渐入佳境，到达人马合一的境界。这种表演的难度除了在沙地很难踏出有节律的步子之外，最大的难点在于舞者与马匹的配合。

看完马术表演，我们随意在庄园各处参观。几位舞娘在石板路上，尽情地跳着弗拉门科舞，踢踏声就在这古老的庄园里回荡……

晚上 6 点 30 分回到船上。河轮启航，驶向塞维利亚。晚上 7 点 30 分到餐厅用膳。夜渐渐深了，在酒廊喝酒闲聊，不知不觉中，河轮已回到了塞维利亚码头。

从格拉纳达到塞维利亚

第六天。凌晨5点30分即去吃早餐。6点30分，驱车沿着A–92高速公路，向东约250公里，前往格拉纳达（Granada）。这也是整个安达卢西亚行程中的一个重头戏。

抵达格拉纳达。此处海拔为689米，处于内华达山脉（Sierra Nevada）脚下。我们沿着科隆大道（Gran Vía de Colón）走到大教堂，林荫大道十分宜人。从8世纪到1492年，这里一直被摩尔人占据，留下了阿拉伯文化的遗韵。

午餐之后，来到阿尔罕布拉宫（Alhambra）入口处。"Alhambra"这个词意为"赭红色"，反映出日落时墙体的颜色。格拉纳达的宫殿和堡垒建筑群最初建于公元998年，是摩尔人防御工事遗迹上的一个小堡垒。

1482年至1492年间，卡斯蒂利亚女王伊丽莎白一世（Isabel I）和她的丈夫、阿拉贡国王费迪南多二世（Fernando II）收复天主教的失地，引发了格拉纳达战争，最终在1492年1月2日，博阿迪尔（Boabdil）苏丹国王战败，怆然地离开了阿尔罕布拉宫，至此，摩尔人在西班牙的最后据点也随之失守。此后，神圣罗马帝国的查理五世（Charles V，1500—1558，也即卡洛斯一世）在统治西班牙期间，拆除了阿尔罕布拉宫的部分建筑群，以建造起以他的名字命名的宫殿。从18世纪开始放弃对阿罕布拉的保护，19世纪初在拿破仑统治期间，阿尔罕布拉宫的一部分被炸毁，该宫殿逐渐被荒废了。

1828年，美国作家华盛顿·欧文（Washington Irving，1783—1859）在完成克里斯托弗·哥伦布的传记后，从马德里来到格拉纳达，被颓然而依旧壮观的阿尔罕布拉宫惊艳到了，他请求当时的总督和大主教允许其探访。他被获准进入，在一位17岁的名叫马特奥·西梅内斯（Mateo Ximenes）导游的帮助下，在宫内露营了几个月。当时只有几个警卫和看守人看管着阿尔罕布拉宫的城墙。

欧文于1831年完成了非虚构文学作品《阿尔罕布拉宫的传说》（*Tales Of The Alhambra*），出版后引起了关注，也营造了修复阿尔罕布拉宫的契机。该书被认为"在阿尔罕布拉宫的宏伟中，编织了阴谋、浪漫、贪婪和隐藏宝藏的永恒故事……描述了宫殿花园、塔楼、地下监狱和穿越山脉的逃生路线。这些人物让当代读者重新

审视基督教和伊斯兰传统之间的关系，并对现代事件产生富于戏剧性的联想”。

沿着一条柏树高耸的坡道，我们首先来到赫内拉利费宫（Generalife）。这是格拉纳达国王的夏季别墅，一直以来，对赫内拉利费这个名称的含义有不同的解释：意为“总督花园”或“建筑师花园”，可追溯到13世纪末。当格拉纳达的国王们想远离宫殿的公事时，这里成为他们休闲的地方。宫殿中间设计了一个水渠中庭，引来内华达山脉的雪水进行灌溉，四周的花园里枝叶繁茂。

穿过人流，我们靠近纳斯瑞德王宫（Palacios Nasrid）。这是阿尔罕布拉宫的核心部分，被称为“能带来《一千零一夜》幻想”的宫殿，也被视为摩尔人的纪念碑。当时是格拉纳达国王的寝宫，其建造始于14世纪初。纳斯瑞德宫由3座建筑物组成，首先进入的是梅旭尔厅（Mexuar），这是整个宫殿中最古老的大厅，它被用来供国王的部长办公和作为审判室使用。

穿过一道马蹄形拱门，就到了科马雷宫（Comares），中间是一座宽大的桃金娘中庭（Patio de los Arrayanes），池中水波不兴，倒影迷离。这个中庭的名字来源于

围绕中央池塘的桃金娘树，翠亮的绿色与庭院的白色大理石形成对比，它也被称为“池塘庭院”。

走进大使厅（Salón de los Embajadores）。这是宫殿内最雄伟的大厅，是王位室和举行官方招待会的地方。根据费尔南德斯—普埃尔塔斯（Fernández-Puertas，1950—

2016，他第一个发现阿尔罕布拉宫殿按时间顺序的建造方式）教授的说法，天花板上有着伊斯兰教中七大天堂的象征，拱门和墙壁上都覆盖着装饰性的古兰经铭文，还包括一些赞美诗。

接着就到了传说中的狮子中庭（Patio de los Leones）。庭院由穆罕默德五世下令在14世纪下半叶建造，这个庭院是纳斯瑞德王宫不同建筑单元之间的纽带，整个中庭呈长方形，按东西方向排列，长28.5米，宽15.7米，周围竖立着124根柱子。狮子中庭中的喷泉与这些精美的廊柱组成绝美的结构，每一部分，都可以让人端详许久。

步入狮子中庭北侧的两姐妹厅（Sala de Dos Hermanas），游人们都在仰头张望。这座大厅的蜂巢拱形顶部有着宫殿内最为精密的装饰，带有中央恒星和5000颗小星星的图案，让人联想到浩瀚的银河。

而在南侧的阿本塞拉伊斯大厅（Sala de los Abencerrajes）内，则让人忆起艳情、谗言与血雨腥风。这座大厅是苏丹的私人空间，这个建筑有着八角形钟乳石天花板，没有窗户，只有顶部的16扇天窗有光投射进来。入口处有两个拱门，有一条走廊通到楼上的后宫（Harén）。大厅厚厚的木门能有效隔绝冬寒之气，加上采用陶瓷板加热来升温，在冬天十分适宜苏丹国王的聚会，每当这时，妃子们都会从楼上款步而下，这其中包括佐拉亚（Zoraya），她是苏丹阿布·哈桑（Abu al-

Hasan）最宠幸的妃子。

在 15 世纪时，阿本塞拉伊斯人是格拉纳达的望族。这个家族来自北非，原先名叫“巴努萨拉”（Los Banu Sarray，意为“守护者的儿子”）。随着他们权力的增强，成为政界中最大的异己力量，引起了苏丹的恐慌。此后，苏丹听闻一位妃子与阿本塞拉伊斯人有染，于是设下圈套，邀请阿本塞拉伊斯人前来，共谋杀了该家族的 36 位男士。这间大厅有一个排水沟通向狮子中庭，提供中庭喷泉的水源。谋杀案发生时，血溅四方，流入喷泉，在喷泉底部凝成了生锈的污渍，据称，这是死难者永不被磨灭的血迹。

画家福图尼（Fortuny）在 1870 年绘制了一幅名为《阿本塞拉伊斯的大屠杀》的画作，被收藏在加泰罗尼亚国家艺术博物馆。

如果从空中看，阿尔罕布拉宫呈船型的轮廓，掩映在柏树之中。作为皇家宫殿和城堡的合二为一建筑群，它没有主立面，也没有中心，塔楼、宫殿、庭院和花园相互穿插，这样精美而壮观的宫殿综合体，以其阿拉伯风格的装饰和园景而成为历史的真实幻境，在 1984 年成为“世界文化遗产”，理由是：“它是摩尔人城市规划的最佳例证之一，丰富了西班牙文艺复兴时期和巴洛克时期对伊斯兰街道设计的贡献。”

潺潺之水始终流淌在整座宫殿内，流水带来了清凉，带走了秘密，也构成了一部微型水岸的咏叹与史诗。而西班牙吉他大师弗朗西斯科·特雷加（Francisco Tárrega，1852—1909）创作的《阿尔罕布拉宫的回忆》（*Recuerdos de la Alhambra*，1896）忧伤深沉，恍若梦境之光，于水波光影流转处，轻奏骊歌。

晚上7点30分回到河轮上，享用晚餐。

第七天。早晨天气晴好。早餐之后，从码头出发，参观塞维利亚市容。步行不远就到了玛丽亚·路易莎公园（Parque de María Luisa），这里绿茵成林，里面的西班牙广场（Plaza de España）十分开阔。1929年在此举办了伊比利亚—美洲展览。为了这个展览，在建筑师汉尼拔·冈萨雷斯（Aníbal González，1876—1929）的规划下，整个塞维利亚的城市南端被重新开发成广阔的花园和宽敞的林荫大道，摩尔式风格的建筑矗立，喷泉、池塘穿插其间，郁郁葱葱的棕榈树和橙树伫立，再现了当时的热闹景象。这里也曾是多部影片的外景地，其中包括《阿拉伯的劳伦斯》（*Lawrence of Arabia*，1962）、《星球大战2》（*Star Wars Episode II*，2002）和《独裁者》（*The Dictator*，2012）。

我们穿过圣克鲁斯（Santa Cruz）狭窄的街道。两旁是住宅，它们有着色彩柔和的外墙，阳台采用精致的锻铁材料搭建。然后就到了塞维利亚大教堂。这是西班牙最大的罗马天主教教堂，它高42米，长116米，宽76米。1403年，大教堂在12世纪大清真寺的遗址上建造，直至1517年方才完工。这里融合着哥特式、文艺复兴、巴洛克和新古典主义风格，拥有5个中殿，也是欧洲最大的哥特式建筑。进入大教堂后，右转，就是探险家克里斯托弗·哥伦布的遗骸，被埋在王子之门前的墓穴中。

走出教堂，抬头仰望，104米高的钟楼吉拉尔达（Giralda）融合了清真寺的原始尖塔。这座高塔建于1184年至1198年间，其外表精致的砖图案和颜色会随着光线变化，是西班牙最美的伊斯兰建筑之一。顶端有一个16世纪的青铜风向标，代表着“信仰”，它已经成为塞维利亚的象征。1987年，它与毗邻的王宫和印度档案馆一起，被列入《世界文化遗产名录》。

离开大教堂，经过一个广场，看见一位舞者在跳弗拉门科舞，洋溢着塞维利亚那特有的欢愉气息。作为安达卢西亚的首府，塞维利亚可能是西班牙建筑装饰最为华丽的城市了。沿着瓜达尔基维尔河的河岸步道行走，我发现了镌刻在地面上的一幅巨大的瓜达尔基维尔河地图，而我们已搭乘了停泊在不远处的“*MS La Belle de Cadix*”河轮，完成了对安达卢西亚地区的美妙穿越。

喜悦像河流，表面上看不到激流涌动，但可以感到水之下，那幸福的暖流。

The Journey Sailing along the Douro

The Fragrance and Arias in the History

杜罗河谷的悠悠钟声：

历史深处的芳香和咏叹

杜罗河，一直被称为连接葡萄牙和西班牙的“金河”。这条航线上的波尔图、杜罗河谷和延伸到的萨拉曼卡，都被列为世界文化遗产。

深入这个欧洲大陆最西端国度的小镇和河谷，品味波特酒的醇香，聆听凄美绝伦的爱情传奇，还有那杜罗河谷的悠悠钟声。

这个世界静美又纯粹。

波尔图，杜罗河上的怅然歌声

晚上 8 点 40 分，从塞维利亚飞抵波尔图（Porto）。然后登上“*MS Amália Rodrigues*”河轮。这艘河轮以阿玛利亚·罗德里格斯（Amália Rodrigues，1920—1999）的名字来命名，她是葡萄牙知名的女歌手，被誉为“法多皇后”（Queen of Fado）。法多，是葡萄牙的一种民谣，在那种最能表现落寞感受的宿命之歌里，让人无法不感受到葡式的忧伤。

踏入船舱，在中层甲板往船头方向拐，就到了 Lounge Bar，入口处悬挂着阿梅利亚·罗德里格斯的黑白肖像作品，走进去，中央有一方舞池。吧台上摆满鸡尾酒，等待宾客们品尝。这里是邮轮上重要的社交空间，简约前卫的设计风格在这里得到完美的体现。

我的房间位于上层甲板，317 舱房。这一层都是舱房。走廊上悬挂着阿梅利亚·罗德里格斯的照片。这间舱房位于河轮的左舷（Port Side），比较宽敞，有两扇落地大玻璃窗，视野十分开阔。

从楼梯往下，就到了主层甲板。这层的后部是舱房，前部是餐厅。餐厅内的椅子是红色的，在落地大玻璃窗的上缘安装了一条灯光带，可以发出不同的颜色，营造出不同的气氛。餐厅后侧的墙面上，贴着阿梅利亚·罗德里格斯的多幅演出时的照片。

回到上层甲板再往上，就到了阳光甲板层，它的后方有一个户外酒吧区。晚间，宾客们在 Lounge Bar 内喝酒漫聊，还有一些人在舞池中翩翩起舞。大家相互寒暄，开始了在这艘河轮上 8 天 7 夜的生活。

夜泊在波尔图的码头边。次日，早餐过后，我们驱车前往波尔图参观。波尔图依山而建，俯瞰杜罗河的河口，从公元前 8 世纪，已经有人类居住。当时腓尼基人建立了一个贸易站。公元前 1 世纪，罗马人在此建立了一个城镇，作为罗马帝国的前哨。罗马人给它取名为“Portus”，意为“港口”。此地的拉丁名称叫波特斯凯尔（Portus Cale），后来演变成了“葡萄牙”（Portugal）。

我们来到波尔图中心的亨里克广场。首先参观圣弗朗西斯科教堂（Igreja de São Francisco），也被称为“黄金教堂”。这是波尔图的哥特式纪念碑。首先引人注目的是巴洛克式的西入口，分为两层，饰有所罗门柱和圣弗朗西斯的雕像。走进教堂，是哥特式玫瑰窗的主立面和其他的巴洛克式装饰，祭坛、天花板和柱子采用了大量的镀金木制品，精美异常。

尽管巴洛克镀金作品与教堂的哥特式结构并不完全一样，但它们被和谐地融合，迷人的混搭风格反映了其经历了不同的时代，被认为是葡萄牙最杰出的建筑之一。它最初是 12 世纪由方济会僧侣建立的一个简陋的修道院。1383 年，在费迪南多一世国王的赞助下，在原来修道院上的基础上兴建，1425 年左右完成主体建筑。15 和 16 世纪，则被一个波尔图家族进一步修葺和完善。

走出教堂，一座新古典主义风格建造的建筑矗立在旁边——这座证券交易所宫（Palácio da Bolsa）在 19 世纪时，是波尔图商业协会的所在地。

我们走进这座装饰华美的证券交易所宫。该宫殿由波尔图建筑师华金·达·科

斯塔·利马·约尼奥尔（Joaquim da Costa Lima Júnior）设计，施工开始于1842年，主体建筑在1850年完工，但室内装饰直到1910年才竣工。1982年，证券交易所宫被列为葡萄牙国家纪念碑。

步入中央庭院（Pátio das Nações），看见顶部覆盖着一个大型金属八角形圆顶，玻璃面板十分通透，圆顶的下部装饰着葡萄牙风格的彩绘。沿着一个宽大豪华的楼梯来到二层，经过宫殿的几个大厅，其中包括法庭室、会议室和黄金厅，然后来到阿拉伯厅，这是整个宫殿的重点，由贡萨尔维斯（Gonçalves）和苏萨（Sousa）建造于1862年至1880年间，该大厅以异国情调的摩尔复兴风格来装饰，引领19世纪后半叶的时尚风潮，后来变成接待大厅，接待到访的名流。1996年，包括这座交易所宫在内的波尔图历史中心，被列入《世界文化遗产名录》。

接着，前往一家酒庄参观。走进酒窖的大门，阴凉的空间内，整齐码放着大小不等的橡木桶。这些葡萄酒都被称为波特酒（葡语为Vinho do Porto，英语为Port Wine），特指在葡萄牙北部的杜罗河谷生产的葡萄酒。根据欧盟原产地命名保护的规

定，只有来自葡萄牙特定区域的产品，才可以被称为波特酒。一位工作人员指着墙面上的地图介绍说，这个酒窖位于盖亚新城（Vila Nova de Gaia），即在杜罗河的南岸，是波尔图地区的直辖市镇，也是葡萄酒商业中心。在杜罗河谷生产的葡萄酒，在13世纪初时，已采用拉贝洛船（Rabelo，一种无龙骨的平底帆船）运抵于此。

古希腊地理学家斯特拉博（Strabo，c. 64 B.C.–c. A.D. 23）的著作表明，伊比利亚半岛西北部的居民在2000年前已经开始喝葡萄酒。罗马人于公元前二世纪来到葡萄牙，在杜罗河的两岸种植葡萄树，酿造葡萄酒。1143年葡萄牙王国成立后的繁荣时期，葡萄酒成为重要的出口产品。

1703年，英国和葡萄牙签署了《梅图恩条约》(*Methuen Treaty*)，进一步鼓励了波特酒业，规定进口到英格兰的波特酒应比法国葡萄酒少三分之一的关税，提供了巨大的英国市场。英国企业家投资在杜罗河谷建立葡萄园，经济由此开始扩张。

1717年，第一个英国贸易站成立于波尔图。当时英国商人并不是唯一从事波特酒贸易的人，荷兰和德国商人也参与了这项业务，然而，英国市场的压倒性需求，意味着英国商人开始占主导地位。此后，波特酒逐渐被几家英国公司垄断。

从1720年便开始了波特酒出货量快速增长的时期，长达30年，这也是杜罗河谷的生产和销售都兴旺的时期。随着时间的流逝，这种需求的快速增长逐渐引发了贸易投机和欺诈行为，出现了在劣质葡萄酒中掺假的现象，以伪造出高端波特酒的色泽。到1750年，波特酒的产能过剩，需求开始急剧下降。

针对这种情况，葡萄牙总理庞巴尔（Pombal，1699—1782）侯爵在1756年建立一家商行在杜罗河谷专营葡萄酒，垄断了与英格兰和巴西的贸易，同年，他还划定了生产区域，以335个石柱来确定整个波特酒葡萄园区的边界，以遏制常见的造假行为。1757年，有关专家对这些葡萄园进行了第一次全面分类，只有优质的波特酒才被允许出口，并相应提高了出售价格，而那些中等质量的葡萄酒，则被称为“Vinhos de Ramo”，仅限于供应国内市场。这是欧洲葡萄酒质量和生产控制的第一次尝试。

一些小的葡萄酒商户对抗他的严格政策，在“忏悔星期二”烧毁了该商行的建筑，这在历史上被称为“醉汉反抗”（Revolta dos Borrachos），成为波尔图市民自由精神的象征。

我们来到酒窖附设的餐厅，侍者摆上了几瓶酒和小食品。首先试饮的是干白波特酒（Chip Dry），呈淡黄色，入口清淡。这是一种时尚精致的开胃酒，喝前需冷藏

在酒桶内，再配上些杏仁或腌橄榄。在夏季，可以用 1 份干白波特酒、2 份冰镇托尼克水，加入薄荷叶或柠檬，混合成可口的饮料。

这家酒窖从 1934 年起，从传统的白葡萄品种开发出这一款新的开胃酒品种，其发酵的时间比平常要长，在酿制过程中加入白兰地，在橡木桶存放几年的时间，精心勾兑新鲜的水果味，每年的生产数量十分有限。每瓶酒上都标有单独编号，包括酒窖的名称和年份。

第二杯试饮的是 2009 年的年份波特酒（Vintage Port），酒体颜色深红，有一种清新的果味。年份葡萄酒大约只占全年葡萄酒产量的百分之二，且不是每一年都会酿

制的。平均每 10 年也只有 3 年可以生产。这种年份葡萄酒在橡木桶中的存放时间，最长为二年半，然后装瓶再贮存，最后由酒窖来决定合适的出售时间。由于酒体在橡木桶中的陈酿时间很短，所以保留了深红宝石的色泽和馥郁的果香。

2009 年是波特酒的小年，部分原因是葡萄产量小，同时也受到葡萄成熟季节的影响。葡萄成熟从凉爽的七月，到酷热的八月，直到九月收获时几乎没有下过雨。在这些炎热和干旱条件下，葡萄含糖量高，单宁丰厚。

20 年份的茶色波特酒（20 Year Old Tawny），是我品尝的第三种酒。口感明显醇厚且甜美，适合做餐后酒，可以搭配的甜点包括无花果和杏仁，还可以配上焦糖布丁（Crème Brulée）。

这家酒窖出产的这种波特酒，存放在 630 公升的橡木桶内，经过多年的氧化和蒸发，葡萄酒也渐渐变成了琥珀黄褐色，缓慢地递进了一种复杂的香味，口感甘美，且入口光滑。

最后品尝的是 40 年份的茶色波特酒（40 Year Old Tawny），除了香味更浓之外，甜度也更加大了。这款酒的产量更加稀少，采用的是自家葡萄园里精选的葡萄，这家酒窖也是仅存的几家还在生产这款酒的酒窖之一。如此漫长的酿造，使得这款酒的精粹浓缩，口感醇香、丰富而集中，余韵悠长。这是时间的美学，一次就击中味蕾，喉间温热感强烈，让人迷醉又喜悦。

中午 12 点 30 分回到河轮上。下午 1 点在餐厅享用午餐。头盘是鳕鱼馅饼，配上蛋黄酱，主菜是葡萄牙土鸡肉配林吉萨香肠（Linguiça），加上菰米（Wild Rice）和芦笋，林吉萨香肠是葡萄牙的一款辣香肠，里面添加了大蒜和辣椒；接着上来一碟布里奶酪片（Brie），布里奶酪是有名的法国奶酪，也被称为“奶酪女王”。最后奉上的甜点是草莓蛋糕。

下午 3 点，从码头搭乘拉贝洛船，前往波尔图的里贝拉河岸地区（Ribeira，葡萄牙语，意为“河流”）。在 1751 年，大约有 50 艘拉贝洛船在杜罗河谷航行，到了 18 世纪后半叶，为了应对波特酒的需求增长，建造出吨位越来越大的拉贝洛船，最大的可承载 70—100 个酒桶。这些大吨位的拉贝洛船操作性较差，很容易发生事故，1779 年立法将限额装载量为 70 木桶。1887 年杜罗河沿岸的铁路竣工后，可以通过陆路运输，但水运方式仍被沿用着。从 19 世纪末开始，公路运输也开始接手波特酒的运输，这种拉贝洛船就逐渐退出了内河货运业，1964 年，最后一艘拉贝洛船被彻底弃用。目前，剩余的一些拉贝洛船经改造后成为旅游用船，航行在波尔图杜罗河的两岸之间。

我们抵达里贝拉河岸地区。这是波尔图历史中心热闹的地区之一，各种色彩的房屋依山坡而建，装饰精美的建筑立面各具特色，遍布传统餐厅和酒馆，坐在露台上悠闲地喝上一杯，成为不少旅人的念想。

晚上 6 点多，我乘坐拉贝洛船回到河轮上。7 点 30 分到餐厅，晚餐的头盘是雷奎约（Requeijão）奶酪馅饼，佐以夏季蔬菜，雷奎约是一种凝乳，呈流体状，味道温和。主菜是海鲈鱼段，配上卤汁菠菜和巴黎土豆。最后上的甜点是苹果和山核桃千层糕。

餐后，宾客们聚在Lounge Bar欣赏法多（Fado）演出。“Fado”这个词来源于拉丁语“Fatum”，含义是“命运”。女男歌手在6组双弦（12弦）吉他和中提琴的伴奏下，以空灵和怅然的声音抒发人生的幽怨和伤痛，继而转化为一种富有穿透力的乡愁与渴望之情（葡语“Saudade”），被誉为“葡萄牙的永恒叹息”，直指人心。“法多皇后”阿玛利亚·罗德里格斯曾以充满激情的表演而闻名。她挖掘当代诗人的歌词，并融合西班牙和墨西哥的音乐节奏。1999年10月6日她去世时，葡萄牙整个国家向她哀悼3天。2020年7月23日，适逢她100周年诞辰纪念日，葡萄牙举行了一系列的庆祝活动。

在葡语文学中，“Saudade”表现忧郁、沉思的孤独和几乎神秘的崇敬自然之情，渗透到其字里行间，是葡萄牙早期民间诗歌的一个特点，并由后世的作家和诗人培育壮大。在19世纪后期，安东尼奥·诺布雷（António Nobre，1867—1900）和特谢拉·德帕斯科艾（Teixeira de Pascoais，1877—1952）是表达这种情绪的首要成员，特别是在诺布雷1892年的诗集《只是》（*Só*）中，而德帕斯科阿则代表了葡萄牙诗歌的泛神主义倾向。在1910年前后，集中在波尔图的诗人引发了名为“葡萄牙文艺复兴”（Renascença Portuguesa）的运动，其中的梅里奥·贝里奥（Mário Beirão，1890—1965）、奥古斯托·卡西米罗（Augusto Casimiro，1889—1967）和若昂·德·巴罗斯（João de Barros，1881—1960）等人，更将“Saudade”视为复兴葡萄牙国家文化的关键词。

从阿维罗到雷阿尔城

夜里，河轮依然静卧在码头。次日早晨，伴着舷窗外的晨光醒来。我登上阳光甲板，进行晨间散步。此时，杜罗河上晨雾弥漫，烟霏雾集，仿若仙境。

早晨8点30分，驱车向南，需行驶75公里，前往阿维罗（Aveiro）。一个多小时后，到达这座人口7.8万的小城，这是葡萄牙中央区中仅次于科英布拉，人口第二多的城市。这个中世纪小镇建在潟湖上，15和16世纪迅速扩张，后归功于鳕鱼捕捞，使其成为一个海港，被称为“葡萄牙的威尼斯”。

阿维罗周围环绕着盐沼湖，长期以来，它是盐业生产的重要站点，是葡萄牙的盐都。此外，阿维罗大学是葡萄牙规模最大的大学之一。

漫步在小城，两旁有很多新艺术风格（Art Nouveau）的建筑，墙面上绘满了瓷砖画。在贯穿小城的运河上，停泊着不少巴科斯·莫利切罗斯船（Barcos Moliceiros），这种船只在以前是用于收集海藻的，现在被改成游览船，半月形的船头和船尾都有着色彩绚丽的装饰图案，看上去十分讨喜。

上午 11 点 30 分驱车返回。在游览阿维罗的同时，河轮已沿着杜罗河行驶，其中还经过了克雷图马（Crestuma）水闸。这座水闸长 90 米，宽 12 米，高 14 米。杜罗河（The Douro）是伊比利亚半岛上的第三大河，全长 895 公里，流域面积为 79096 平方公里。这条河发源于在西班牙的乌尔比翁山脉（Sierra de Urbión），穿过努曼蒂高原（Numantian Plateau），最终在波尔图西侧汇入大西洋。

中午 12 点 30 分，我们与河轮在莱韦尼奥（Leverinho）码头汇合。回到船上后，下午 1 点，河轮朝着佩索·达·雷瓜（Peso da Régua）的方向行进。

到餐厅享用午餐。今天的头盘是葡萄牙风味的鸡尾酒螃蟹，主菜是烧烤皮坎哈

(Picanha)牛肉，这款牛肉产自葡萄牙本地，“Picanha”是从牛背部的一个叫西洛因帽(Sirloin Cap)部位切下来的肉，十分鲜嫩。甜点是橘子黄油薄卷饼。

午后的时间就在舱房内阅读。打开巨大的窗户，杜罗河的碧波，就在二三米的下方涌动。

我忆起科英布拉，那座古老的大学城和泪宫花园。几年前，我抵达科英布拉(Coimbra)小城，随处可见充满朝气的莘莘学子。这里的科英布拉大学(Universidade de Coimbra)是葡萄牙最古老的大学，也是世界上运作时间最久的大学之一，现在拥有2万多名学生。其于1290年由国王迪尼斯(King Denis)始建于里斯本，此后在阿方索四世(Afonso IV)和费尔南多国王(King Fernando)统治期间，在里斯本与科英布拉之间来回搬迁。到了乔治三世(Joao III)期间，在1537年，整个教师队伍和图书馆的藏书最后都搬迁回到科英布拉的阿卡萨瓦宫(Alcaçova Palace)。2013年，科英布拉大学被列入《世界文化遗产名录》。这座大学城保持着自己独特的文化习俗，如这里的Fado歌手都由男生担任，且必须是科英布拉大学的毕业生。这些礼仪传统，被认为是“保持着一个时代的生命”。

傍晚时分，前往泪宫酒店(Hotel Quinta das Lágrimas)。步入这座酒店的大堂，看见一座白色大理石雕像赫然竖立在显要的位置上，这是一个传奇女子的塑像，她坐在那里，似乎一直在等待后人的朝拜。

她叫伊内斯·德·卡斯特罗(Inês de Castro)。2001年，我第一次来葡萄牙时，就曾聆听过关于她的爱情故事。她与葡萄牙国王佩德罗一世(Pedro I)的不朽传奇，在多少年之后，仍让人哀婉叹息。

伊内斯是葡萄牙贵族的后裔，生于西班牙西北部的加利西亚(Galician)。1340年，她作为侍女，陪伴卡斯蒂利亚王国(Castile)领主之女康斯坦丝(Constance)，来到葡萄牙。当时康斯坦丝刚嫁给了佩德罗一世不久，不料，佩德罗一世置他的合法妻子康斯坦丝于不顾，与伊内斯一见钟情，坠入爱河，并生下了4个儿子，其中一个出生后不久就夭折了。佩德罗一世的父亲——葡萄牙国王阿方索四世十分担心这种丑闻会影响到葡萄牙与卡斯蒂利亚的关系。

1345年，康斯坦丝去世。阿方索四世多次给佩德罗一世张罗再婚的事情，但佩德罗一世拒绝其他人选，认为除了伊内斯，谁都没有资格成为王后。当时，佩德罗一世与康斯坦丝所生的合法儿子，也就是后来的葡萄牙国王费迪多一世是一个脆弱的孩子，而伊内斯的3个私生子却充满了活力。这种情况引起了葡萄牙贵族的恐慌，他们担心将来佩德罗一世即位之后，卡斯蒂利亚会对葡萄牙产生更多的不利影响。

阿方索四世在康斯坦丝去世后，决定放逐伊内斯，将她拘留科英布拉的一家旧圣克拉拉修道院（Monastery of Santa Clara-a-Velha）内，但佩德罗一世依然宣布，伊内斯是他的真爱。1355年，在拆散这两个人的企图失败之后，阿方索四世最终下令，派出3名刽子手赶到这家修道院，当着伊内斯最小儿子的面杀死了当时年仅29岁的伊内斯。这次谋杀，导致了阿方索四世与佩德罗一世这对父子之间的内战，父王打败了儿子。最终二人和解。1357年，阿方索四世去世后，佩德罗一世继承了王位。

1361年，佩德罗一世设法抓捕到3名刽子手中的2名，并公开处决了他们，行刑时，佩德罗一世亲手剐出了这两名刽子手的心脏，其中一个是从前面掏出心脏，另一个是从后面剐出来的。

此后，佩德罗一世对外宣称，他已与伊内斯秘密结婚。他举行了仪式，将伊内斯的尸体从坟墓挖出来，戴上王冠穿上朝服，放在宝座上，让所有的贵族排着队，挨个去亲吻她的手骨，并让法院宣誓效忠于他们的新王后，从而让伊内斯在死后获得了生前没获得的荣耀。这场为爱人的尸首举行的加冕典礼，的确是历史上的一个奇观。

之后，在1362年，又按照王后的规格，将她在阿尔科巴萨（Alcobaça）修道院重新落葬。当时，在这座修道院修筑了两座相对的陵墓，一座下葬伊内斯，另一座留给佩德罗一世自己。在大理石棺材上，雕刻精美的生活场景，还有佩德罗一世的誓言——他们将一直相守，直到世界尽头（até ao fim do mundo）。此后，佩德罗一世一直没有再婚。1367年1月，他在执政10年后去世，享年47岁，他在任期间，对外避免战争，对内秉公执法，贵族平民一律平等，被称为“公正者”（O Justiceiro），有时也被称为“残忍者”（O Cruel）。

古树参天，我漫步在泪宫酒店后面一片如茵的花园中。走到一泓泉水旁，它被称作“泪泉”（Fonte dos Lágrimas），相传，伊内斯与佩德罗一世曾将情书放入小纸船中，让流淌的泉水送去思念。在这眼泪泉的旁边，竖立着一块石碑，上面镌刻着葡萄牙诗人卡蒙斯（Luís de Camões，1524—1580）的史诗《卢济塔尼亚人之歌》（*Os*

Lusíadas，1572）中第三章第 135 节的诗句："蒙德古河仙女们久久地哭泣，深深怀念悲惨死去的伊内斯，她们的泪水化成纯洁的泉水，永远把那段纯洁的爱情铭记。泉水的名字一直流传到今天，纪念在那里发生的爱情故事。你看，把鲜花浇灌的清清泉水，是仙女们的眼泪，那是——爱泉。"

此后，不少作家和音乐家被这个凄美的爱情故事所打动，创作了很多作品，在 18 到 19 世纪，大约有 20 多部戏剧和芭蕾舞剧取材于这段爱情故事。20 世纪，法国剧作家亨利·德·穆瑟兰特（Henry de Montherlant，1895—1972）所作的《死去的王后》（*La Reine Morte*，1942）曾在舞台上上演许久。在当代，也不断地有作曲家将这段古典时代的故事谱成声乐作品。2012 年 3 月，葡萄牙作曲家佩德罗·马塞多·卡马乔（Pedro Macedo Camacho，1979—）创作的《伊内斯安魂曲》（*Requiem Inês de Castro*）首演，以纪念伊内斯下葬阿尔科巴萨修道院 650 周年。

阅水，知命，也知情感的微妙、偏执、决绝和残忍。灵际和身体，都需要更美的契合。在那个"珩佩流响，缨绂有容"的年代，更是如此。

我的思绪回到河轮上来。下午 3 点 30 分，经过卡拉帕略（Carrapatelo）船闸。该船闸长 85 米，宽 12 米，水位差 36 米，被认为是欧洲水位差最高的一座船闸。上游门闸 6.7 米高，重 70 吨。下游闸门高 21.8 米，重 150 吨。大坝上建有鱼梯（Fish Ladder），以便梭子鱼、鲈鱼、白鱼（Barbel）、博加鱼（Boga）和鳗鱼（Eel）等鱼类洄游到上游产卵繁殖。

晚上 6 点 30 分，河轮抵达佩索·达·雷瓜。这是杜罗河谷中部地区的标志性城镇，这座城市的历史可以追溯到罗马人的入侵，后来成为波尔图和波西尼奥（Pocinho）之间的杜罗铁路的中心。1756 年，在庞巴尔侯爵决定划定杜罗地区后，这里被公认为葡萄酒的重要交易站。目前有人口 1.7 万。

半小时后开始用膳。晚餐的头盘是鲜肉泡芙，这款泡芙来自葡萄牙查夫斯地区（Chaves），配菜是凉拌菜丝。主菜呈上的是炖鸭腿，这些鸭腿来自西班牙，混合着无花果，并用波特酒来烹制，十分入味。甜点是巧克力蛋糕。

第四天。早餐之后，8 点 30 分驱车向北，约 28 公里，抵达雷阿尔城（Vila Real，意为"皇家镇"）。它是葡萄牙北部的雷阿尔区的首府和最大城市，由葡萄牙国王丹尼斯于 1289 年创立，目前人口约 5.1 万。

穿过一片密林，一泓池水倒映着宫殿，这就是马特乌斯宫（Palácio de Mateus）。橡树环绕的水池中有一座裸女塑像，它屈腿卧在浅浅的水中，有几分神秘，又有几分诱惑。这座名为《睡眠》（*Sleeping*）的雕塑由若昂·库蒂莱罗（João Cutileiro）创作。这座池塘仿佛是整个宫殿的一面镜子。

这座宫殿是由马特乌斯三世伯爵安东尼奥·何塞·博泰略·莫里奥（António José Botelho Mourão）在1745年动工兴建的。意大利建筑师尼古拉斯·纳索尼（Nicolau Nasoni）担纲设计，整个建筑采用葡萄牙巴洛克风格，华美精致。庭院中的马车房内还保存着当时的马车，可以看到车辆的减震弹簧制作得十分精致。

走进马特乌斯宫，端详着华丽的巴洛克式立面和屋顶雕像。沿着楼梯，依次到各个大厅参观，房间内栗木天花板上精心雕刻着花纹，摆放着古典家具，里面收藏了17和18世纪的绘画，还有一批丰富的宗教文物，包括一块神圣的指甲，相传是从梵蒂冈买来的。

穿过一段35米长的幽暗的雪松隧道，我来到马特乌斯宫后面一片开阔的葡萄园，这里散发着秋天的诗意。整个这座宫殿被许多人认为是欧洲最好的乡村别墅之一，1910年被列为葡萄牙国家纪念碑。1971年成立了私人基金会，经常举办音乐会、艺术展览和文学奖颁奖典礼。主体建筑部分对外开放，马特乌斯家族的后人居于一隅，规定宫殿中的任何一件物品都不得出售，以使这一份家族的遗产得以永续。

来到雷阿尔城。天下着细雨，路边有几个卖旧货的摊子。我来到当地一家咖啡馆，享用Cristas de Galo，这是一种当地的特色糕点，由当地的克拉拉圣母修道院的修女发明，表面添加杏仁和肉桂，被称为“来自天堂的熏肉”（Toucinho do Céu）。之所以有这个名称，是因为原先食谱中采用猪油，后来被黄油替代。作为修道院里的仆人，这些修女想着这样的美味只能是来自天堂。最初，这种糕点只有在葡萄牙的狂欢节期间，才有机会让这家修道院的人员和当地官员享用，配方被严格地保密着。后来随着修道院的关闭，食谱才流传到民间。

在我们参观的同时，河轮在杜罗河上行进。每次地面游览时，总会有一些宾客选择留在船上，以感受航行的快乐。河轮在上午11点穿过了27米高的巴古斯特（Bagauste）船闸。中午12点30分我们返程，在一个叫塔沃拉（Tavora）的地方登上河轮，继续航行。

下午1点享用午餐。头盘是辣味香肠三部曲，配上沙丁鱼烤面包，辣味香肠（Chorizo）产自西班牙，其制作史可追溯到古罗马时代。接着，奉上的主菜是奶油鳕鱼配上焗土豆片，鳕鱼（Bacalhau）是葡萄牙的国菜，可以有365种不同的烹调方式，鳕鱼的舌头、头部和鱼卵都十分美味。然后又上来一碟博拉（Bola）奶酪，这是一种球形的荷兰奶酪，通常在顶部和底部稍微扁平，并在外表涂上红色的蜡。最后的甜点是葡式蛋挞与水果冰激凌。

下午时分，就在舱房内阅读。两岸的山峦渐渐高耸，一些金黄的秋林映衬着梯田。下午2点10分，河轮经过32米高的瓦莱拉（Valeira）大坝。在19世纪末之前，河中有一块巨大的岩石挡住了通道，过去，住在附近的居民行船，常常需要在公牛的强力牵引下才能通过这个危险的隘口。

在漫长的历史中，葡萄酒都是装载在拉贝洛船上，将酒桶从杜罗河谷运到盖亚新城储存起来。这种船只的长度在19米—23米之间，悬挂着一个方形帆，有一个长长的转向操纵杆，使船员能够执行穿越急流所需的非常精准的操控。通常船上配备六七名水手。拉贝洛船行驶在杜罗河上时，由于风速很大，河道曲折，加上船只载重大，避让困难，这样经常会发生撞船事件，有一些船工就殒命在这条河上。

苏格兰人约瑟夫·詹姆斯·福雷斯特（Joseph James Forrester），当时是杜罗河上的葡萄酒运输商，也是葡萄酒史上的传奇人物。他绘制了杜罗河谷的第一张详细地图，曾因勇敢的航行而被授予男爵的称号。

1861年5月12日，他和多娜·安东尼娅·费雷拉女士（Dona Antónia Ferreira，费雷拉酒业的创始人）共进午餐之后，乘坐的拉贝洛船在这个地方触礁，乘客和船员全部都被抛进激流中，约瑟夫在河中不幸淹亡，或许是因为他系的腰带里面放着不少钱币，重量太大，致使他在水里迅速下坠，直落河底；而多娜则幸免于难，因为当时的时尚女士都穿着宽大的袍子，这种衣服在水中被撑开来，像一只大气球，从而把她带回了水面。她后来因致力于波特酒种植和引进的创新而闻名，1896年离世。

这出悲喜剧在当时被迅速地传播开来，让人们对瓦莱拉河段的礁石和急流心生恐惧，这也仿佛是命运之河上的暗礁和潜流，无法躲避。

在19世纪末，多纳·玛丽亚（Dona Maria）下令炸毁岩石，爆破持续了好几年的时间，但即使炸掉岩石后，杜罗河上的航行仍然很危险，因为这个地方的漩流十分强劲，最终到 1977 年，当瓦莱拉大坝建成时，才完全控制住水流，确保船只的安全航行。

我看到右手边的河岸上，有一块纪念炸毁瓦莱拉岩石的工人的纪念牌。之后，我们分批进入驾驶室内参观。下午 4 点 30 分，经过波奇尼奥（Pocinho）船闸。这是杜罗河上的第五座也是最后一座大坝，位于距河口 180 公里处，于 1983 年建成。船闸长 85 米，宽 12 米，水位差 22 米。

晚上 7 点 30 分，又到了晚餐的时间。等待的菜肴分别是：前菜是安达卢西亚蔬菜冷汤（Gazpacho）；主菜为烤新西兰羊肉，配上豆类和南瓜泥；甜点是香梨敷上巧克力汁，配冰激凌。

15 分钟之后，河轮停泊在维加德特龙（Vega de Terron），这是杜罗河的河轮在西班牙境内唯一停靠的城市。这条杜罗河在此以东的河段不能通航。杜罗河的河轮就是在维加德特伦到波尔图之间航行，长大约 199 公里，约占整个河流 1/4 的长度。此次航程的总里程约为 398 公里。

从萨拉曼卡到葡萄酒之路

维加德特龙是通往萨拉曼卡的门户。第五天，早晨 6 点 45 分即起，到餐厅用完早餐后，8 点钟驱车向东 260 多公里，前往萨拉曼卡（Salamanca）。萨拉曼卡是西班牙西北部的一个城市，坐落在托梅斯河畔的小山上，其旧城于 1988 年被列入《世界文化遗产名录》。目前人口约 22.8 万。萨拉曼卡被称为“La Dorada”，意为“黄金城市”，因为这座城市的砂岩建筑在晴天下所散发出来的光泽。

萨拉曼卡因其丰富的历史、艺术和文化遗产，被认为是西班牙最为特殊的城市之一。也是西班牙的历史瑰宝之一。罗马式、哥特式、摩尔式、文艺复兴式和巴洛克式的古迹见证了其迷人的 2000 年历史。2002 年，萨拉曼卡与比利时的布鲁日一起成为“欧洲文化首都”。

抵达萨拉曼卡，即被这里的旧街道吸引，仿佛是老电影的外景地。我们来到马约尔广场（Plaza Mayor），这是萨拉曼卡的主广场。为了感谢萨拉曼卡对其王位争夺战的支持，费利佩五世（Felipe V）下令建造广场用于斗牛。在阿尔贝托·丘里格拉（Alberto Churriguera）和他的侄子曼努埃尔·德拉·丘里格拉（Manuel de Larra Churriguera）的指导下，建造于1729到1755年间。四周的长廊等建筑物，采用砂岩作为建筑材料，按照传统的西班牙巴洛克风格来设计，它设有88个拱门和247个阳台，密布着餐馆、冰激凌店和珠宝店，被认为是西班牙最美丽的广场之一。当地的美食主要包括“Chanfaina”（炖羊腿肉米饭，佐以熟羊血、洋葱、青椒、大蒜和丁香）和“Hornazo”（一种肉馅饼，馅料包括熏肉、香肠片和煮熟的鸡蛋）。

导游介绍，萨拉曼卡这座城市最早由凯尔特人的部落占据。公元前220年，随着迦太基名将汉尼拔（Hannibal）占领了此地。此后，这里被罗马人征服，成为古罗马时期“银之路”上的一个重镇。现存的罗马桥可追溯到1世纪，也是这条路的一个节点。

沿着马约尔大街（Rua Mayor）向南行走，不久就到了萨拉曼卡大学。正面入口的普拉特斯克立面（Plateresque Façade）上有着极为精美的雕刻，其中一副头骨上立着一只青蛙，象征死后受到惩罚的贪欲罪。这也成为这座城市最有特色的设计了。

萨拉曼卡大学成立于1134年，1218年由莱阿方索九世授予皇家基金会章程，1254年，阿方索十世国王授予了“大学”的正式称号。它是西班牙最古老的大学，也是全世界第三古老的大学。

在颇有学问的阿方索十世国王的赞助下，这座大学在13世纪下半叶，财富和声誉大大增加，其法学和民法学校甚至吸引了来自巴黎大学和博洛尼亚大学的学生。16世纪，萨拉曼卡城市的发展达到巅峰状态，当时大约有6500名学生，总人口为2.4万。萨拉曼卡大学接待了当时一些重要的知识分子，这些学者所在的萨拉曼卡大学创立了司法理论，代表了中世纪法律概念的最终完善，确立了欧洲法律的基本主体，明晰了生命权、财产权和思想自由权的概念。

晚上6点30分回到河轮上。7点30分来到餐厅时，侍者已全部换上西班牙风格的服装，不消说，今晚的晚餐是西班牙菜肴。头盘是Tapas，这是西班牙最有特色的餐前小吃；主食则享用了丰盛的西班牙海鲜饭（Paella），鲜美异常。甜点是加泰罗尼亚焦糖布丁。

餐后，大家聚在 Lounge Bar 欣赏弗拉门科：低音吉他奏出激越的旋律，响板迸发出明快的节奏，裙裾在舞动，幻化出一个浓情四溢的西班牙风情之夜。

第六天。上午相对轻松，早餐之后，8 点 30 分河轮启动，向着费拉多萨（Ferradosa）方向行驶。河水清冽，青山倒影不断。10 点 30 分，经过波奇尼奥船闸。12 点到餐厅享用午餐，等待我们的头盘是葡萄牙熟食拼盘（Charcuterie），里面包括熏肉、火腿、香肠、奶酪片、酸黄瓜与橄榄；主菜是龙利鱼段、龙虾和葡萄牙香槟酱，配花椰菜和煮土豆片；甜点是果缤纷饮品。中午 12 点 45 分，河轮抵达费拉多萨，这是杜罗河畔的一个小村庄，有一个河轮专用码头。

下午 2 点，驱车走访"葡萄酒之路"。沿着杜罗河旁蜿蜒的道路，深入到古老的葡萄酒产区。行至高处，可以看到绵延不断的层层葡萄田，十分壮观。这里的春夏绿意盎然，秋天红红火火。

杜罗河谷的葡萄酒生产自古罗马时代以来就存在。该地区有温热干燥的微气候和岩石土壤，为葡萄提供了理想的生长条件。

但直到 1756 年，根据何塞一世（José I，1714—1777）国王的《皇家宪章》，这

里才被划定为葡萄酒产区，目前也是世界上最古老的葡萄酒产区，总面积为 2254 平方公里，有 3 万多名葡萄酒种植者。其中 246 平方公里的“上杜罗河葡萄酒区”（Alto Douro Wine Region）在 2001 年，被联合国教科文组织列入《世界文化遗产名录》，理由是：“在上杜罗地区，传统生产葡萄酒已有近 2000 年的时间。自 18 世纪以来，其中的主要产品，即波特酒一直以其高品质而闻名于世。这种悠久的葡萄种植历史，也催生了秀美的文化景观。”

在这里我了解到，生活在葡萄园的居民从出生那一刻起，这些起伏的葡萄田就塑造了他们的视野。波特酒是他们唯一的收入来源。杜罗河谷属于那些小业主，以及将波特酒运到盖亚新城的托运人，我还听到了一句话：“这里同样属于在葡萄牙和世界的其他地方，以一杯醇厚的波特酒，来庆贺他们个人生命或国家命运的伟大时刻的人。”

半个多小时后，我们来到圣·萨尔瓦多·多蒙多（San Salvador do Mundo），这是一块高地，可以清晰地眺望到下方的杜罗河大坝，还有远处连绵起伏的葡萄田。然后来到圣若昂·达·佩斯奎拉（São João da Pesqueira）小镇，这座小镇海拔 850 米，人口 7870 多人。它创建于 1055 年，是葡萄牙维苏区（Viseu）历史最悠久的一个城镇，拥有广阔的葡萄园，位于杜罗葡萄酒产区的心脏地带。

我们漫步在小镇中央的主广场上，古雅的教堂外墙上装饰着瓷砖壁画，描绘的是波特酒的生产场景。广场的拱廊间光影缓移，时光悠长。拐入小巷，当地人的院落十分安静，在一面红色的窗户下，立着一只陶瓷制成的猫，十分醒目。

在我们参观的同时，河轮沿着杜罗河向西行进，经过瓦莱拉船闸。晚上 6 点 30 分抵达平尼奥（Pinhão）小镇，这个小镇位于杜罗河的右岸，是波特酒划定区的中心。平尼奥火车站外墙上密布着 24 块瓷版画，上面描绘着杜罗河谷和葡萄酒收获的景象。这些瓷版画由 J·奥利维拉（J. Oliveira）绘制于 1937 年。车站对面昏黄的灯光下，是一家小旅馆，古老的建筑仿佛是历史照片中的场景。

来到河岸，灯光透亮的河轮已在码头边等候着。回到河轮上，晚上 7 点 30 分在船上的酒吧举行“餐前酒会”，大家举着香槟相互庆贺旅程接近尾声，主厨宣布了“庆贺晚宴”的菜单。

晚上 8 点，庆贺晚宴开始。依然是鹅肝酱、牛犊肉，最后以阿拉斯加金万利酒

火焰冰激凌作为压轴甜品。

第七天。清晨 7 点，河轮启动，朝着佛尔格萨（Folgosa）方向行驶。8 点钟到达佛尔格萨村落，这是一个面积 10.3 平方公里、居民 3700 多人的村落。杜罗河这段的水十分清澈，山峦倒影入清漪。

8 点 30 分，驱车前往拉梅戈（Lamego）。这是葡萄牙维苏区的一个城市，人口约 2.6 万，面积 165.4 平方公里。拉梅戈在罗马人占领伊比利亚半岛之前就已经存在，是葡萄牙巴洛克风格的主要城市之一，有众多的教堂、宫殿和民用建筑。

我们来到了圣斯蒂芬山，一座德诺萨・森霍拉避难所（Santuário de Nossa Senhora dos Remédios）格外醒目。这座避难所建于1750年至1905年间，整座建筑拥有双塔。步入里面，有天蓝色洛可可风格的穹顶和白色的石膏内饰，还有镀金的祭坛。

从避难所出来，沿着 686 级台阶而下。整个台阶为巴洛克风格，装饰着瓷版画、喷泉和雕像，颇有气势。每年的 9 月 8 日，很多信徒会从最低层起爬楼梯而上，以

乞求神迹的发生。

中午 12 点 30 分，宾客们回到船上。河轮起航，向着莱韦尼奥的方向行驶。下午 1 点来到餐厅用餐。头盘是三文鱼卷，配芝麻菜慕斯，主菜是炖法国鹌鹑，鹌鹑烧制前用 Favaios 波特酒浸腌过，这种酒以莫斯卡特・加莱戈（Moscatel Galego）葡萄酿成，鹌鹑上存留着一种复杂而微妙的类似杏仁的香气，配上葡萄串、马铃薯麦片和布鲁塞尔芽菜。甜点是焦糖布丁。

下午时分，河轮继续航行。下午 3 点 30 分，经过卡拉帕略船闸。细雨霏霏，我继续在舱房写作。

晚上 7 点 30 分来到餐厅，享用此行最后的晚餐。头盘是蔬菜汤，这种蔬菜汤内放入羽衣甘蓝；主菜是炖猪里脊肉，配上菠萝和炸薯条；接着上来一碟橄榄油和香草腌制奶酪，最后的甜点是用玻璃杯装着的“天堂奶油”（Natas do Céu），这是葡萄牙的一种分层甜点，比较厚实，最上面是压碎的玛丽亚饼干屑，中层是蓬松的慕斯，下层是奶油蛋奶，美味异常，被形象地称为“甜蜜的房子”。

入夜，河轮静泊在一处河湾。对岸有几处灯光闪烁，四周空蒙。

第八天。早上 7 点 45 分，河轮航向波尔图的 Quebrantões，这是泛欧游轮的专用码头。蓝天丽日，河轮上的旗帜招展。远远地瞥见了杜罗河上的铁桥。水光涟影，令人舒心不已。

当我写完本书时，有一种中断的激情被再度燃起。

从依恋之水、离别之水、伤痛之水，我们最终汇入自由之水。

悦纳此刻，在遗忘和离散的年代，试着去追忆和重逢。那是漫长的未来。

Göta Kanal

The Idyllic Sweden

哥塔运河上的古典船旅：

从哥德堡到斯德哥尔摩

乘坐全球最古老的“*M/S Juno*”号河轮，从瑞典哥德堡启航，沿着哥塔运河，驶向斯德哥尔摩。这是一次十分小众的旅程。

航行在这条哥塔运河上十分不易，要经过58座船闸，这条运河也因此被形象地称为“离婚沟渠”（Divorce Ditch），因为不少驾驶私家游艇的夫妇们需要齐心合力，在狭窄的运河上渡过一个又一个船闸，彼此稍微配合不好，都可能让夫妻产生摩擦或纷争。这些船闸和整个的航程，也成为当代婚姻生活的一种隐喻。

从哥德堡到维纳恩湖，黄金水道

飞机抵达哥德堡，正是黄昏时分。从舷窗向外望去，是绿树苍翠的大地和清澈如镜的湖泊，赏心悦目。

乘车来到哥德堡中央火车站，恰好是这座城市最为繁忙的时刻。雅致的大楼，光影强烈的街区，还有匆匆行走的行人，这一切，都把人瞬间带进这个都市中。

哥德堡作为瑞典的第二大城市和瑞典最重要的港口之一，拥有人口 58 万。由古

斯塔夫·阿德罗夫国王时代自1621年建造的城市，依然典雅华美，是北欧夏季的度假胜地，也是通往瑞典西海岸的门户。

走到 Burggrevegatan 大街，前面不远处就是我预定的酒店。一进大堂，就发现这是一家设计考究的酒店。右侧的休憩空间的墙面上挂着抽象派的画作，一条长凳子，白色柔软的垫子，极富形式感，大约可以坐上七八个人，中间没有扶手间隔，在凳子的上方配有精制的阅读灯，在这里，大与小形成了微妙的对比。靠里面的休息室内，墙面上垂挂着红色的圆形编织物，沙发后墙面上的装饰画上是一张抽象的脸，色调温暖。

前台旁边，摆放着一个书架，上面放着各种装饰品和时尚杂志。旁边还有一辆老式的儿童自行车，上面坐着一个皮制的米老鼠，十分有趣。在前台附近的休息室内，以绿植、竹编的马灯、造型别致的落地灯和仿动物皮毛图案的圆凳，营造出一个舒适、自在的氛围。有几位旅人坐在沙发上，享受着北欧假期。一楼的内侧就是餐厅，黄昏的暖光照在桌上的摆设上，迟迟不落的夕阳昭示着漫长的夏日。

办好入住手续后上到5楼，走进房间。这间房属于 Queen Room，沿窗户是一张大床，1.8米宽，很软。打开大窗，后面一座建筑物的黄色墙壁和湛蓝的天空，犹如一幅水彩画。

第二天。早晨6点30分来到餐厅，看到四周的餐台上点燃着蜡烛，放满了各种食物：有四五种烤制的瑞典式糕点，还有数种奶酪片和麦片，培根和香肠等热食放在铁质的炖锅内，十分保温；饮品则包括西柚汁、蓝莓汁和黑莓汁等近 10 种。旁边的圆几上放着一座松鼠雕塑，它正在啃着松仁，憨态可掬。

享用了早餐后，晨光渐渐地照射进来。餐厅外的路上，不时有几个青年蹬着滑板一闪而过。晴好的一天开始了。

早晨 8 点，来到哥德堡码头。一艘古老的“*M/S Juno*”号邮轮已停泊在那里，工作人员正在船上做着最后的准备工作。我在岸边端详着这艘 31 米长的邮轮：白色的船身，船首几乎是 90 度垂直，船的顶部有一只黑白相间的烟囱。这样的老式邮轮过去我只在电影中见过，而现在我却要真实地去搭乘它，前往斯德哥尔摩。

一位水手拿起我的行李，带我走进遮蔽甲板层（Shelter Deck），沿着大约 70 度的陡峭楼梯，扶着把手，向上走到船桥甲板层（Bridge Deck），我的 A11 房间位于该层的左舷转角处，十分方便拍摄。

舱房比较小，双层床，床宽大约 80 厘米，床上放着浴袍，还有 3 支沐浴露、洗发露和乳液，都是该公司自制的产品。床头柜上摆放着果盘，里面有新鲜的北欧草莓，还有一支 Pol Roger 的 Brut Reserve 香槟。这家香槟酒庄的生产始于 1853 年，曾获得了奥匈帝国宫廷的皇家许可证，它一直是温斯顿·丘吉尔爵士喜欢的香槟，目前还特供英国女王伊丽莎白二世。我打开这款 Brut Reserve 香槟品尝起来，里面含有 40% 的霞多丽和 60% 的黑皮诺，口感清新而饱满。

衣橱也经过特殊设计，大约只有 12 厘米厚，门上有一个黄铜的按钮，一按就可以打开，里面比较紧凑地挂上 4 件衣服刚刚好。整个舱房大约只有不到 4 平方米，犹如列车卧铺车厢般大小。

移去香槟，发现这个床头柜以棕红色的木材制成，最上层的台面上镶着皮革。拎起一只把手往上提，水斗就显现出来了，锃亮的水龙头和玉色的水盆，看上去十分高雅。我试用了一下，冷热水的压力都比较足。这次旅途中，每次洗漱之后，将这个台面合上，就又恢复成一个床头柜，这种精巧的设计在我的河轮旅途中也是不多见的。

收拾停当，沿着邮轮的各层参观。船桥甲板层的前部是驾驶舱。在这层舱房的后侧是酒吧，可以隔着栏杆欣赏湖景，这是不少乘客聚集的区域，每天的下午茶和晚餐前的香槟，都是在这里享用的。

我这层共有 6 间舱房。在下面的遮蔽甲板层也设立了 6 间舱房，这层舱房的最前部是沙龙（Saloon），其实是一间小型的图书室，里面摆放着一些关于哥塔运河和瑞典自然环境方面的书籍，环境安静，成为我的临时工作场所。在遮蔽甲板层的下方是主层甲板，有其他一些舱房和船员的休息室。每层甲板有一间卫生间和一间淋浴室，供乘客公用。

我们聚在酒吧。大家彼此寒暄，享用着茶点。按照计划，应该在 9 点钟准时启航，但由于有一位旅客迟到，我们都在耐心地等候着。坐在椅子上，我查阅着关于这艘邮轮的资料："*M/S Juno*"号邮轮造于瑞典穆塔拉（Motala）的造船厂，于 1874 年下水，是世界上最古老的注册邮轮。严格说来，应该是全球最早的一艘河轮，因为这并不是航行在海上的小型或中型河轮。最初，这艘船被命名为"达尔文"号，以纪念这位英国科学家，但后来在一些股东的反对下，该船改名为"*M/S Juno*"号——"Juno"是神话中的婚姻女神，更加富有意味。

最开始，这艘船被漆成黑色，舷窗是方形的。1904 年，这艘船在穆塔拉的船厂被重建。1956 年，船上的蒸汽机被两个柴油发动机所取代。从 1963 年起，船身改成现在的白色。这艘船的 3 层甲板上共有 29 个船舱。2003 年，这艘船进行了最近一次的翻新，重点装饰了餐厅和休息室。2004 年，美国国家海洋博物馆将这艘邮轮列入历史著名邮轮的名单。

9 点 25 分，那位迟到的客人终于登船了。水手解开了缆绳，船长站在右舷的操控台前驾驶，河轮启航。

上午 10 点，在酒吧举行一个欢迎仪式，船长和主要的船员们一一与大家见面，开始了在这艘河轮上 4 天 3 夜的生活。

河轮在航行。这段航道还是在比较稠密的居民区，不远处是一条公路，附近停泊着不少汽车，还是一个比较繁忙的小镇模样。渐渐地，驶进安静的河道，两旁只有绿树，碧水在前。

中午 12 点 30 分，餐厅的工作人员手持一面直径约 15 厘米的铜锣敲了 3 下。他解释说，这是船上开始午餐和晚餐的信号。遮蔽甲板层甲板的后方是餐厅，里面摆放着 6 张餐桌，这次船上共有 28 位乘客。我这一桌一共 6 个人，除了我之外，

有来自澳大利亚的塞缪尔（Samuel）夫妇，一位来自丹麦的拉克（Lærke）女士陪着她的妈妈，还有一位来自德国的鲍尔（Bauer）老先生。

午餐头盘是蔬菜沙拉，主菜是布胡斯兰三文鱼汤（Bohuslän Fish Soup）、手剥虾仁和柑橘蛋黄酱，甜点是河轮特制的草莓蛋糕。布胡斯兰（Bohuslän）位于瑞典西部海岸最北端的哥特兰省，这种三文鱼肉质紧实、鲜美。

午后时分，在船舱内小憩。下午 2 点 30 分，在利拉·埃德（Lilla Edet）开始经过斯特罗姆（Ströms）船闸。这是整个旅程中的第一个船闸，原船闸建于 1607 年，也是瑞典的第一个船闸，目前使用的建于 1916 年。大约只花费了 10 分钟的时间，河轮就随着水位被逐渐抬升起来，进入新的水面。

沿着哥塔运河，一路向北航行，速度缓慢，这是让人心静的旅程。下午 3 点 30 分，一笼蛋糕被端到酒吧，下午茶开始了。下午 4 点，进入特罗尔赫特（Trollhättan）船闸，这座阶梯状的船闸共接连 4 座船闸，建于 1916 年，是瑞典最古老的船闸之一，长 88 米，宽 13.20 米，总落差为 32 米，允许通过 4000 吨左右的船舶，每年这座船闸运送的货物约为 350 万吨。

只见一位水手攀上船闸的上方，吊下一根缆绳，船上的水手接住后，引导着河轮前进。进入这一系列船闸的第二座时，迎面驶来了几艘私家游艇，一般都是男伴驾驶着游艇，女伴穿着救生衣，手里拿着一根铝杆，不时地撑住船闸的岩壁，以防止游艇蹭上船闸的石壁而刮伤其边缘部分。

一个水闸能容纳多少水？答案是，因为不是所有水闸的深度都是相同的，一个水闸平均能容纳约 750 立方米的水。

通过这一系列的船闸，一共花了 1 个小时的时间。下午 5 点钟我们下船，走过船闸上的通道，来到特罗尔赫特（Trollhättan，意为“巨魔的帽子”）小镇。我们步入哥塔运河博物馆（Trollhättan Canal Museum）。这座建立于 1893 年的专题博物馆，以纪录片加实物陈列，展现了哥塔运河的全貌。

博物馆的展板上介绍，哥塔运河（Göta Kanal）是瑞典于19世纪初建造的一条运河，从西海岸的哥德堡到东岸的波罗的海的南雪平（Söderköping），连接了一系列的湖泊和河流，其中包括维纳恩湖（Vänern）和韦特恩湖（Vättern）湖泊，形成瑞典南部总长为614公里的黄金水道。

其中，运河本身的长度累计为190公里，其中87公里经过挖掘而成，宽度在7米—14米之间，最大深度3米。运河上有58个船闸，可容纳长32米、宽7米和

吃水 2.8 米的船只通过。该运河是由苏格兰土木工程师托马斯·特尔福德（Thomas Telford，1757—1834）所设计的，是苏格兰加里东运河（Caledonian Canal）的姊妹运河。

修造这条运河的最初构想，在 1516 年由林雪平（Linköping）主教汉斯·布拉斯克（Hans Brask，1464—1538）提出，直到 19 世纪初，该提议才被德国出生的瑞典海军前军官巴尔扎尔·冯·普莱特恩（Baltzar von Platen，1766—1829）付诸实施，他曾在笔记中记载："每次我看瑞典地图时，我都想知道为什么没有一条运河连接着东、西两面的海洋？"后来，他得到了国王查尔斯十三世（Charles XIII，1748—1818）的支持，他们认为这种"穿越国家的通航方式"，将有助于启动瑞典现代化时代，尤其会使得采矿业和农业受益。

该项目于 1810 年 4 月启动。这是迄今为止在瑞典进行最大的土木工程项目，16 个兵团的 5.8 万名士兵应征参与，外加 200 名俄罗斯逃兵和一些平民工人，每人每天工作 12 个小时，连续奋战了 22 年。大部分运河是用铁锹一点点挖出来的。为了让这些施工人员保持良好的精神状态，他们每周的食物配给中包括 14 份杜松子酒，因为手脚在寒冷天气下很容易发麻，酒类可以帮助士兵活血化瘀。

鉴于当时英国的运河系统是

最先进的，许多英国工程师和工匠被引进来帮助这个项目，同时带来了大量的如镐子、铲子和手推车等设备。工程共耗资 900 万 Riksdaler（这是 1777 年到 1873 年间，瑞典货币的名称），按照 1995 年的价格计算，相当于约 123 亿瑞典克朗。

哥塔运河于 1832 年 9 月 26 日正式通航。冯·普莱特恩在 1829 年去世，很遗憾没能等到成功的一刻。1855 年瑞典铁路修造后，使得运河显得有点多余。因为运河在一年中的 5 个月内无法通行，而火车可以全年快捷地运送乘客和货物。到了 19 世纪 70 年代，运河的货物运输已经减少到只有 3 种散装货物，包括森林产品、煤炭和矿石。

尽管如此，哥塔运河仍被视为瑞典航运史上最大和最重要的纪念碑之一。如今，尽管运河的部分地区仍用于运输货物，但现在主要改作旅游用途，也是瑞典最受欢迎的旅游景点之一，被称为“瑞典的蓝色飘带”，每年都有一些人乘坐游艇或河轮畅游运河。

离开博物馆，回到河轮上，沐浴在霞光中，我们开始享用香槟。晚上 7 点 30 分继续航行，经过 Brinkebergskulle 船闸和 Vänersborg 小镇，之后驶入辽阔的维纳恩湖（Vänern），这是瑞典最大和欧洲第三大的内陆湖，海拔 44 米，面积为 5650 平方公里，仅次于拉多加湖（Lake Ladoga，17703 平方公里）和奥涅加湖（Lake Onega，9720 平方公里），世界湖泊排名第二十六位。

维纳恩湖的平均深度为 27 米，最深处 106 米，形成于约 1 万年前的第四纪冰川后期。在湖中有着丰富的鱼类资源，其中的维纳恩三文鱼，属于鲑鱼亚种群。这些三文鱼的重量一般约 18 公斤，最大的超过 20 公斤。湖区规定，运动捕鱼（Sport Fishing）无论是在岸边还是在船上，每人每天最多可钓 3 条鲑鱼或鳟鱼。商业捕鱼则需要取得许可。

随着 3 声铜锣响，宾客们来到餐厅。晚餐的头盘是用赤杨木熏烤的麋鹿肉排（Elk Steak），配上红莓、草本蛋黄酱、脆荞麦和洋葱，主菜是烤北极红点鲑鱼（Arctic Char），配以马铃薯卷饼，酸葫芦巴色拉、熏鳟鱼鱼子酱和白葡萄酒沙司，这种北极红点鲑鱼属于一种冷水鱼，原产于北极和亚北极地区的沿海水域。

晚上 9 点多，我在船上看霞光散尽，远处湖岸上有一排风车映在落日的余晖中。到了晚间 11 点，满月升起。深碧的夜空之中，映照着湖面上邮轮激起的水波。晚上

11 点 30 分，河轮经过莱克城堡（Läckö Castle）。它是在 1298 年作为一座坚固的主教城堡而建造的，到了 17 世纪中叶，这座城堡被改造成为巴洛克风格的建筑。

维纳恩湖西侧的最后一抹红霞迟迟不肯退去，湖面上一些小小的岛屿在不远处轻盈地滑过，像是湖中精灵一般。在 2009 年 5 月，湖底发现了一艘维京海盗船。挪威萨迦史诗曾有过记载：公元 6 世纪，在冬季的维纳恩湖冰面上有一场战役。那种奇幻感非同寻常。如同在这夜色中，我眼前不断飘过的微型岛屿。

从舍久托普到穆塔拉，湖中精灵

一夜沉沉的睡眠。第二天，船上发生了一阵剧烈的抖动，我被惊醒。打开灯一看才凌晨 4 点 10 分，此刻，河轮正在通过舍久托普（Sjötorp）船闸，这个系列船闸一共有 8 个，属于是哥塔运河中最窄的船闸，估计是船底碰到了一些障碍物了。我赶紧把放在床头柜上的两个水晶酒杯用餐巾包裹起来，再把包好的酒杯平放在床头柜底层的格子中，以防酒杯因震动而跌落。

从清晨 7 点 40 分开始，河轮经过从 Godhögen 到 Hajstorp övre 的一系列水闸。早餐过后，我和一些乘客在哥德霍根（Godhögen）下船，沿着水闸旁的小径漫行，看着河轮在绿草之后的运河中慢慢地经过一个又一个的水闸。一位工作人员介绍说，从 5 月初到 9 月底，大约有 2000 艘船只经过这里的船闸。这些水闸位于哥塔运河的西部，1822 年在哈吉斯托普（Hajstorp）举行了落成典礼。

行走了大约 1 公里，在路上不时地遇到骑车的当地人，他们好奇地看着这艘古典河轮，不时地拿出手机来拍照。我在这一段沙石路上倒着走路，同行的一位女士也知道这样行走对于背部很有益处。然后，我们在瑞克斯贝格（Riksberg）重新上船。

10 点 20 分，抵达特勒布达（Töreboda），这里有着瑞典最小的渡轮“丽娜”（Lina），长五六米，供行人和骑自行车者使用。这艘渡船是用一根绳子手动拉过运河的，它穿梭往返于哥塔运河的两岸，每次只需 20—25 秒。斯德哥尔摩和哥德堡之间的铁路线在附近穿过运河。

两个小时后，进入运河的这一部分叫作柏格运河（Berg Canal），最初有一个急

转弯，当时的弯道在1930—1933年间做了矫正。下午1点，在Obelisk An obelisk抵达了哥塔运河的最高点——海拔91.5米。这一段的航行的特点是航道蜿蜒，树影青葱，不时与一些私人帆船或游艇交汇。

午餐的头盘是厨师秘制的黄油鲱鱼配奶酪，主菜是香草汁酱炖小牛肉，配以小麦浆果和蒸胡萝卜。

半个小时后，进入塔托普（Tåtorp）船闸，这是运河的两座用人力即可操作的水闸之一。下午2点，河轮驶入维肯湖（Viken）。维肯湖海拔91.8米，作为哥塔运河西段的蓄水池。湖岸边的岩石下的水面上，海鸥在扑腾着翅膀，不远处的湖心，一对情侣乘着一叶小舟在垂钓，旁边的湖面上有一株小树淹没在湖水之中，只露出一些树梢，有些奇异。

接着，经过斯佩特思纳斯（Spetsnäs）船闸，湖面上漂着很多浮萍，煞是好看。下午3点30分，河轮慢慢靠近福什维克（Forsvik）船闸，这座船闸建于1813年，属于运河上最古老的船闸之一。只见10多个当地人站在船闸旁拉着手风琴，弹着吉他，摇着国旗，捧着野花，唱着宗教赞美诗歌曲，欢迎我们的到来。整个过程持续了10多分钟，激情四溢。

这些朋友来自当地的肯德波姆（Kindbom）家族。这种祈福的传统已有100年了，源于对航行者的祝福，因为在过去要穿过东面的韦特恩湖（Vättern）是比较危险的事情。我们这个航次是今年春季的首航，很幸运地赶上了这样的被祝福的机会。

晚上6点，河轮来到瓦纳斯（Vannäs）半岛，我们下船后走近卡尔斯堡垒（Karlsborgs Fästning）。穿过一片树林，只见一座巨大的堡垒矗立在缓坡之上。这座卡尔斯堡垒被看作是修建哥塔运河的直接结果，连堡垒的具体地点都是巴尔扎尔·冯·普莱特恩在修建运河的过程中选定的。

当瑞典于1809年失去芬兰时，普遍认为斯德哥尔摩的防御太过薄弱，需要建立一个强大的内陆堡垒，瑞典军方制定了“中央防御”计划，即把这里作为瑞典的储备首都，并在战争发生时，作为瑞典议会、皇室、皇冠珠宝和国家黄金储备的中央防线，运河也可以将重要的战略物资运输到那里。

这座堡垒的周长为5公里，是北欧最大的建筑物之一，主要的建筑材料采用来自翁伯格（Omberg）的石灰石。建筑师约翰·阿佛·克伦（Johan Av Klen）参考了波

兹南的维尼里（Winiary）堡垒而进行设计。自 1819 年起，在这片 100 公顷的土地上开始施工，计划堡垒能容纳 6000 名士兵以及 8000 至 10000 名居民的生活。城墙的大部分在 1830 年完成。

穿过城堡的大门，进入院落，里面停泊着一些军车和火炮。我们沿着台阶登上城墙，眺望着这个宽大的堡垒。导游介绍说，由于耗资巨大，工程缓慢，整个堡垒直到 1870 年才初步投入使用，一直到 1909 年才算竣工。由于这一个时期炮兵技术发展迅速，为了防止有人攻击这座还没完工的城堡，在卡尔斯堡垒以西 5 公里处建立了一座瓦贝吉特（Vaberget）堡垒，就这样“以城堡护城堡”。

1918 年，瑞典放弃了原定的中央防御计划，这里就一直驻扎着哥塔信号团的驻军。“二战”期间，瑞典的黄金储备被储存在这里。今天，堡垒还是伞兵学校和国防部生存学校的基地。我们来到堡垒中央的教堂。按照原定计划，教堂在战争发生时将改作为议会大厅。这里最有特点的是大吊灯，它没采用水晶坠片，而是由 276 把

刺刀组成。

回到河轮后，继续东行。晚上 6 点 45 分驶入韦特恩湖（Vättern），这是瑞典第二大湖和欧洲第六大湖，整个湖区的形状像一根手指。有人考证“Vättern”来源于“Vätter”，意为“森林或湖泊的精灵”。

韦特恩湖的面积为 1912 平方公里，平均深度 417 米，最深处为 106 米。该湖的水质优良，湖岸的许多市镇直接湖中获得饮用水。另外，一年一度的环湖自行车比赛“Vätternrundan”也比较有名，一般每次会吸引大约 2 万名参与者来完成了 300 公里的湖岸骑行。

夕阳照在湖面上，流光溢彩，映衬着河轮走廊上的棕红色木地板，光亮古雅。这让我忆起英格玛·伯格曼在他的经典影片《野草莓》（*Smultronstället*）中，有一个镜头就拍摄于俯瞰韦特恩湖的餐厅露台上。

生命是倒影，宇宙是棱镜；以湖的瞳仁，反射华丽。

晚餐之后，我就坐在河轮的沙龙里阅读、上网，这里的 Wifi 信号比较强一些。在航行中，我大部分时间都在船尾的酒吧和下面的沙龙内，偶尔也会窝在舱房，每次都会打开舱门，卧在床上看书或看着门外时时都在变幻的场景。

这点也与我曾多次乘坐过的老式贵族火车有所不同，大多数客人和我一样，都是在睡觉的时候才回到舱房，这样可以在相对比较狭窄的空间里让人们相互交流的机会增多。大家在酒吧内阅读或相互交流，不时看看风景，沉浸于古典旅行的氛围之中。

刚到这艘船上时可能会有一点不适应，如卫生间是公用的，但很快就适应了这种格局，好像回到了过去的岁月。事实上，此次的 28 位乘客中鲜有特别年轻的，基本上都有一定的年龄和阅历，也只有这样的人群才愿意支付较高的费用，来享受这种古典风格的船旅生活。

晚上 9 点，河轮驶入穆塔拉（Motala）港湾。穆塔拉位于韦特恩湖的东岸，地处穆塔拉河和哥塔运河的交汇处。考古发掘表明，几千年前，穆塔拉在石器时代就有人定居。在 13 世纪，一座穆塔拉教堂建在河的北侧，古斯塔夫·瓦萨（Gustav Vasa）国王于 16 世纪曾在穆塔拉建造过一座庄园。

19 世纪初，随着哥塔运河的建成，穆塔拉成为运河贸易的重要城镇。这条运河的修造，促成了 1822 年穆塔拉·韦克斯塔德（Motala Verkstad）工厂的成立，该工厂生产建造运河所需的起重机和蒸汽挖泥船等机械，被称为“瑞典制造业的摇篮”。运河开通后，该厂则专注于为新建铁路生产车辆，后来被飞机制造商萨博收购。1881 年，获得城镇权利。随着瑞典 1971 年的市政改革，穆塔拉成为该地区的市镇。

穆塔拉面积为 19.2 平方公里，人口 29800 多。在儒勒·凡尔纳（Jules Verne）的科幻小说《海底两万里》中，潜水艇“Nautilus”就建于穆塔拉·韦克斯塔德工厂。1927 年，瑞典国家电台在此建成长波发射台，因为穆塔拉刚好处于斯德哥尔摩和哥德堡的中间点上，电波的覆盖最为合理。后来该发射台成了一座博物馆。

下船。我经过一座小桥，走到了这座小城的广场上，两旁的商店鳞次栉比，招贴也十分时髦，广场中央有一家酒吧，架着顶棚，照射着粉红色的光，十分热闹。我瞥见一个戴眼镜的年轻女子，抱着一个充气男子（与平时所见的充气娃娃相似），正准备落座。服务员也给她腾出两个座位。这个充气男子的身高大约 1.3 米，下面的器官挺直了，四周的顾客谁也没有予以更多的侧目，仿佛什么都没有发生一样。在这个被称为“哥塔运河之都”的地方，还真有着比较前卫的气质。

回到河轮上，我在酒吧品茗休憩。那位来自澳大利亚的塞缪尔先生问我，刚去广场看到有女子抱着充气男子了吗？ 我点点头。他表示很难理解。我说，在北欧的有些方面比较时尚，看过丹麦导演拉斯·冯·提尔的电影吗？他说没有。坐在旁边的那位来自丹麦的拉克女士建议他不妨一看。

拉斯·冯·提尔（Lars von Trier，1956—）的《破浪》（*Breaking the Waves*，1996）、《反基督者》（*Antichrist*，2009）和《女性瘾者》（*Nymphomaniac*，2013）惊世骇俗，都曾引起过争议。在他作品中呈现出各种失落、悲伤、忧郁和不幸的人物，暴力美学、温情主义和自然主义相杂糅，试图化解当代人深刻的精神危机和身体困境。

从博伦湖到梅姆，偶遇战车

河轮夜泊港口。次日清晨4点，河轮从穆塔拉启航。5点钟，经过波伦霞尔特（Borenshult）船闸，这是整个运河中第二长的系列船闸，5个船闸一起抬升了15.3米。据说，在这里很容易听到夜莺的歌唱。“夜莺，低涧。我曾只求一方庭院，春去，一地海棠。”我在札记中写下这样的句子。

5点40分，缓缓进入博伦湖（Boren），这个小湖的面积为28平方公里，海拔73米，最深处为14米。6点40分，抵达博伦斯博格（Borensberg），河岸边摆放着白色的桌子和鲜花，晨光中有着田园诗般的美感。经过一个手动的船闸后，便是建于1908年的哥塔酒店。刚过酒店，就看到一个小小的露台斜靠在运河的一个急转弯上，它被称为“舵手的恐惧”（Helmsman's Horror）。

7点多钟，河轮行驶在坎纳尔瓦根（Kanalvagen）湖段。我端着相机在右舷拍

摄，突然发现在大约200米的草坡上，一列战车疾驰而过，其中有20多辆装甲车，中间夹着指挥车，目测是军迷们并不陌生的CV90装甲车，这是瑞典军方专门为北欧的亚北极气候开发的履带车辆，在雪地和湿地中都有着很好的机动性。

我靠着船上的一个柱子，想尽量不让对方注意到我，但只过了1分钟，只见一辆战车上那站立在前方炮塔中的一位士兵，端起望远镜朝我这边侦察。透过镜头可以清晰地看到他面部涂着黑色的防伪油彩，似乎还撇着嘴，可能有点不太高兴：在不远处的一艘古典河轮上，居然有人用专业长焦镜头跟拍我们的战车！这列坦克大约行驶了2分钟才进入远处的树林之中。

在运河边的草丛中，我看到了一只野兔（Hare），壮硕的身子，长长的尾巴，晶亮的眼睛，跳跃在其间。在不远处，还有另外2只野兔，3个小伙伴欢快地聚集在一起。这是一个有着坦克和野兔的清晨，战备训练与灵动自然交织在一起。

早餐后我在酒吧里看书。10点40分，河轮从博格（Berg）起，要连续经过海达（Heda）的15座船闸，逐步下降，进入罗克森湖（Roxen），罗克森湖的海拔高度只有32米。

离开船，我们穿过林中小道，去参观维瑞塔修道院（Vreta Kloster）。穿过一座花园，我们等待着在中午12点开门。这里平时并不总是对游客开放。

从12世纪开始一直到1582年，这里是瑞典的第一个修女院，也是北欧最古老的修女院之一。最初的建筑物在13世纪初被烧毁，后来1289年被重建完成。在此后较长的时间内，不少瑞典统治阶层和贵族家庭的女儿都到此修道。后来，由于宗教改革的结果，修道院被禁止接受新学员，1582年最后的2个修女去世。之后，该建筑物被作为路德教区教堂使用。待走进这座修道院时，发现里面有着中世纪十字形教堂的内壁小窗，十分古雅。

结束了修道院的参观，漫步到卡尔·约翰（Carl Johan）船闸。这是运河上最长的7个相连的船闸。只见坡道上的草坪上围着船闸坐着不少人，他们一边晒日光浴，一边看着河轮逐级地下降。这个船闸一共下降了18.8米。河轮每进入一个船闸，都有一位水手站在船闸前方的闸门处，用特定的手势指挥驾驶员将船靠到最靠近闸门的位置。在最后一个船闸处，我们登上河轮，看着它驶入了罗克森湖。在湖口，矗立着一件艺术品，造型是一个人走路的姿态，采用镂空铁艺的制作工艺，高约4米，彰显湖区蓬勃向上的气质。

从下午 1 点到 3 点，河轮行驶在罗克森湖（Roxen）这个中型的湖泊上，湖边不时有一些天鹅游弋。罗克森湖的面积为 97 平方公里，最深处 8 米。罗克森湖的西部地区有 Kungsbro 和 Svartåmynningen 自然保护区，比较适合观鸟。

然后，经过诺霞尔姆（Norsholm）船闸，从斯德哥尔摩到马尔默的铁路线在此穿过。下午 4 点 40 分，到达阿斯普兰根湖（Asplången），6 点 30 分，前方驶来了"*M/S Diana*"河轮，这艘船造于 1931 年，也是隶属于同一家公司的古典河轮。两条船交汇时，大家挥手致意。

晚上 6 点 40 分，开始经过 Carlsborg Övre 的 8 个船闸。

随着工作人员在走廊上敲响晚餐的锣声，宾客们纷纷来到餐厅。晚餐头盘是虾仁配上蛋黄酱、酸奶、柠檬、莳萝和吐司，主菜是香烤盐渍鳕鱼，配以芹菜、蘑菇、刺山柑花蕾和黄油酱，甜点是黑巧克力糖霜和糖渍云莓。

运河边的树林中，有几匹瑞典马，与林间的光影构成了一幅优美的画面。接着经过南雪平小镇，这个田园诗般的小镇建于 13 世纪初，在汉萨时期曾非常重要。该镇作为水疗中心也有着悠久的历史。在河岸上出现了一个雕塑作品——一排兔子，在拼命地抓住一个要掉进水里的同伴。

晚上 11 点，河轮穿过梅姆（Mem）的狭窄船闸。1832 年 9 月 26 日，国王卡尔十四世就是在这里，举行了哥塔运河的落成典礼。

接着，河轮驶入波罗的海，一直要驶到次日早晨 8 点 30 分。

从波罗的海到斯德哥尔摩，蓝色飘带

早晨醒来，河轮在斯雷贝肯（Slätbaken）群岛的海域中穿越。蔚蓝的波罗的海、晨光和小岛，构成了简洁之美。

8 点 40 分，经过南泰利耶（Södertälje）船闸，目前这个船闸从 1924 年起使用，古斯塔夫五世国王曾参加了开通典礼。船闸长 135 米，是北欧最长的船闸。

10 分钟后，驶入梅拉伦湖（Mälaren）。它最早出现在 1320 年的历史记录中，“Mälaren”起源于古老的挪威单词“Mælir”，意为“砾石”。在维京时代，梅拉伦湖是波罗的海的一个海湾，当时的远洋船只可以航行到瑞典内地很远的地方。大约 1200 年前，由于地质的改变，逐渐成为一个湖泊。梅拉伦湖是瑞典第三大的湖泊。面积 1140 平方公里，平均深度 13 米，最深处 64 米。目前这个湖的海拔为 0.7 米。

10 点 45 分，河轮抵达比约克岛（Björkö，瑞典语，意为“白桦树之岛”），一位穿着维京时代服装的导游已等候在码头。他带着我们参观这个小岛。他介绍说，比约克岛上的比尔卡（Birka）社区建于约公元 750—975 年，通常被认为是瑞典的第一个城镇。该小镇当时是港口和贸易中心。

相传是斯瓦斯（Sveas）国王执意要建立这个小镇的，因为这里离他的阿德尔斯（Adelsö）领地很近，都挨着梅拉伦湖区，他设想着要发展长距离的奢侈品贸易：包括金银制品、水晶丝绸、高档酒类甚至包括武器。小镇建立起来后，来自欧洲和亚洲的商人蜂拥而至，因为当时在整个北欧都没有如此丰富的商机。在比尔卡成立后的百年时间内，贸易已扩展到整个波罗的海领域。当时从比尔卡出口的物品主要包括皮毛、铁器和奴隶，然后用“以物换物”的方式，来换取上述奢侈品。

我们来到岛上南部一个缓坡，这是一个墓地，也是岛上最古老的遗址。土坡上嵌着九块石头，还有两个烧焦的土墩，其中一个是被称为“英格之墓”（Ingas Grav）

的洞穴。这样的地理位置表明，这里属于青铜时代的一个定居点（前 1800—前 500），人们到岛上进行季节性的捕鱼和狩猎。

登上山岗。眼前是一片占地约 12 公顷的牧场，依稀可以看到古老的防御工事，延伸到小岛的南方。大约有 2000 座墓穴在比尔卡被发现，其中有 1200 座已经被挖掘出来，随葬品中一般有马匹和奴隶，这些考古发现已由瑞典国家古物博物馆保存。在比尔卡附近的水域还发现了被认为古代海军防线的遗迹。

沿着山路，我登上一座博格贝盖特（Borgberget）山丘的顶端。上面矗立着石质的“安斯加十字架”，这是 1834 年在圣安斯加访问比约克岛 1000 多年后竖立起来的。圣安斯加（Saint Ansgar，801—865）是东法兰克王国北部的主教，被指派将基督教带到北欧，他于 829 年在此进行了半年的布道，也被称为“北欧的圣徒”。

我们走下山坡，来到湖边的几幢泥屋前面。这个古老的小镇在 1000 年前就逐步被废弃了。到了 1900 年前后，还存有 9 个农舍，最后只剩下 3 户人家人仍在这里。

1993年，比尔卡与附近的霍夫格尔登（Hovgården），一起被列入《世界文化遗产名录》，理由是："它们共同组成了一个考古综合体，展示了北欧维京时代复杂的贸易网络及其对斯堪的纳维亚半岛随后历史的影响。"

在湖边漫步，我看着湖面上停泊的黑色木船，在那个维京海盗独霸一方的年代，大多是采用这样的船只，轻盈、快捷且勇猛。

下午2点，一座宫殿浮现在湖岸的绿树之间。这是德罗宁霍姆宫（Drottningholms Slott，也被称为皇后岛宫），建在洛文岛（Lovön）上。它最初建于16世纪末。在18世纪的大部分时间里，它一直是瑞典王室的夏宫。自1981年以来，它成为瑞典国王和王后的官邸。自那以后，瑞典军方也以与斯德哥尔摩宫同样的方式守卫着这座宫殿。

"Drottningholms"这个名字的字面意思是"皇后的小岛"。最初的宫殿是由瑞典的约翰三世（John III，1537—1592）在1580年，为他的王后凯瑟琳·贾杰伦

（Catherine Jagellon）建造的文艺复兴建筑。

1661 年，瑞典女王和摄政者赫德维格·埃莱奥诺娜（Hedwig Eleonora，1636—1715）买下了这座城堡，同年 12 月 30 日，城堡起火被夷为平地。海德维希聘请建筑师尼哥底母·泰辛（Nicodemus Tessin）来设计和重建这座城堡。1662 年，重建工程开始。在城堡接近完工时，泰辛于 1681 年去世。他的儿子小泰辛接棒，精心完成了室内设计。

在法国原型的影响下，德罗宁霍姆宫是瑞典 16 世纪建造的保存最完好的皇家城堡，它在 1991 年成为世界文化遗产，联合国教科文组织的评论是："它的宫殿，保存完好的剧院（建于 1766 年）、中国馆和花园，是 18 世纪北欧皇家官邸，在凡尔赛宫启发下建造的最好例子。"

下午 3 点，河轮慢慢接近哈默比（Hammarby）船闸，该船闸于 1930 年开始启用，是整个旅程中 58 座船闸中的最后一座。河轮进入索尔特斯疆（Saltsjön）的航道。索尔特斯疆是波罗的海的一个海湾，从斯德哥尔摩群岛延伸到斯德哥尔摩的内城，反射着蔚蓝色的光。两旁的建筑物越来越密集，半个小时之后，河轮靠近斯德哥尔摩的老城（Gamla Stan），晴空下，这座都城正焕发着夏日的光华。

河轮停靠在老城的码头。所有"*M/S Juno*"号河轮的船员在码头上站成一排，与乘客一一握手道别。这个航次虽然是我乘坐过的时间最短的河轮航次，却有着不少可圈可点之处。

我们终将上岸，阳光万里。

步行去对面的船岛，我预订的船岛酒店（Hotel Skeppsholmen）就在小岛上面。通向船岛的斯凯普斯霍尔姆桥（Skeppsholmsbron）是瑞典建造的第一座铁桥，由穆塔拉·韦克斯塔德工厂建于 1861 年。这座桥长 165 米，宽 9.5 米，中央的车道宽 5.5 米，两侧各有 2 米宽的人行步道。在 1935 年，这座桥和其他建筑一起被归类为"历史地标"，禁止更换桥梁和其他部件。

在这座桥两侧的栏杆上，各有一个镀金的皇冠，构成一处观看斯德哥尔摩的独特视点。走到船岛，浓荫蔽日。在 16 世纪时这里曾是国王的休养地，到了 17 世纪 30 至 40 年代，由于地处从波罗的海到斯德哥尔摩入口的战略位置，瑞典海军将总部设立于此。后来将这些海军的建筑物进行了改造，变为现代艺术博物馆和建筑博物馆。这里还有东亚博物馆，整个小岛就像一个博物馆之岛。

我来到船岛酒店。看上去，酒店的结构十分特别：它分布在两幢长条形的3层建筑物中间，建筑物前各有一个花园，门口用富有设计感的字体标明酒店的名称。接待处位于东侧的建筑物中，接待人员带着我走向西侧的那一幢。离大门还有两米的距离，她将房卡插入读卡槽中，大门就自动打开了，感觉酒店的门禁系统十分科学。

乘坐电梯到3楼。由于接近屋顶，走廊上有一半顶部是斜的。走进套房，里面十分宽敞。外间是客厅，很空阔，摆放着富有设计感的椅子和穿衣镜。里间是卧房，一张2米宽的King Size床，旁边垂挂着一盏灯，一般灯的电线都是从天花板垂下来的，但这盏灯是反过来的，电线是从地面往上吊起来的，就是这一点差异，设

计感就体现出来了。靠近窗台是一张宽大的书桌。外间和里间的顶层有一部分都成为斜面，有一种在阁楼的私密感。

来到盥洗室，这里设计的最大特点是洗脸盆，没有采用一般的水斗，而是一块突凸起的椭圆形面板，打开水龙头，水顺着面板流下去，一点水花也不会溅起。收拾停当，便在这家酒店的各层参观，发现每一层都运用特色灯具和长达六七米的三角梁等摆设，营造出一种特别的设计感。

回到房间小憩。窗台上摆放着一些瑞典的设计类杂志，翻开其中的一本，里面有一组夏日专题：一位裸身女子蹲在石头矮墙边，她左手撑着地面，微闭着双眼，伸出长舌头。她右手拿着一根水管，在往舌头上浇水。水花从她的舌尖和并拢的膝盖上飞溅。尽管她的身体十分诱人，但整个表情却是纯真的，这样便构成了对于其性感的消解。北欧的不少设计和摄影作品，在这方面往往拿捏得十分到位，“又纯又欲，情而不色”。

阅读关于这家酒店的资料。这座建筑物的历史十分悠久，始建于 1699—1702 年间，最初是卡尔十二世国王的（Karl XII）皇家海军的营房，由于瑞典当时财政状况并不好，大部分建筑材料来自乡村的城堡废墟。这些建筑物被当地人称为“长长的一排”，也没有像预期的那样用于安置士兵，因为他们中的大多数从未安全归来，这些房屋一直空置着，到了 1710 年，开始作为感染瘟疫的穷人收容所。几年后，该建筑成为海军仓库，军事法庭也设在这里。到了 1900 年，大部分房间变成海军军官的家庭公寓。1935 年，这座建筑成为“历史地标”，因为这是设计德罗宁霍姆宫府的建筑师小泰辛的作品。2000 年，它再次被用来作为行政办公室。

此后，在将这两幢历史建筑物改建为酒店时，建筑师克劳松・科伊维斯托・卢恩（Claesson Koivisto Rune）就确定了一个原则：绝大多数的更改都需要是可逆的，即如果以后不再作为酒店使用的话，可以将建筑结构返回到以前的状态。在重建过程中，拆除被损坏的屋顶和潮湿的地板，使得最初的结构重现，加深了对以前房间布局的理解；新的浴室被设计成盒子结构，浴室与原先建筑的墙面没有接触，也避免了水浸可能带来的损坏；原来建筑的一些细节，如楼梯、锻件、石膏都尽量保留着；在一楼的入口处和走廊的几个房间里发现了原来的砖地板，将它们记录编号，用新的木地板覆盖在上面，在二楼的地面上先安装了隔音材料，然后再铺上一层新

的木地板。

黄昏时分，从酒店出来，往南通过卡斯特霍尔姆桥（Kastellholmsbron，建于1880年），走到了城堡岛（Kastellholmen），这座袖珍小岛面积31000平方米（即0.031平方公里）。山坡上是一座红色的卡斯特尔莱特（Kastellet）小型城堡，由瑞典建筑师弗雷德里克·布洛姆（Fredrik Blom）建造，1804年，他曾陪同冯·普莱特恩视察了哥塔运河。也因此，这些所有的建筑和人物，都与哥塔运河有着千丝万缕的联系。

走到这座小岛的东侧，湖对岸就是一座游乐场，高耸的过山车轨道上不时传来一声声尖叫，与这古老宁静的小岛形成了有趣的对照。

晚上8点，来到东侧建筑一楼的Restaurang Långa Raden餐厅享用晚餐。餐厅里已经坐满了人，应该是当地一家热门餐厅。头盘是银鲤鱼子酱，配皇家瑞典普雷斯奶酪、奶油霜、红洋葱、韭菜和柠檬，主菜是虹鳟鱼（Rainbow Trout）配虾仁，配浇过“渔夫肉汤”的茴香、洋葱、胡萝卜、奶酪和大蒜蛋黄酱，甜点是蓝莓海绵蛋糕、小豆蔻调味冰激凌、蓝莓果酱加酸奶和白巧克力奶油。整个晚餐是味觉上的又一次享受。

第二天清晨，在老城漫步。只见一队骑兵列队走过，约有50匹骏马。通常护送贵宾时才会有这种阵势，马蹄“嘚嘚”作响。

这座位于波罗的海与梅拉伦湖之间的都城，充溢着一种时尚和文艺气息，让人想起那个诗意的称谓——“梅拉伦湖的皇后”（Mälardrottningen），是的，她有着这样的优雅气质。

Appendix

Reading by the Lakes and on the River Cruises

附录

在湖畔与河流上的阅读

| 小说与影片 |

长篇小说《魔山》
（*The Magic Mountain*）
1924年首版

托马斯·曼（Thomas Mann）的作品，被广泛认为是20世纪德语文学最有影响力的杰作之一。小说以"一战"前的欧洲为背景，主人公汉斯·卡斯托普（Hans Castorp）是汉堡一个商人家庭的独子，父母早亡，被祖父和叔叔带大，20多岁时，他准备从事造船业前，去瑞士达沃斯一家疗养院看望患有肺结核的表妹，不料，汉斯的健康每况愈下，出现类似结核病的症状，被医生留在疗养院里休养。在此期间，他与各种病人交集，包括意大利百科全书编纂者、信奉极权主义的犹太人和一个嗜酒的荷兰人，还迷恋上一个俄罗斯贵族夫人，这些人物代表了战前欧洲的缩影。

汉斯原计划在疗养院停留3周，不料一直待了7年。达沃斯的这家疗养院对汉斯来说，意味着远离熟悉生活和世俗义务。在阿尔卑斯山脉的山谷中内省，也最终激活他慢慢微弱下去的生命脉冲。小说结尾，"一战"爆发，汉斯志愿参军，并预示他可能阵亡。

小说引起人们的思考：自己是否也陷入一座令人昏睡的魔山之中，让麻木和模糊的不安将我们摧毁？网上可以买到720页的英译版（1996年Vintage版），已有中文版面世。

儿童文学《海蒂》
（*Heidi*）
1881年首版

瑞士作家约翰娜·斯比丽（Johanna Spyri）的这部儿童文学作品，讲述瑞士的阿尔卑斯山区，一个年轻女孩在祖父照顾下的生活故事。这是瑞士最畅销的书之一，被列为"瑞士最著名的文学作品"之一，已改编成20多部电影或电视剧。

中篇小说《乡愁》
（*Peter Camenzind*）
1904年首版

在瑞士出生的德国诗人、作家赫尔曼·黑塞（Hermann Hesse，1877—1962）的第一部小说，讲述瑞士山村里的年轻人彼得·卡曼辛（Peter Camenzind）离开家乡，穿越意大利和法国的经历。彼得·卡曼辛早年丧母，父亲冷酷，他在这次旅程中经受了许多磨砺，遇爱情而未果，也曾以酒精作为对抗残酷生活的方式，急切地想要寻找到人生的意义。旅行最终改变了他，他决定返乡照顾年迈的父亲。

这部小说包含许多主题，包括个人寻找独特精神身份的价值，同时也是一部典型意义上的成长小说。网上可以买到英文版（1969 年 Farrar, Straus and Giroux 版）。

英国作家帕特里克·利·弗莫尔（Patrick Leigh Fermor）所著的系列游记，被视为旅行文学的经典之作。第一部《礼物时代》，于 1977 年作者 62 岁时出版，记述他 1933—1934 年间徒步穿越欧洲，从荷兰的胡克（Hook）到土耳其伊斯坦布尔的旅程，当时他才 18 岁；第二部《在森林与水之间》1986 年出版，讲述他从当时的捷克斯洛伐克，跨过玛丽·瓦莱丽大桥进入匈牙利的过程。网上可以找到 2005 年的英文版。

游记《礼物时代》
（*A Time of Gifts*）
John Murray 1977年首版

游记《在森林与水之间》
（*Between the Woods and the Water*）
John Murray 1986年首版

旅行散文集《多瑙河：从源头到黑海的伤感之旅》
（*Danube: A Sentimental Journey from the Source to the Black Sea*）
1986年首版

意大利学者克劳迪奥·马格里斯（Claudio Magris）的一部散文集，作者从多瑙河的源头游历到多瑙河三角洲，追溯丰富的欧洲民族文化遗产，思考文学和意识形态的变迁。作者唤醒了“居住在房屋和纪念碑上的鬼魂们”，在奇闻轶事和历史的混合中追踪多瑙河。该书的意大利语首版1986年出版，网上可以找到2008年的英文版。

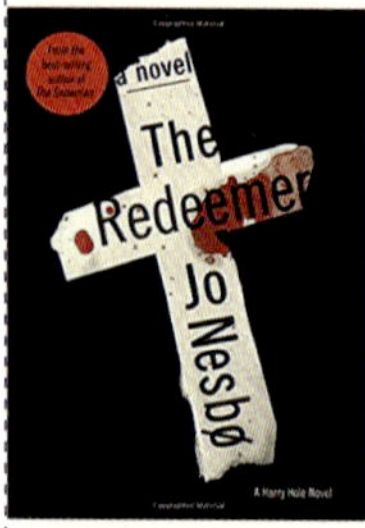

长篇小说《救赎者》
（*The Redeemer*）
2013年版

这是文学作品中的武科瓦尔。挪威犯罪悬疑小说作家乔·内斯博（Jo Nesbø）从“武科瓦尔围困”中获得灵感，创作了小说《救赎者》：饱受创伤的战争幸存者抵达奥斯陆，在侦探哈利·霍尔（Harry Hole）亟待解开的凶案中扮演了重要角色。这位凶手在饱受战争蹂躏的巴尔干半岛的童年，给一个复杂的故事增添了深度，也证明贪婪、伤害和复仇的欲望一直潜伏在未被和解的生活中。网上可以买到由唐·巴特利特（Don Bartlett）翻译的英译本。

| 电影 |

《爱情天文学》
（*La Corrispondenza*）
2016年

朱塞佩·托纳多雷（Giuseppe Tornatore）编剧和执导的影片，由杰瑞米·艾恩斯（Jeremy Irons）和欧嘉·柯瑞兰寇（Olga Kurylenko）主演。

《莎乐美》
（*Lou Andreas-Salomé*）
2016年

德国导演考度拉·卡布里茨　珀斯特（Cordula Kablitz-Post）执导。该片描写的是莎乐美遇见年轻的德国学者厄恩斯·特菲佛（Ernst Pfeiffer）后，厄恩斯给她写传记，莎乐美籍此回忆起自己众多恋情的往事。

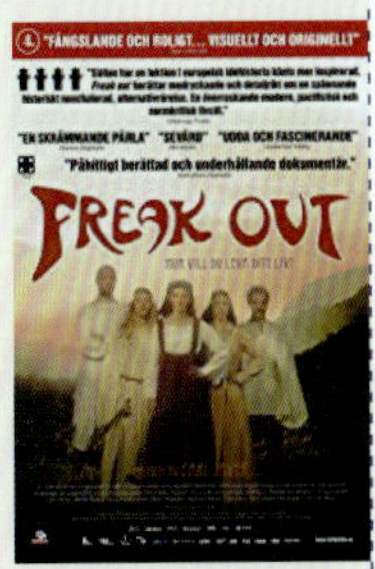

《极度幻觉》
（*Freak Out*）
2014年

卡尔·加夫（Carl Javér）执导的纪录片。1900 年，一群中产阶级的后代在阿斯科纳的一座小山上建立起乌托邦社区，他们光脚、留长发、吃素食、试验毒品、宣传自由之爱……希望可以用一种更健康、自然的方式来改变世界，吸引相当数量的欧洲文化激进分子，然而最后曲终人散。

《湖畔迷情》
（*A Month by the Lake*）
1995年

美国导演约翰·欧文（John Irvin）执导，以科莫湖为背景。1937 年，未婚女孩宾利，在艺术家父亲去世之后，回到科莫湖度假。她第一次来科莫湖是 1913 年，在父亲的陪伴下。这次她遇到一个心仪的单身帅哥，但另一个美国女孩的到来，让他们之间的感情变得有些微妙。主要演员有凡妮莎·雷德格雷夫（Vanessa Redgrave）、爱德华·福克斯（Edward Fox）和乌玛·瑟曼（Uma Thurman）。

《十字小溪》
（*Cross Creek*）
1983年

由马丁·里特（Martin Ritt）执导。女作家玛乔里·金南·罗林斯搬到佛罗里达的林区定居后，以平和的方式写作。她也被周围深情的男人和纷闹的邻居所困扰，但很快写就了美国文学史上的经典作品《鹿苑长春》。由玛丽·斯滕伯格（Mary Steenburgen）和里普·托恩（Rip Torn）主演。

《克莱采奏鸣曲》
（*Quale Amore*）
2006年

瑞士和意大利合拍影片。卢加诺湖区是其中的一个外景地。由毛里齐奥·西阿拉（Maurizio Sciarra）执导，乔治·帕索蒂（Giorgio Pasotti ）和瓦内萨·因孔特雷达（Vanessa Incontrada）主演。

影片中，卢加诺湖很平静，但很危险，最深处近 300 米，“人掉进去后根本找不到”，这也暗示着两个人感情不和谐的潜流。列夫·托尔斯泰曾创作过《克莱采奏鸣曲》的同名小说，只是这部影片将故事的发生地从俄罗斯搬到了意大利。

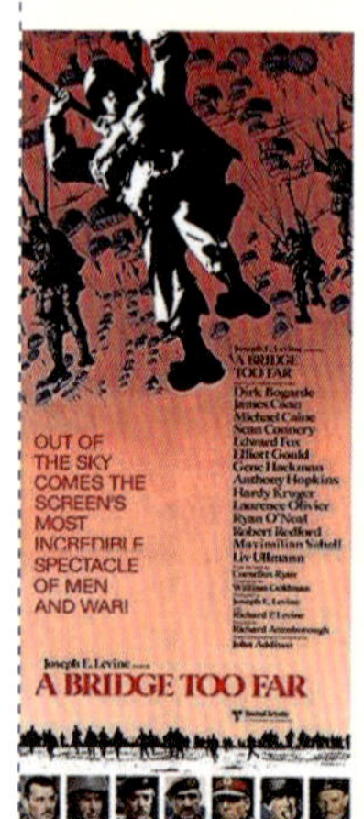

《遥远的桥》
（*A Bridge Too Far*）
1977年

1977 年拍摄的一部史诗级战争电影，根据同名书籍改编。由理查德·阿滕伯勒（Richard Attenborough）执导，讲述“二战”末期盟军“市场花园行动”（Operation Market Garden）失败的故事。这项行动原本计划空降 35000 名士兵在荷兰的敌后，抢夺被德军占领的阿纳姆大桥等莱茵河上的几座桥梁，使盟军能够突破德国的防线，在 1944 年圣诞节前占领柏林，从而结束战争，但最终因规划不善而遭遇惨败。这场战役也被称为“二战中最具戏剧性的战役”之一。

《布达佩斯之恋》
（*Gloomy Sunday*）
1999年

该片由诺夫·舒贝尔（Rolf Schuebel）执导，依据20世纪30年代的一个真实故事改编。布达佩斯一家以牛肉卷而闻名的餐厅老板拉斯洛（László）和驻店钢琴师安德拉斯（András），同时陷入了对餐厅美女侍者伊洛娜（Ilona）的爱恋之中，安德拉斯还为她创作出歌曲《忧郁星期天》，因此名动一方。此后，随着德国食客汉斯（Hans）的出现，故事变得非常复杂起来。汉斯很早就被活泼的伊洛纳迷住了，他打破了原先微妙的三角恋（即法语中的Ménage à Trois），向伊洛娜求婚却被拒绝，觉得没有脸面而跳进了多瑙河，被拉斯洛救了出来。

满腔怨恨的汉斯在几年后摇身一变，成为掌理布达佩斯事务的纳粹军官，带着复仇之心回到伊洛娜身边。身为犹太人的拉斯洛完全没有意识到自己已身处险地，他曾不止一次有逃跑的机会，爱情与战争的高潮戏即将上演。

汉斯被认为是基于一个历史人物，一位名叫库尔特·贝彻（Kurt Becher）的纳粹分子，他在布达佩斯担任过类似的职务。

影片中的歌曲《忧郁星期天》由匈牙利钢琴师鲁兰斯·查理兹（Rezső Seress，1889—1968）创作于1933年，这首歌曾被以100多种语言演唱。据说由于旋律过分忧郁曾导致一些人听后沮丧、绝望和自杀，尔后，被英国广播公司禁止播放。影片中忧郁的曲调，也渲染着这座城市的情绪。

《伊斯特》
（*The Ister*）
2004年

大卫·巴里森（David Barison）和丹尼尔·罗斯（Daniel Ross）执导的纪录片，片长超过 3 个小时，结合宏大的哲学叙事，展现一段迷人的欧洲水道之旅。

“*The Ister*”是 1942 年德国哲学家海德格尔在弗赖堡大学讲授的一门课程的标题，海德格尔的灵感源于德国诗人荷尔德林的赞美诗 *Der Ister*，这是多瑙河部分地区的一个古老名称。

该片的拍摄从多瑙河下游向源头行进，穿插了 4 位嘉宾的访谈，讨论了神话、哲学、诗歌、战争和国家社会主义等广泛话题。

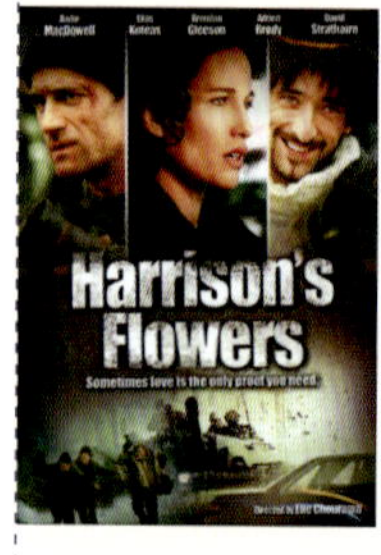

《哈里森之花》
（*Harrison's Flowers*）
2000年

根据伊莎贝尔·埃尔森（Isabel Ellsen）的小说《魔鬼的优势》（*Diable à l' avantage*）改编，由埃利·舒拉基（Elie Chouraqui）执导。故事发生在武科瓦尔战役中，讲述了一名叫哈里森的摄影记者失踪后，他的妻子前来寻夫的故事。哈里森曾获得普利策奖，他的妻子萨拉也是一位记者，拒绝相信他已经死亡。与此同时，哈里森的儿子塞萨尔也在悉心照料着温室，保持鲜花的活力，也保留着哈里森生还的希望。这部电影由安迪·麦克道威尔（Andie MacDowell）主演。

《惊变世界》
（*Vukovar, Jedna Priča*）
1994年

由博罗·德尔斯科维奇（Boro Drašković）导演的塞尔维亚战争片，讲述了一对克族与塞族夫妇在饱受战争蹂躏的武科瓦尔的故事。

《爸爸出差时》
（*Otac na Sluzbenom Putu*）
1985年

这是塞尔维亚导演埃米尔·库斯图里卡（Emir Kusturica，1954—）的一部佳作，在1985年戛纳电影节上获得金棕榈奖。通过一个叫马利克（Malik）的6岁男孩的视角，展示了当时政治风云和社会现实：马利克喜欢梦游。他的爸爸米萨（Mesha）因为在对报纸漫画漫不经心的评论时出现口误而被马利克的舅舅揭发，被送到矿山参加劳动改造。马利克的妈妈被迫应付这种情况，只好骗马利克说他爸爸出差去了。一家人都在无奈地等待米萨的获释。该片在辛辣嘲讽集权政治的同时，又温情脉脉地表达出乡土生活的纯真之美。

《卡麦隆》
（*Camarón*）
2005年

海梅·查瓦里（Jaime Chavarri）执导，埃斯卡尔·贾纳达（Óscar Jaenada）主演。这部电影涵盖了传奇的西班牙弗拉门科歌手卡麦隆的一生，讲述了他与妻子拉·奇斯帕（La Chispa）、吉他手帕科·德·卢西亚（Paco de Lucía）、托马提托（Tomatito）和帕科·塞佩罗（Paco Cepero）等人的音乐往事。

《里斯本故事》
(*Lisbon Story*)
1994年

该片由维姆·文德斯（Wim Wenders，1945—）执导。在影片中，一位叫弗里德里希·门罗的导演在拍摄一部关于里斯本的电影时遇到了瓶颈。他打电话给朋友音响师菲利普·温特寻求帮助。几周后，当菲利普抵达里斯本时，弗里德里希却失踪了，他留下了一些未完成的电影素材。菲利普决定留下来。他在城里四处游荡，寻找能凸显城市特质的声音，录下了圣母合唱团（Madredeus）主唱特蕾莎·萨尔盖罗（Teresa Salgueiro）的歌声。后来菲利普最终找到了弗里德里希，说服他来完成这部电影。

片中特蕾莎清澈柔美的吟唱，表达出法多（Fado）的幽怨特质，在灰暗的现实里，让人坠入美与渴望同在的孤独境地。

《野草莓》
(*Smultronstället*)
1957年

电影大师英格玛·伯格曼（Ingmar Bergman）的巅峰之作。由维克托·舍斯特伦（Victor Sjöström）和毕比·安德森（Bibi Andersson）主演。

78岁的伊萨克·博格医生从斯德哥尔摩的家中前往隆德（Lund）的母校，接受荣誉学位。他决定改乘一整天的长途客车，而不是像原计划那样直飞过去。随行的还有他的女儿玛丽安。沿途的多次停留，使得他得以顺访童年时的夏季别墅，追忆青春期失败的爱恋。

该片透过回忆、梦境与幻觉三者的交织，表达出过惯了冷寂生活的伊萨克，不得不面对他精神上的空虚，最后在内省中重觅温情。伯格曼对人性的深刻洞察与艺术再现——对人类孤独、脆弱和饱受折磨的凄凉命运的体谅，以及对老年岁月的沉思，使得该片成为无以复加的光影典藏。

《永恒时刻》
（*Everlasting Moments*）
2008年

瑞典导演扬·特罗尔（Jan Troell）执导，该片讲述了20世纪初，在社会变革、动荡和战争时期，一位女子被艺术解放的生动故事。玛丽亚·拉尔森（Maria Larsson，1876—1930）出生在一个工人家庭，生活贫寒，她艰难地抚养着4个孩子，还经常受到酗酒丈夫的虐待。1900年，她中了彩票，赢得了一台照相机，从此改变了她的一生，成为瑞典的第一位女摄影师。

影片有种淡淡的青铜色调，仿佛是褪色的照片，带着同情的调色板，向着奇迹般的影像致敬。其中玛丽亚·拉尔森取下镜头，让空中飞舞的蝴蝶的影子投射在手心的细节，让人过目不忘。该片由玛丽亚·海斯卡宁（Maria Heiskanen）主演。

Postscript
后记

Who Wakes me up for the all Memories of the Life?
是谁，唤醒了我对生活的全部记忆？

我知道，“九歌”是一个极恢宏的题目。我所寻访过的这些湖泊和河流，是否足够深邃、静谧与辽阔，以撑得起“九歌”的格局？

· A ·

探索欧洲水岸的旅程一路逶迤。河流和湖泊以其迷人的姿态，在我的记忆中闪现。

河流对我而言，不仅仅是文学与影像之河，而且也是音乐之河。

午后时分，驱车回到布拉格。这座我曾多次探访之城，以细雨中的面貌，迎接我的到来。沿着伏尔塔瓦河行走，穿过查理大桥的桥塔，我来到多次下榻的布拉格四季酒店（Four Seasons Hotel Prague）。

我的房间里挂着几幅描绘查理大桥的水彩画，看着它们，让人联想到时光之船，仿佛可以呼吸到欧洲的气息——古老的、刚刚还存在的、激起悠远想象的味

窗外的伏尔塔瓦河，一如往昔。而我，只是归来的旅人。

道。逝去的是流水和岁月，闯入者便是追忆者，沉睡的历史与每个人的记忆血脉相连，城市的过去便是人们相似记忆的过去。

沿着楼梯而下，就来到了多功能室，拱形天花板引人注目。这是酒店的会议空间，走到尽头，推门而出，直接就到了河边的石板路，离河岸的铁栏杆只有五六米的距离。查理大桥就静卧在眼前，壮阔的河景一览无余。

我在布拉格停留的几天时间，每天徜徉在这座酒店四周的河岸边，感受着古雅之美。伏尔塔瓦河是捷克共和国最长的一条河流，全长 435 公里，流域面积 28093 平方公里。这条河由波希米亚森林的两条溪流，即特普勒伏尔塔瓦河（Teplá Vltava）和斯图德内伏尔塔瓦河（Studená Vltava）在波希米亚西南部汇合而成。它首先向东南方向流动，接着，向北穿过波希米亚，然后流过布拉格，汇入易北河。

查理大桥南侧的一块台地有一片户外休闲区。从这里向北眺望伏尔塔瓦河和查理大桥，都是上佳的位置。斯美塔那博物馆就位于这临河建筑物的 2 楼，与楼下咖啡馆的热闹相比，博物馆内是静寂的。

贝德里赫・斯美塔那（Bedřich Smetana）诞生于 1824 年，是捷克民族乐派的奠基人，被尊称为“新捷克音乐之父”。他在年轻时期就根植于波希米亚民族，致力于捷克的独立和民族复兴运动。

博物馆内临窗的位置，摆放着一架三角钢琴，锃亮的琴盖反射着窗外的蓝天。玻璃橱柜中，陈列着斯美塔那大量书信的复印件和他收藏的一些画作，还展示着观众赠送的银质花环和指挥棒，那指挥棒上镶嵌了精细的花纹。博物馆的内侧，被布置成一个小型演奏厅，上面摆放着他主要作品的乐谱架，人们站在指挥台上，用一根指挥棒指向其中的一个，音响就会自动播放所指的乐章。

斯美塔那的代表作是大型交响诗组曲《我的祖国》(*Má Vlast*)，由 6 首交响诗组成。《我的祖国》是我最爱的乐曲之一，我收藏有四五种不同版本的黑胶唱片。在这样的场合，自然要先点播这部作品。

一段由长笛和巴松管低音乐器吹奏出来的清音，浮现的是波希米亚森林的清晨，茫茫的雾气尚未被晨曦驱散，孤独的旅人沿着林间迂回的小径回到故乡，他终于听见远方淙淙的水声，看见了这条宽阔的伏尔塔瓦河……《我的祖国》的第二乐

斯拉维亚咖啡厅里的安静时光。

章《伏尔塔瓦河》（*Vltava*）响起来，我凝望着窗外的这条大河，感受着这条河的尊严、庄重与傲岸。在我的记忆中，描绘河流的音乐作品中，《伏尔塔瓦河》无疑是最为动听、也是最激动人心的。

在展厅的最后部分，我看到了一张死亡证明书的影印件。上面标明这位音乐巨人离世的时间——1884 年 5 月 12 日。他因精神错乱而辞世。斯美塔那从 1874 年起耳聋，直至完全失聪。耳聋后他进入创作的高峰期，《我的祖国》即创作于 1874 年至 1879 年间。

沿着河岸向前不远，就到了斯拉维亚咖啡馆（Kavárna Slavia），这是我每次到布拉格都要去的一家咖啡厅，100 多年的悠久历史使它成为布拉格负有盛名的咖啡馆之一。

在当地人的心目中，这不仅仅是一间咖啡馆，更是构成捷克文化记忆的圣地。这里见证了 1868 年民族剧院的奠基、1937 年 T. G. 马萨里克（Tomáš Garrigue Masaryk，1850—1937，捷克独立运动的开创者）的葬礼和 20 世纪末的变革。捷克前总统哈维尔

（Václav Havel，1936—2011）是一位剧作家，曾经常在这里举办私人聚会。

这里除了咖啡，吸引人的还有苦艾酒（Absinthe）。这种深绿色的高酒精度蒸馏酒，先甜后苦，气味清香，在颜色上被称为“绿色的仙女”，在功效上则被称为“绿色的毒药”。它有一点轻微的致幻作用，是不少名作家和艺术家，如海明威、毕加索、凡·高和王尔德等人的至爱。苦艾酒在这里曾被禁售了一段时间，现在又恢复了供应。

斯拉维亚咖啡厅有一幅绘画，名为 Absinthe Drinker，画面上深绿的调子，让一位近乎透明的裸身女子，仿佛悬浮在酒香的芬芳和诗意的畅想之中。

· B ·

这次来布拉格，刚好赶上“布拉格之春”音乐节，我欣赏了布拉格交响乐团指挥彼得·因基宁（Pietari Inkinen）执棒该乐团的首场演出。该场演出的曲目包括扬·哈努斯（Jan Hanuš）和艾诺约哈尼·罗塔瓦拉（Einojuhani Rautavaara）的作品，重头戏是古斯塔夫·马勒（Gustav Mahler，1860—1911）的升 c 小调《第五交响曲》（*Symphony No. 5 in C-Sharp Minor*）。我买到了音乐厅里位于 2 楼阳台（Balkon）居中的票子，这是整个音乐厅中最好的位置了。

晚上 7 点 30 分，穿过旧城广场和火药塔就到了市民会馆前面。入口处上方镶嵌着的巨幅马赛克画，由卡雷尔·斯比拉（Karel Špillar）创作，该画标题为《向布拉格致敬》，画的上方嵌有一行捷克文题词：“抵抗时间的愤怒，布拉格，你拒绝所有的雷电！”镶嵌画下有一方造型精美的阳台。

会馆门口聚集了不少西装革履的中年乐迷。我踏着红地毯，步入斯美塔那音乐厅 2 楼，楼梯旁 4 位美少年清一色地穿着黑西装，手持检票器在检票。沿着大理石台阶继续而上，楼梯旁高达四五米的少女雕塑，健美挺拔，充分体现出新艺术时代（Art Nouveau）的美学特征。

来到 3 楼，人们杯盏交错，轻声交谈。我也把盏香槟，与当地朋友漫聊。7 点 50 分，提示入场的钟声响起。我迈入斯美塔那音乐厅，即刻被这里的宏大空间和精美雕塑所吸引。

落座后，我向左右两侧的乐迷致意。我的右侧是一位从伦敦来开会的女律师，她利用在布拉格的最后一个晚上来听音乐会。我跟左侧的一对老年夫妇打招呼，聊起来，这位老先生就是这座市民会馆的前馆长，他妻子对这里的一切如数家珍，介绍起情况来。早在 1383 年，国王瓦茨拉夫四世（Wenceslas IV），在这个位置兴建了他的宫廷寓所，一直被其皇族使用到 1485 年。此后，先后变为一个兵营和一所军事学院，直到 1903 年被拆除。

从 1905 年起，为了适应文化生活的需求，奥斯瓦尔德·波利夫卡（Osvald Polívka）和安东尼·巴舍内克（Antonín Balšánek）联合设计了这座融合了新文艺复兴和新巴洛克，以新文艺风格为主调的建筑。工程历时 6 年，于 1911 年竣工使用。这在当时属于功能和设施都十分超前的综合性建筑，这里有一系列的大厅，其中斯美

玻璃穹顶下的马勒之夜。

塔那音乐厅最为有名。这座会馆经常举办各种展览、音乐会和宴会，见证着许多重要的时刻。1918 年 10 月 28 日，当时的国会在外面镶嵌画下的阳台上，向外宣布成立捷克斯洛伐克共和国的消息。

晚上 8 点钟，演出开始。执棒的彼得·因基宁生于 1980 年，是芬兰小提琴家和指挥。第一个曲目是扬·哈努斯的《拉力赛跑》(*Štafeta*)，作品第 63 号。扬·哈努斯是 20 世纪捷克的一位多产的音乐家，这个曲子，充分运用了各种打击乐器，营造出赛场上欢腾而有趣的场面。

第二个曲目是艾诺约哈尼的第六交响曲中的《颂曲》(*Apotheosis*)，艾诺约哈尼是芬兰古典派音乐家，被认为是继西贝柳斯之后最杰出的芬兰作曲家，也是健在的古典音乐派作曲家中 CD 销售得最好的一位。这首颂曲表现出北欧的自然和神秘，曼妙的弦乐演绎出星光、灯塔和雪原，简单、舒缓，其间蕴含着一种热情的力量，让我再一次回到那纯净的世界。

愉悦的时光总是短暂的，灯光亮起，中场休息。漫步在休息大厅，我慢慢地欣赏着雕塑和墙上的油画作品。

入场的钟声再次响起。大家再次入场，等待着马勒的升 c 小调《第五交响曲》的演奏。马勒是奥地利晚期浪漫主义作曲家，他是 19 世纪德奥传统和 20 世纪现代主义音乐之间的桥梁。他的交响曲作品一般被认为艰涩难懂，且有着极为强烈的情感冲突，人们每次倾听都会不由得燥热起来。

这部《第五交响曲》于 1904 年首演，是马勒中期三部曲的开篇之作，在当时并没有获得太大的成功。第一乐章《葬礼进行曲》(*Trauermarsch*)以小号与大管的鸣响，加上低音提琴的持续低音来表现内心深处的绝望、沉思和独白。第二乐章《快板》(*Stürmisch Bewegt*)，以暴风雨般的节奏体现心灵中两股势力的反复搏斗，最后进入疲惫的睡眠。第三乐章《谐谑曲》(*Scherzo*)，是强而有力的谐谑曲，心灵似乎开始接近一片宁静的土地。在第三乐章，小弦乐与大提琴的乐声像水波一样，在乐池里一层层泛起。这种奇妙的听觉和视觉的效果，只有在这样的音乐厅中才能现场感受得到。

一段由弦乐和竖琴开始的小柔板，唤醒了乐迷的记忆。第四乐章《小柔板》

(*Adagietto*)可能是马勒最有名的一个乐章。1971年，意大利电影导演卢奇诺·维思康帝（Luchino Visconti，1906—1976，被誉为“新现实主义之父”）在影片《威尼斯之死》(*Morte a Venezia*)中采用了这段音乐。导演以微妙且谨慎的方式处理了他所偏爱的“崩溃”主题，影片风格华美精致，漫溢着淡淡的哀愁与忧郁。这一章节的柔美乐音，让人感受到了甜美的爱情，挣扎的心终于平静下来。

随着第五乐章《回旋曲》(*Rondo-Finale. Allegro*)那英雄般豪迈矫健的旋律响起，似乎在为心灵的胜利祝捷。马勒为这个章节的标注是“Frisch”（德语，“新鲜”之意），这也许意味着呼吸新鲜空气，汲取新的能量。在进行曲的节奏中，即将抵达全曲的终点。

用语言来叙述马勒的升c小调《第五交响曲》，或许是一件相当困难的事情，但在这彩色玻璃的穹顶之下，让我可以如此清晰地听懂其脉络，把握其情绪。这宏伟和宽大的乐音正如伏尔塔瓦河般扑面而来，直到把整个人的心灵融化开去。

马勒在介绍《第五交响曲》时曾说：“There is nothing romantic or mystical about it; it is simply an expression of incredible energy. It is a human being in the full light of day, in the prime of his life.”（并没有什么浪漫或神秘可言；它只是一个令人难以置信的能量表达。这是一个人处于阳光朗照的日子里，正值他生命的黄金年代。）

1967年4月，指挥家伦纳德·伯恩斯坦（Leonard Bernstein，1918—1990）为配合马勒9首交响曲的首次全套发行，在《高保真音响》(*High Fidelity*)杂志上发表了《马勒：他的时代已然来临》(*Mahler: His Time Has Come*)，依据中国道家的阴阳两仪理论，来分析马勒作品中的哲学意味，他写道：“But Mahler, uniquely, is all of these-roughhewn and epicene, subtle and blatant, refined, raw, objective, maudlin, brash, shy, grandiose, self-annihilating, confident, insecure, adjective, opposite, adjective, opposite.”（唯独马勒是这一切——粗豪而兼具阴阳两性特征，细微而又炫耀，优雅，原始，客观，脆弱，盛气凌人，羞怯，华而不实，自我泯灭，充满自信，缺乏安全感，形容词，反义词，形容词，反义词。）

幽静的下午，与阳光和水为伴，如此度过。

· C ·

行尽湖畔，有时这里是静修之所。

初秋时分，我来到布尔杰湖（Lac du Bourget）。布尔杰湖是法国境内最深的湖泊，面积 41 平方公里，水深 145 米，在 1.9 万年前，由萨沃伊勃朗峰地区的冰川作用而形成。湖的东岸的艾克斯莱班（Aix-les-Bains）是知名的温泉小镇，在古罗马时代就已建有浴场。湖的南部的布尔杰镇（Le Bourget-du-Lac）是一个度假地，北岸的桑纳茨（Chanaz）是一个渔村，湖的西北面有长约 4.5 公里的萨维埃雷斯运河（Canal de Savières）与罗纳河相连接。

湖边长椅上，一对中年人在交谈，他们的身后是一片白色游艇的桅杆。远远望去，辽阔的湖面上不时有几艘帆船驶过。一个安详、清净的湖，凸现在这样的季节里。

我乘上游艇，沿湖漫游。湖边上不时有一些帆船轻盈地滑过，在不远处，一个男子在轻巧地划着一艘小船。透过 300 mm / f 2.8 的长焦镜头，可以清晰地看到晶莹的水滴在桨的末端滴落。在夕阳的映照下，那水滴仿佛是放慢速度的沙漏。时间在这里缓慢起来。

一个多小时后，船开到了对岸，也就是西岸。我离船去参观湖边的一所隐秘的修道院，这就是高斜谷修道院（L'abbaye de Hautecombe），在历史上，它曾是萨沃伊国王的一个皇家修道院。它由洛桑的阿梅代（Amédée）于 1125 年启动，在萨沃伊第三伯爵的帮助下，由西多会修士在 12 世纪时建造。

沿着山路一路前行，穿过一个石砌的大门，我走进一个花园。迈入修道院，见到整个布局十分精巧，满目是雕刻精美的大理石人像，那种白色的光滑的肌理效果，仿佛是真正的人体，甚至比真正的身体更加圣洁。

空气中飘浮着幽蓝的光线，有一种说不出的诡异气氛。尽管这一船的人数也不少，但很快就散布在各个角落，被一种神秘感吞没。

晚上在湖边的艾克斯莱班小镇停歇。泡过温泉之后，沿着湖边小道漫步，别有一番情调。空气中带有雨后的清爽，那是静思的时节。

回到木屋的房间，细心的主人已在茶几上放着一大盆新鲜的核桃，并配上一把精致的核桃夹子，宁静的夜晚就在美味的咀嚼中悄然度过。夜坐听风，昼眠听雨。就在湖畔安宁下来了。

相对于江河的激越和奔腾而言，承载着秘密、欢愉以及复杂情愫的湖泊开始以另一种面貌凸现。这样的湖泊是柔美的，具有女性特质的湖畔，充满悠长而忧伤的气韵。

湖与河不同。湖，更多的蕴涵在大地深处，深邃而自我更新。在湖畔伫立，那些优美的剪影原来就是我们自己。

有时湖泊即使干涸了、冰冻了，也依然充满诗意。

洁白的天鹅在湖水中的花丛下漫游，一直游进我们的梦里。

我曾在巴黎郊外见到过一面干涸的湖。那像是一块洼地，有 2.1 平方公里那么大，郁郁葱葱，跑步而过的人像是一个很小的影子消失在林带的远方。湖里面青草舒展——在一个充满诗意的干涸之湖。夏天湖水退去之后，湖底的青草经过了秋天与冬季的漫长等待，更加柔美，它有着更自由的天地，如同情感，在失落之后，等待着我们的，或许是更多的喜悦。

电影与湖泊曾相互呼应。我忆起苏联的一部影片 —— 根据尤里·瓦西列维奇·邦达列夫（Ю́рий Васи́льевич Бо́ндарев，俄罗斯作家，1924—2020）小说改编的《岸》。影片开始时展现的画面是——两个小孩子趴在冰湖上听钟声，一阵阵低沉的钟声沿着冰面传过来。影片的结尾处，那位终于跨越了东西方的隔阂、成功访问了西欧的作家在飞机上，与一个小女孩长久地对视。

神奇就在这里。在遥远的湖面，我听到了自由的声音，包括自由和正义最终艰难获胜的声音。

在本书中，我还写到了“二战”前后的一些人物在湖畔的遭遇。这是一种坚硬的书写，我努力使自己重返历史现场，理解人物的性格，显示他们必然如此的轨迹。这也是一种跨越漫长时光之隙的写作，箴言不惑。历史百年轮回，亘古不变，总会换一副面孔粉墨登场。

音乐和河流也曾相互映照。《星宿海》是宗次郎的《大黄河》里的一个乐章。在我的青春期，曾反复地聆听这张黑胶唱片。他的陶笛之音悠扬、激越又略带感伤，声似大黄河湍急的水流声，又疾如千年古道上溯风的呼啸，每每让我怀想起黄河上游河段的景观。那样的音乐使我的灵魂安宁、纯净。

那些遥远的湖泊和河流，在我的记忆中晶莹闪耀。湖泊甜蜜，而河流苦涩。谁在青草的繁华之外，呼唤着我？

于尘埃之上，叹秋望之美。在过往的时间里，每年频密的航班如百羽翔集。法国作家和哲学家贝尔纳－亨利·列维（Bernard-Henri Lévy，1948—）曾说过："我开辟了自己的路线，萌生了自己的想法，我顺从的是我自己的法则。文学之旅的一个伟大之处是听从时间的流逝的指导。"我的"记忆之水"私人长期摄影和写作项目也是如此。

在飞越半个地球又是半个地球的航程中，我常常会瞥一眼舷窗外的天空，那是白云之上的天空，迷茫一片，暂时看不到大地上那蜿蜒的河流、反光的田野和不断扩充的城市轮廓，但我又分明能感受得到，那是内心的远眺。

对于一位作家来说，母语构成了他的王国和迷宫。对我而言，每次在飞机上，阅读着精选的中文典籍，看着那些优美的汉语时，就会觉得文字中蕴含着如此丰富的空间与时间、哲思与情怀。其表面是光华，内在则是慎思。西行东归，枯笔盛姿，我希望在用直白活泼的当代语言，抒发当下的痛感与快感的同时，依然风雅如昔。

作为一个漫游者，我只是一个寻找心灵本土的异乡人。在路上是一种形式的日常，而日常是另一种意味的在路上。

碧水之畔，黄色水草的倒影，整齐得像女人的睫毛，于开合之间，弹净一框风景。

“而我们不远万里，却不一定能抵达那些哭泣的心灵。”我的一位诗人朋友一言道出了抵达的艰难。

·E·

在修改这篇后记的时候，我在思考，是谁，唤醒了我对生活的全部记忆？

答案是——水漾自然，以及那些远方的人们。

每每凝望着碧绿如镜的湖水或河水，我都会觉得，湖泊与河流本身是有生命和记忆的，所有对于她们的呵护或者伤害，她们都会记得，并会以碧清或混浊的面容呈现给人们。没有忘川，连河流本身也无法忘记自己的遭遇。

1996年，我读斯蒂芬·茨威格（Stefan Zweig，1881—1942）的《昨日的世界：一个欧洲人的回忆》（*Die Welt von Gestern: Erinnerungen eines Europäers*），第一页上引用了莎士比亚的一句话：“我们命该遇上这样的时代。”

到了2020年春夏时节，可能还有一些人，并没有完全意识到我们正在面对的“新冠”疫情，已赫然构成了一座历史的分水岭。一切都从此改观，包括我在本书所描述的这个壮美而复杂的水世界，都已成为“昨日世界”的一部分。而本书正是这些水岸在“新冠”前，赠送给我的礼物。

这个“昨日”不仅仅是指时间上的“昨日”，也是文学、史学和符号学上的“昨日”，更是人群集体意识上的“昨日”。这个“昨日”就像一片遥远之地，除了文学的路径之外，无法抵达。

“生活就是我们创造的一切。旅行者就是旅程。我们看到的并不是我们看到的，而是我们是谁。”葡萄牙诗人费尔南多·佩索阿（Fernando Pessoa，1888—1935）在他的《惶然录》（*The Book of Disquiet*）中曾这样写到。

在旅行暂停的时候，读她，并对她说。2002年，我在巴黎看了《对她说》（*Parle avec Elle*），后来在2007年的上海电影节上，又看了一遍。佩德罗·阿莫多瓦（Pedro Almodóvar，1949—）的这部影片对我而言，类似一种对于时间的缓慢掩埋，激起烟

云往事中的甜蜜感伤。时光如带翼的马车紧紧追赶，稍一转身，便是千山万水。

就在内心的旅行中，聆听词语的蹄音与涛声。时光已经走远，信仰永不改变。幸福是对整个生命过程的感激。

旅行是博大的。飞过万里晴空，去赴那一场场繁华万千的水岸盛宴。留在记忆深处的，是那隐隐的波光和深藏的秘密。

只要在路上，总会相遇。

于是，他乡与故乡有时具有同等的意义，如同我遇见了你，在这里。我期待时间不止，而河流停止；我期待生命不止，而你停驻。苔痕青葱，足音轻越。

此刻，我的目光回到了本书封面的那个瞬间。初夏时节，在结束海德堡的游历后，我返回曼海姆，回到了“*MS Gérard Schmitter*”河轮上。傍晚6点钟的夕阳之光，朗照在莱茵河上，也使得船首的船钟更加金光闪耀，那上面，镌刻着船舶首航的年份。

这时，另一艘“*MS Symphonie*”河轮启航驶离，两艘轮船交错而过，这个瞬间被我的相机凝固：流水、航船、大桥、金钟……构成了河流永恒的画面。

我不由心生感念，在流沙幻影的世界上，生命的泅渡从未停息，以水渡己，以诗渡人。水在闪烁，黄昏与清晨都在影像的河流上安眠。

九歌颂起。奔流不息。

程 萌

于马焦雷湖畔——上海——苏州

By Cheng Meng,

from Lake Maggiore to Shanghai & Suzhou

图书在版编目（CIP）数据

水岸九歌 / 程萌著 . —沈阳：沈阳出版社，2020.11

ISBN 978-7-5716-1280-1

Ⅰ . ①水… Ⅱ . ①程… Ⅲ . ①散文集 - 中国 - 当代 Ⅳ . ① I267

中国版本图书馆 CIP 数据核字（2020）第 157404 号

出版发行：沈阳出版发行集团 | 沈阳出版社

（地址：沈阳市沈河区南翰林路10号 邮编：110011）

网　　址：http://www.sycbs.com

印　　刷：辽宁泰阳广告彩色印刷有限公司

幅面尺寸：185mm × 248mm

印　　张：22.5

字　　数：268千字

图　　片：205幅

出版时间：2021年1月第1版

印刷时间：2021年1月第1次印刷

责任编辑：沈晓辉

装帧设计：杨　雪

责任校对：日　光

责任监印：杨　旭

书　　号：ISBN 978-7-5716-1280-1

定　　价：128.00元

联系电话：024-24112447　024-62564922

E - mail：sy24112447@163.com

本书若有印装质量问题，影响阅读，请与出版社联系调换。

阅水，忘川。
水之真谛，波动在文字中，
那是人类的诗和远方。